キャリア発達支援研究 4

「関係」によって気付くキャリア発達、「対話」によって築くキャリア教育

【編著】キャリア発達支援研究会

巻 頭 言

　キャリア発達支援研究会が発足して5年目を迎え、本会での学びを深め共有し広げていくためにと発行した『キャリア発達支援研究』も今年で第4巻となりました。この間、特別支援教育に携わる各校においてもキャリア教育に対する理念の理解と多様な取組が広がり、大きな成果を実感することができるようにもなってきたと感じています。発足当時は各自が対象とする子供たちの違いから、キャリア教育に対するイメージにもぶれが見られ、キャリア教育とは何かという理念や概念を理解することに随分エネルギーを使ってきたと思います。しかし、最近では大分事情も変化してきたように思います。そして、キャリア教育が子供たちのキャリア発達を支援するための教育であることへの理解が進み、全国からの多様な良き実践を通して指導者相互の学びが深まってきています。

　このような日本全国から集まった先生方が、キャリア発達を支援する観点から授業改善についての研究協議を幾度となく繰り返す中で、「なぜ・何のために」という視点を共有してきたことの成果が見えるようになってきました。キャリア教育の推進を図ることを通して、今まで取り組んできた授業一つ一つの「エビデンスの明確化」を目指すとともに、「教育改革の理念と方向性を示す意味でのキャリア教育」をより深く理解するために指導者相互の「エビデンスの共有化」をどのように図ればよいのかを、「対話」を通して私たち自身の深い学びをさらに実感してきたのではないかと考えています。「明確化と共有化」のために毎年多様なワークショップやポスター発表を行い、自らの考えを「言語化」することから多くを学んできました。

　そこで本巻のテーマは、「『関係』によって気付くキャリア発達、『対話』によって築くキャリア教育」とし、昨年度札幌で開催された第4回キャリア発達支援研究会でのワークショップの取組や各地域の実践を掲載することとなりました。さらに、新しい学習指導要領の柱である「育成を目指す資質・能力」「社会に開かれた教育課程」「カリキュラム・マネジメント」「主体的・対話的で深い学び」という4つのキーワードをもとに「新学習指導要領とキャリア発達支援」をテーマにして、文部科学省初等中等教育局視学官丹野哲也先生と岩手大学教授名古屋恒彦先生のご協力を頂き座談会を企画いたしました。改めて新学習指導要領におけるキャリア教育の意義や役割、位置づけ等との関連について語り合う意義ある座談会となりました。今回改訂された学習指導要領が目指していることと、キャリア教育が本来目指してきたこととが多くの部分で重なることから、本書で取り上げられている多様な実践がこ

れからの各地域での取組に参考になれば幸いと思います。

　最後になりましたが、今年 1 月にご逝去されました前会長の尾崎祐三先生のご冥福を心よりお祈りするとともに、インクルーシブ教育システムの構築やこの度の学習指導要領の改訂に向けて先生が身を砕く思いでご尽力されてきたことに畏敬の念を抱きつつ、先生の遺志をつぐ意味でもキャリア発達支援研究会の取組が、次の新たな教育への展望を開くように発展していくことを願っております。

　また、本書の企画および作成にご協力いただきましたキャリア発達支援研究会の会員の皆様、発行にあたってご尽力いただきました株式会社ジアース教育新社の加藤勝博社長はじめ編集にご協力いただきました皆様に心より感謝申し上げます。

　　　　　　　　　　　平成 29 年 12 月
　　　　　　　　　　　　キャリア発達支援研究会　会長　森脇　　勤

発刊に寄せて
「新学習指導要領とキャリア発達支援」

文部科学省初等中等教育局 視学官
特別支援教育課 特別支援教育調査官　　丹野　哲也

　平成29年3月、幼稚園教育要領、小学校及び中学校学習指導要領、続く同年4月に特別支援学校幼稚部教育要領、小学部・中学部学習指導要領が公示された。今般の改訂において、注目すべき点は、「キャリア教育」が学習指導要領の総則に文言として明確に位置付けられたことである。

　小学校学習指導要領の総則においては、「児童が，学ぶことと自己の将来とのつながりを見通しながら，社会的・職業的自立に向けて必要な基盤となる資質・能力を身に付けていくことができるよう，特別活動を要としつつ各教科等の特質に応じて，キャリア教育の充実を図ること」（中学校及び特別支援学校小学部・中学部学習指導要領においても同様の記述である）と新たに規定されている。この項は、児童生徒の発達を支援する観点から明記されており、その前提となっているのは、指導全体を通して、児童生徒が、自己の存在感を実感しながら、自己実現を図っていくことができるよう、教師による児童生徒理解を深めていくことである。

　さらに、キャリア教育の要となる特別活動の〔学級活動〕には、「一人一人のキャリア形成と自己実現」などが新たに規定されている。

　また、幼稚園教育要領及び特別支援学校幼稚部教育要領おいては、幼児期の特徴を踏まえ、「キャリア教育」という文言は明記されていないが、幼稚園や幼稚部の修了時の具体的な姿を示し、教師が指導する際に配慮することとして、「幼児期の終わりまでに育ってほしい姿」として10の項目が示されている。項目の中では、例えば「自立心」では、自分の力で行うために考えたり、諦めずにやり遂げたりすることで達成感を味わい、自信をもって行動するようになる姿などが示してあり、小学校段階以降のキャリア発達の基盤となると受けとめることができる。

　高等学校、高等部学習指導要領は、今後公示の予定であるが、中央教育審議会の答申に基づけば、幼・小・中・高と系統性や一貫性のある規定が充実し、示されることが推測できよう。

　今回の改訂において、キャリア発達支援研究に関わってきた研究会の関係者におかれては、キャリア発達支援の本質の部分である、学ぶことの意義と自らの将来を結び付けていく点などが新学習指導要領等を構成する核の一つとなっていることに

お気付きいただけるのではないだろうか。そして、特別活動を要として、各教科等の特質に応じて推進していくキャリア教育であるが、その具体については、本研究会が蓄積されてきたこれまでの実践研究が多いに参考になるであろう。特に近年の研究動向として、キャリア発達支援における児童生徒の内面の成長や育ちに焦点があてられている。

　これらの研究成果は、新学習指導要領の具体化に多いに資することになる。すなわち、新学習指導要領では、学習の過程や学んだことを活用していけることなどを求めている。その際に、児童生徒の内面の成長に着目しながら、学習の過程を分析的にみていくことなどが重要な視点となる。

　結びに、平成16年に文部科学省内において、「キャリア教育の推進に関する総合的調査研究協力者会議」が設置され当時の状況、すなわち「キャリア教育とは」という枠組みの議論から、その充実ぶりに隔世の感を得ている。新学習指導要領は、我が国のキャリア教育を推進していくための基盤となり、どのように具体化していくのかということは、学校の創意工夫あるカリキュラム・マネジメントに委ねられている。

　本書が、新学習指導要領の改訂の方向性を具体化していくための一助として、全国に情報を発信し、活用されていくことを期待する。また、キャリア発達支援に関する実践研究を基盤とする帰納的な研究手法のもと、障害のある子供たちのキャリア発達支援に関する理論が我が国の中で進展し、その成果として、障害の区別や程度にかかわることなく、すべての子供たちを視野に入れたキャリア発達支援について着実に研究していることを国際的にも発信していただきたい。

Contents

巻頭言　　　　　　　　　　　　　　　　　　　　　　　　森脇　勤 …… 2

発刊に寄せて「新学習指導要領とキャリア発達支援」　　　丹野　哲也 …… 4

第Ⅰ部　座談会　　新学習指導要領とキャリア発達支援
丹野　哲也・名古屋恒彦・森脇　勤・木村　宣孝・武富　博文・清水　潤 … 10

第Ⅱ部　論　説　　キャリア教育の動向と今後の展望

1　小・中・高等学校におけるキャリア教育の推進・充実に向けて　　立石　慎治 … 28

2　新学習指導要領とキャリア教育
　　～特別支援学校幼稚部教育要領及び特別支援学校小学部・中学部学習指導要領等
　　を踏まえて～　　　　　　　　　　　　　　　　　　　菊地　一文 … 34

3　キャリア教育とカリキュラム・マネジメント　　　　　武富　博文 … 41

第Ⅲ部　実　践

第1章　北海道大会及び北海道ＣＥＦにおけるキャリア発達支援の
　　　　　改善・充実を目指した取組

1　北海道大会におけるテーマ及びプログラム設定の趣旨　　木村　宣孝 … 52
2　ワークショップスタイルによるグループ研究【ワークショップⅠ】
　2-1　キャリアカウンセリングワークショップ　　森影　恭代・渡部　眞一 … 54
　2-2　シックスハットワークショップ　　　　　　平口山木綿・上村　喜明 … 60
　2-3　SWOT分析ワークショップ
　　　『経営戦略分析の視点から「職業的自立」を探求する』
　　　　　　　　　　　　　　　　　　　松浦　孝寿・高木　美穂・業天　誉久 … 68
3　対話型ポスターセッション【ワークショップⅡ】
　　■第1グループ（三瓶　聡）
　　①「自分を見つめ、自己実現に向けた進路学習」
　　　～生徒一人一人が自己理解を深め、アクティブな思考で自己実現に向けた実践～
　　　　　　　　　　　　　　　　　　　　　　　　　　　鈴木　雅義 … 74

②「食堂清掃から高める自尊感情」～主役は僕たち私たち～　　沖　龍一　…　76

■第2グループ（松岡　志穂）
①「英語の授業は何のため？」
　　～キャリア教育の視点で教科別の指導を考える～　　中野　嘉樹　…　78
②「主体的な対話から育む自己表出と他者理解」
　　～コミュニケーションツールとしての付箋の活用～　　菊地　亜紀　…　80
■第3グループ（高木　美穂）
①「大学院での学びと実際について」
　　～三木安正の教育理念に着目して～　　岩﨑　優　…　82
②「生活単元学習における『話し合い活動』の展開」
　　～自分の思いの実現へ　修学旅行を見据えた指導計画と取組～
　　アクティブ・ラーニングの視点を取り入れた授業改善　　今野　由紀子　…　84

4　北海道ＣＥＦの活動から　　鈴木　雄也・松浦　孝寿・川口　毅・鈴木　淳也　…　86

第2章　キャリア発達を促す実践の追求
1　キャリア発達を促す小学部の授業づくり
　　～自ら活動しようとする姿・言葉や身振りで表現する力を育てる
　　生活単元学習の授業づくり～　　加嶋　みずほ　…　94

2　特別支援学校小学部におけるキャリア教育の実践　　國井　光男　…　100

3　子供たちの可能性を追求する
　　～教科専科制とオリンピック・パラリンピック教育の取組を通して～　達　直美　…　107

4　生徒の「内面」の変化を捉え、キャリア発達を支援する教育活動の展開
　　三宅　和憲　…　115

5　知的障害特別支援学校におけるキャリア教育の在り方
　　～中学部段階におけるキャリア発達を促すための取組～　　岡本　功　…　121

6　高等部国語科の中で育ちあう自己表現　　梁田　桃子　…　127

7 自己の学びを振り返り、対話を通して主体性を育む授業実践の取組
　　～キャリア発達を促す各教科の授業実践と『じぶん MAP システム』の開発～
　　　　　　　　　　　　　　　　　　　　　　　　　　　　　　坂本　征之 … 134

8 プレゼンテーションを通じたキャリア発達を促す実践
　　～クエストエデュケーションの活用～　　　　　　　　　古江　陽子 … 141

9 病弱虚弱教育における高等部生徒の働く意欲を育む授業改善
　　～学校設定科目「職業・実習」における受注作業の取組を通して～　小坂　春樹 … 148

第Ⅳ部　キャリア教育の広がり

1 高等学校における生徒の実態と教育的支援の在り方
　　～困りを抱えた生徒の理解と支援～　　　　　　　　　栃真賀　透 … 156

2 教育と福祉は融合か？　そして就労支援に求められる価値は？
　　～第三の進路としての就労支援～　　　　　　　　　　吉岡　俊史 … 163

3 富山キャリア教育学習会の取組
　　～現在までの歩みと今後の展望～　　　　　　　　　　木立　伸也 … 170

第Ⅴ部　資　料
「キャリア発達支援研究会第4回北海道大会」記録 …………………………… 178

キャリア発達支援研究会　初代会長　故尾崎祐三先生の主な経歴等 /
尾崎祐三先生を偲び、語る会　………………………………………………………… 182

編集委員
執筆者一覧

第 I 部

座談会

新学習指導要領とキャリア発達支援

　平成 29 年春、学習指導要領が改訂された。本研究会会長であった故尾崎祐三先生も関わり、「70 年に一度の大きな改訂」とよく話をされていた。本研究会設立 5 年目も含めて、節目の年であることから、文部科学省の丹野哲也視学官と岩手大学の名古屋恒彦教授をお招きし、「新学習指導要領とキャリア発達支援」と題して座談会を行った。

出席者

丹野　哲也

文部科学省初等中等教育局視学官
特別支援教育課特別支援教育調査官

名古屋　恒彦

岩手大学教育学部特別支援教育科教授

森脇　勤

キャリア発達支援研究会会長
京都市教育委員会指導部総合育成支援課参与

木村　宣孝

キャリア発達支援研究会副会長
北海道札幌高等養護学校長

武富　博文

キャリア発達支援研究会事務局次長
国立特別支援教育総合研究所
情報・支援部総括研究員

清水　潤（司会）

キャリア発達支援研究会事務局長
国立特別支援教育総合研究所
研修事業部主任研究員

清水（司会） 本日は大変お忙しい中、お集まりいただきまして、ありがとうございます。それでは早速、「新学習指導要領とキャリア発達支援」をテーマに座談会を進めて参ります。

はじめに座談会の趣旨を説明いたします。今春、学習指導要領が改訂になりました。前会長である故尾崎祐三先生も関わり、70年に一度の大きな改訂という話もしておりました。その意味では、共生社会の形成に向けたインクルーシブ教育システム構築のための節目となる改訂であると考えられます。本研究会では、キャリア発達支援に資する教育の充実と発展を図ることを目的の一つにしています。本日の座談会では、キーワード「キャリア発達支援」を軸としながら、まずはこれまでを振り返ってみましょう。そして、今回改訂のキーワードである育成を目指す資質・能力、社会に開かれた教育課程、カリキュラム・マネジメント、主体的・対話的で深い学びとの関連や、今後、学校現場等において求められる事項について検討し、今後のキャリア発達支援に資する教育の充実・発展に向けて展望したいと考えています。最後には読者の皆さんへのメッセージもよろしくお願いいたします。

1. 今回の学習指導要領改訂を通じて感じたこと

木村 現在、全国のほとんどの特別支援学校でキャリア教育を意識した取組が行われていると思いますが、今後のキャリア教育を展望するにあたり、約10年の特別支援教育におけるキャリア教育の推進動向や経過を概観しておきたいと思います。

国立特別支援教育総合研究所（以下、特総研）では、平成18・19年度の知的障害教育の課題別研究として、「知的障害者の確かな就労を実現するための指導内容・方法に関する研究」を行いましたが、平成17年の研究申請時点で、「キャリア教育の視点から」という副題を付けて申請しました。私としては、それまで行われてきた知的障害教育における職業教育や進路指導について、キャリア教育の視点からその現代的意義を確かめたいという意図があったのですが、当時の研究担当から、キャリア教育は知的障害教育の研究課題になり得るか、という見解があり、「キャリア教育の視点から」という副題を「職業教育の視点から」に修正した経緯があります。

当時、中央教育審議会（以下、中教審）でニートやフリーターの存在等が話題となり、キャリア教育はそれらの社会問題の解決に向けた重点施策として出てきたという背景があります。知的障害教育では、従来から職業教育を行ってきたという経過があるために、このような見解になったのだろうと後から納得はしましたが、私にとってはいまだに忘れられない、ある意味キャリア教育の出発点段階の社会的認識と言いましょうか、振り返ると懐かしい思いがあります。

この研究で「知的障害のある児童生徒のキャリア発達段階・内容表（試案）」（後に「キャリアプランニング・マトリックス」改訂）を作成したのですが、その後多くの地域で、学校ごとにマトリックスを作成しようとする動きも随分生まれました。賛否両論、様々な意見をいただきましたが、一定の作成意義はあったのかなと

感じています。これは枠組みの話として、「キャリア教育全体計画」作成の基盤的意義を有するものであったと思います。

特別支援教育の分野でスタンダードになるものは当時ほとんどなかったため、この試案は外部評価において高い評価をいただき、結果、継続研究が実現できました。平成20・21年度の継続研究では、「知的障害教育におけるキャリア教育の在り方に関する研究」として、やっと「キャリア教育」を前面に掲げることができたのです。

マトリックスの前段となる試案の作成にあたり、知的障害のある子供の進路発達課題をどのように考えたらいいか、随分悩みました。小・中学部、高等部の各時期に期待される発達課題について、それを達成することを目指すという意味で捉えるよりは、まずはその意味を理解し、その時期にふさわしい環境としての働きかけ、または環境との相互作用を生んでいくように配慮することが重要であり、例えば、知的障害の重い生徒であっても高等部の生徒には高校生段階にふさわしい社会との関係、教師の関わりに留意し、幼児・小学部段階であればその時期にふさわしい関わりをする、そのように発達課題を意識することはとても大事なことであると、作成を通じて私自身も気付いていきました。

清水 木村先生のお話からは、その時期・段階にふさわしいか、という言葉が非常に大事だと感じました。

森脇 今回の改訂を通して感じたことの前に、これまでどんな時代であったかということを2つ振り返ってみたいと思います。

1つは、時代的背景の中での生きる力の育成です。例えば、平成8年の中教審答申から平成10年の学習指導要領改訂、養護・訓練から自立活動へ、新しい障害観ICFへ、特殊教育から特別支援教育へ、京都市では障害種別を超えた総合制養護学校への転換、個別の指導計画の作成、学校評議員制度と外部評価、学校運営協議会などがありました。

もう1つは、木村副会長の話と重なるところもありますが、施策としてのキャリア教育の推進です。バブル崩壊後の経済状況の低迷、少子高齢化、家族構成の変化、産業構造の急激な変化、高度情報化社会、偏差値教育。そのようなことから、平成11年に中教審から出された「接続答申」以降、文部科学省でのキャリア教育の推進、若者自立挑戦会議、デュアルシステムなど、様々な取組が進められたと思います。

この2つを踏まえて強く感じたことは、社会に開かれた教育課程という言葉でも表現されているように、世の中の動きの中で教育を考え、そのことを概念ではなく、リアリティを伴う改革を意図しているということです。戦後教育の流れの中での成果と課題を平成10年の改訂の際に「生きる力の育成」という新しい教育観で表現されてから20年が経ちました。今まで遠く南の海にあった台風がもう目の前まで近づいてきているという危機感と緊張感を感じます。昔から教育の課題は社会そのものの課題でありましたけれども、教育課程そのものを「社会と共有する」という表現からも、教育と社会との距離が今はゼロからマイナスにまでなっていると感じます。また、幼・小・中・高、特別支援教育まで共通した考えのもとに一気に出されたことからも、そういったことが感じられます。

台風が上陸してきたとき、耐えられる体力を養っておくこと、そのことが命題であろうかと思います。

今までの物質的な豊かさの中で幸せを感じてきた時代は、「生きる力」という言葉が出る前に既に終わっており、これからは共存・共生の社会の中で、豊かさを創出できるかということがキーワードになっていくと思います。多様な人たちと多様な価値観を対話によって新しい価値を創出し、そのことを国内だけでなく、地球規模で繰り返しながら、新しい豊かさのもとで社会を築ける人材の育成が必要だと思います。そのような考えや流れは障害観の変化として、ICIDH から ICF へ変わっていく経過や SNE や IEP の考えから、障害者の権利に関する条約やインクルーシブ教育システム構築等の流れとも同じ文脈だと見ることができます。

その意味からも今回の新学習指導要領では、より明確にキャリア教育の推進の意味が見えてきます。それは子供たちのキャリア発達を促し支援することや、キャリア発達支援の視点を通した授業改善をしていくことが改訂の趣旨を具体化することにもつながると言えます。また、キャリア教育を推進するもう1つの目的である学校改革を進める意味からも、社会に開かれた教育課程の趣旨を踏まえたカリキュラム・マネジメントの考え方と合致していると思います。例えば、企業と協働した人材育成を目指すデュアルシステムや地域の多様な人たちとの対話を通した地域協働活動の取組によるキャリア発達支援は、まさに社会に開かれた教育課程であり、学校の全体計画の中で取り組んできたカリキュラム・マネジメントと考えられます。その意

味でも今回の改訂の趣旨からはキャリア教育、キャリア発達支援の理念が学習指導要領全体を通じて考えられます。

清水 キーワードは一人一人のキャリア発達、学校改革、そして共存・共生の社会での豊かさの創出などであったかと思います。

名古屋 今回改訂された学習指導要領を読ませていただき最初に思ったことは、これは現場で使いがいがあるなということです。やはり、私たちの知的障害教育が大事にしてきた生活に根ざし、生活を豊かにしていくという教育実践、その1つは各教科の内容、もう1つは多様な指導の形態でありますが、それを非常に整理して、再構成して示してくださったなというのが本音であります。

それは、小学校等の通常の教科、あるいは小学校等の通常の教育課程との連続性ということが極めて強く打ち出されたということと無関係ではないと思います。従前から知的障害教育の独自性ということが強く言われていて、そのことがともすれば「知的障害教育離れ小島論」みたいなものを喚起していたわけでありますけれども、今回の学習指導要領は通常の教育課程と知的障害教育課程をいわば弁証法的に止揚したようなものであるかなと思います。この弁証法的な止揚というのは2つのフェーズがあると思っていまして、1つは今申し上げたように、従前からあった通常の教育課程と知的障害教育課程の間での弁証ですね。それからもう1つは、今回の小・中学校の学習指導要領自体が、かつて通常の教育自体にも存在していた「生活か、教科か」というような議論を弁証法的に止揚してつくられているようなものと理解するからで

す。この営みは約30年の時間をかけて、今回、1つの大きな形で結実し、かなりドラスティックに学習指導要領が変わってきていますので、その通常の教育課程の中での止揚と、通常の教育のカリキュラムと知的障害カリキュラムとの止揚の2つのフェーズがあるんじゃないかなと思うんですね。

それから、キャリア発達の点から言うと、ライフステージにおける学習の豊かさですね。各学年、学部段階、これをライフステージに言い換えていいと思うんですが、その中で子供たちが力を発揮し、その生活年齢にふさわしく、豊かに生活していき、豊かに生活していく力を養っていくということを学習指導要領が方向づけてくれている。

国は学習指導要領の作成でここまでやってくれたわけですから、あとは我々現場がどう引き取っていくかという、チャレンジはすごく感じるなというふうに思います。

清水 名古屋先生には冒頭で新学習指導要領は「使いがいがある」こと、後半ではライフステージにおける学習の豊かさなどについてお話しいただきました。

丹野 今般の改訂は、平成28年12月21日の中教審の答申に基づいたものです。今回、改訂を通して感じたことを、1つ挙げるとすれば、まずは教育課程の理念が明確になったということです。すなわち、学習指導要領の総則の前文に教育課程の理念が明確に示されたということが特筆すべきことであると思います。その理念とは、学校教育を通じて、よりよい社会を創るという目標を学校と社会が共有していくということ、そして必要な教育内容を子供たちがどの

ように学び、どのような資質・能力を身に付けられるのかを明確にしたということ、そしてその実現のために社会との連携・協働を図っていくということです。このように理念が明確にされ、前文に規定されていることに注目していただきたいと思います。

先ほど、木村副会長からキャリア発達支援の概念が理解されるまでの経過、概略を説明いただき、私もまさにそのとおりだなと思ってお聞きしました。平成11年の中教審の答申において、キャリア教育という言葉が注目をあびましたが、いわゆるニートの問題など、社会背景と関連して出てきたというところです。その後、国立教育政策研究所（以下、国研）の生徒指導・進路指導研究センター等で研究が進められていく中で、キャリア教育の捉え方が、勤労観・職業観を育む教育ということに視点が当たっていました。知的障害の教育に関わってきた方ですと、もともとそういったことは知的障害教育の中で大切に行われてきたことであるから、また同じようなことを別な概念で読み替えるのはいかがなものかというような指摘も多かったように個人的に思っています。

木村 そのとおりだと思います。

丹野 私もキャリア教育について、いろいろな方と話をしていく中で、様々なキャリア教育の捉え方があることが分かりました。その中で、やはり「勤労観・職業観を育んでいく教育」というキャリア教育の一つの側面に焦点が当てられた捉え方が多かったと思います。子供たち一人一人の発達をしっかりと把握し、伸長させていくという、子供たちの「発達」という概念が入ってきたのは、しばらくしてからだと思うん

ですね。

木村 まだそれほど意識されていなかったと思います。発達への支援という観点はそのあとですね。

丹野 木村先生が研究代表をされた「知的障害者の確かな就労を実現するための指導内容・方法に関する研究」の成果など、様々な研究の知見を得て、平成23年の中教審の答申では「キャリア教育について、キャリア発達を支援する教育である」という、「発達」の概念が明確になってきたと言えると思います。

木村 はい、この答申で明確に打ち出されました。

丹野 そこに至るまで、特総研を中心とし、菊地一文先生が研究代表をされた「知的障害教育におけるキャリア教育の在り方に関する研究」など様々な研究者の方々のご尽力があったと思っています。また、特別支援学校の中でのキャリア教育について、具体的なイメージをもてるようになった契機として、故尾崎祐三先生が全知長会長時代に出版された「特別支援教育のためのキャリア教育の手引き」（平成22年全知校長会）が多くの学校で活用されてきたこともあると言えます。

発達という言葉に関して言えば、今回、学習指導要領第1章総則第5節に「児童又は生徒の調和的な発達の支援」が規定されています。その中に、キャリア教育を充実させていくことの規定が位置づけられるようになり、キャリア発達支援研究会などの様々な研究成果を踏まえて、中教審でも審議され、今回の改訂に大きく反映されてきたのではないかと思います。

清水 キャリア教育について発達という視点か

ら、木村副会長の話も関連させてお話しいただきました。

武富 前会長である故尾崎祐三先生が70年に一度の大きな改訂という話をされたんですが、過去の改訂を踏まえながら、その時々に応じた課題あるいは積み残してきたことなどを踏まえて、今回、資質・能力の3つの柱、社会に開かれた教育課程、主体的・対話的で深い学び等々のキーワードに基づき、非常に大きな改訂が行われたと思っています。

先ほどから挙がっていますとおり、「キャリア」という文言が日本の中で位置づいていく過程において、特に平成23年1月の中教審答申「今後の学校におけるキャリア教育・職業教育の在り方について」、この前後から小・中学校等においてもかなり研究が進み、あるいは実践の場でキャリア教育という言葉が意識をされて、取り込まれるようになってきていると思っています。いわゆる従来の職業教育的な認識がまだ抜け切れていない部分がないかと言うと、そうでもない部分は実践の現場にいまだにあるとは思っていますが、今回の改訂においては、その辺りがしっかりと押さえられています。中教審の審議の経過の中でも、キャリアあるいはキャリア発達、キャリア教育、キャリア形成という文言で押さえられている箇所が非常に多く、それらを具体的に反映した形で今回の学習指導要領が公示されています。

具体的に見ていく中で、幼稚園、幼稚部教育要領においては、キャリアという文言そのものを使っているわけではないのですが、「幼児期の終わりまでに育ってほしい姿」が明記されるとか、あるいは小・中学校においてもそれぞれ

の課程において修了した段階でどのような育ちがあればいいのかということについて中教審の中でも話題になり議論をされていましたので、その部分の意識は非常に強くなっていると思います。

とりわけ小・中学校においては、学習指導要領上の文言そのものを押さえると、特別活動を要としてキャリア教育の推進を図るということが位置づけられているわけですが、もちろん特別活動のみならず、各教科等の中においても、今回の育成を目指す資質・能力も含めて、キャリア発達支援を推進していくということは理念としてしっかりと含められていると思っています。

それから学習指導要領全体がキャリア発達論というような大きな構成になっているのではないかなと思っています。それは「社会に開かれた教育課程」を理念として、学校教育が人づくりだけではなく、学校を取り巻く社会も含めて社会づくり、あるいは地域づくり、街づくり、そういったことも俯瞰しながら論じられているという点では、非常に大きな改革であるなと思っているところです。

1点、育成を目指す資質・能力の3つの柱と、平成23年に出されたキャリア教育の中教審答申の関係の整理において、今回、十分に議論が尽されたわけではない点があるところを、どう現場の中で解釈をしていくのかという点を私は課題意識としてもっています。それは基礎的・汎用的能力と育成を目指す資質・能力の3つの柱の関係です。これは、中教審答申の中で十分に触れられていなかったわけではないんですが、割とシンプルに表現されている部分をも

う少し深く解釈しながら、学校の実践レベルでは展開していかないといけないのではないかと思っています。

清水　まずは1つ目として、今回の学習指導要領改訂を通じて感じたことをお話しいただきました。今回の改訂とキャリア教育の重なり・つながり、一人一人の発達など2つ目の話題につながる話が出てまいりましたので、次は深い話になろうかと思います。

2．今回改訂のキーワードとキャリア発達支援との関連、キャリア発達支援の意義

森脇　私から3点お話いたします。1点目は社会に開かれた教育課程との関連です。教育課程は学校が目指す理念、教育目標を具体化するための全体計画なわけです。それをなぜ社会に開く必要があるかは先ほど述べたところでありますけれども、育成を目指す資質・能力、多様性の中で生き続けるために新しい価値を生み出す、キャリア発達を促す、インクルーシブ教育システムと共生社会の実現等々、社会に開かれた教育課程というキーワードは今回の改訂の大きな柱であり、視点であると考えています。京都市立白河総合支援学校でデュアルシステムとともに始めた職業専門教科「地域コミュニケーション（地域協働活動）」の考え方にも通じるものがあります。小・中及び特別支援学校に共通する総則の中で、第1章総則の「第5　学校運営上の留意事項」の「2　家庭や地域社会との連携及び協働と学校間の連携」において、「高齢者や異年齢の子供など、地域における世代を超えた交流の機会を設けること」との記載があ

ります。ここで初めて「協働」という言い方や「異年齢、地域における世代を超えた交流の機会」という文言が使われています。まさにこれは、10年前から京都市の白河総合支援学校で始めた高齢者体操教室や地域の高齢者への配食サービス、地域の保育所や小学校での読み聞かせ等の活動と通じます。この地域協働を推進してきたきっかけは、デュアルシステムだけでは得られなかった個のキャリア発達の視点です。企業就労を目指す生徒にとって、職業スキルを伸ばすことは非常に大事ですが、その基盤となる自己肯定感や自尊感情の育ちがスキルとともに意欲や態度、主体性にも大きく影響を及ぼしていることや、人とのよりよい関係性を築き、他者との対話を促す能力とも関係していることだと高齢者や幼児との活動を通して実感したところです。

　2点目は、主体的・対話的で深い学びとの関連です。地域コミュニケーションを設置して8年余り経ちますが、他者から必要とされる存在、求められる存在であることを活動を通して実感することを繰り返し行うことで、自己有用感が高まり、その結果、他者に主体的に関わろうとすることや、対話を通して互いの価値が新たに生み出されることを確かめられたことが大きいと感じています。では、その活動の成果が企業就労にどのようにつながったのかと言うと、すぐに明確な結果が出ないわけです。地域協働活動を一定期間やったから企業就労はOKだというものではないということになります。就職が決まるというプレースメントの場面と内面的な育成とは次元が異なるわけですが、少なくとも自己選択・自己決定を必要とする場面におい

ては、自己肯定感のようなものが備わっていることが必要であると、多くの生徒たちを見ていると感じます。また、深い学びに関わることですが、体験的な活動場面での学びが時間を経過して、全く違う学習場面や活動の中で、あの時の活動の意味に気づくこともあります。例えば、産業現場実習に行って、うまくいかなかったことが後で気づき、学校での学習や家庭での手伝いに前向きに取り組むようになったりとか、小学校に読み聞かせに行ったことがきっかけで、国語の授業の後で読んだ本の意味が時間を経て理解でき、主体的に学ぶ姿勢に変化したりとか、もちろんその逆もあり、学校での教科の学習で学んだことが地域協働活動をする中で気づいたり、様々な場面での学びが形を変えて見えてくることがあります。深い学びはすぐにその効果が出るものとそうでないもの、また、直接関係のある学習だけではなく、違う学習場面で出るものとか、時間軸と空間軸で捉える必要があるように思います。これはキャリア発達を理解するときの特性と一致します。

　3点目は「カリキュラム・マネジメント」に関してです。京都市の職業学科を設置する3校は、平成26年度から昨年度まで、文科省のキャリア教育・就労支援等推進事業の指定を受けていました。この事業の中でテーマにしたことは、地域協働活動の成果の検証であったわけですが、どのような状況や環境の中で自己肯定感や自尊感情が育ったのかを分析しようとしたんですが、客観的な評価の在り方が非常に難しかったところです。そもそも内面的な変化や育ちは評価できるのかという問題がありました。そこで、多様な事例を蓄積することと過去の卒

業生の様子を聞き取ることにしました。一方で、指導者側の変容や地域の人たちの変容をどのように捉えていくかという課題は、まだまだ検討していく余地があります。カリキュラム・マネジメントの視点からは、今までの地域コミュニケーションでの取組の成果から、生徒たちの学びが促された条件と同じような考えで意図的な場の設定や、そのような学びが促される場や他者との対話が生まれる活動を創り出すことが可能ではないかと考えたところです。

清水 森脇先生には、一人一人のキャリア発達に注目し、時間軸・空間軸や自尊感情・自己肯定感などキャリア教育にかかわるキーワードも含めて具体的にお話しいただきました。

木村 先ほど、丹野視学官から今回の改訂の特筆すべき事項の一つとして、今後の教育課程編成の「理念」が明確に示されたという話がありましたけれども、私自身も今回の中教審答申を読みながらとても感じたところです。これから大きく変化するであろう社会の中で、今回の中教審が打ち出した方向性がなぜ重要なのか。つまり、それは一人一人の「人」としての存在への認識が多様化してきて、一人一人が固有な存在である、一人一人に価値があって、その多様性をみんなが生かし合うということを一層大切にしようとしている（これを diversity と言いますが）、そういう社会を目指そうと打ち出されたと感じています。

　この多様性という点では、まさに特別支援教育、障害のある子供たちはもちろんのこと、働きたくても働けない女性とか高齢者とか、幼少期の子供たちとか、社会の中の実はすべての人が有する固有性をもう一度きちんと捉え直して

みよう、真摯に見つめ直してみようと。そうすると、お互いに生かし合えるもの、学び合えるものがあるのではないか。そういう意味での多様性ということへの気づきを促してくれたのだろうと考えています。

　森脇会長が話された実践の中で、高齢者や幼児など異年齢の人たちと一緒に活動している中での生徒たちの様子を伺い、キャリアは相互作用の中で発達していくのだということを京都市の皆さんの地域協働活動の中で実証していただいたのではないかと。それはまさに「主体的・対話的で深い学び」の姿であって、今日の教育改革の中核にキャリア発達を支援する教育が大きな役割を果たしていることを実感できる取組だと思います。

清水 木村先生のお話の冒頭で、教育課程の理念という言葉がありました。キャリア教育も理念と方向性を示すものですから、理念という点でもかなり重なっていると感じました。

名古屋 4つのキーワードがあるわけですけれども、総括的なところから述べたいと思います。新学習指導要領は、決して昨日、今日、ポンと出てきたものではない。その中の10年は、例えばこの研究会の活動が担っている部分があるというのが1つの論点だと思いますけれども、さかのぼれば約30年前、中曽根内閣の臨時教育審議会あたりまでさかのぼると40年近くになるんですね。そのような営みの中で、今回強く思うのが、教育というものの見直しと言うんですね。教育というのは社会との関係で、社会における教育なんだろうと。社会における教育の復権というようなことが言えるんじゃないかと思います。

先ほど、発達の議論がありましたけれども、発達観の変化というのは非常に大きいと思いますね。従前は発達と言えば、教育関係者が考える発達って、大体心理的な発達、この中には知的発達も含むと思いますけれども、それに身体的な発達ということで。つまり知的発達と身体的発達の2つを軸に考えがちであったんじゃないかと思うんです。

それに対して社会的な発達というものもあるんだということが言われるようになった。社会的発達という考え方が提起されたことによって、大きく変わったなと思うのは、個人と環境との相互作用で個人のパフォーマンスが変わってくるし、また、個人がその一人が存在することで、その取り巻く社会も変わっていく。相互的な発達観というのは示されています。多くの文脈の中でキャリア発達ということがより1つの明確な沿革を持った発達観として提起されてきたというのは、教育関係者においては、非常にインパクトがあったんじゃないかなと思います。

そうするとライフステージ、僕はライフステージという言葉が知的障害教育のキーワードでもあるし、キャリア発達を考える上でのキーワードだと思っているんですけれども、ライフステージにおいて教育というのはそれぞれに固有にあるんだということが言えると思います。ありていに言ってしまえば、同じ発達段階ゼロ歳代の小学部1年生の児童と高等部3年生の生徒では教育すべき内容は違うんだと。従前の知的発達ばかりに目がいくと、それはともすれば高等部に幼児教材を使うことに何ら抵抗もなく行われていたんですが、そうじゃないんだとい

うこと。そういう文脈で見ていくと、学習指導要領の4つのキーワードは非常に有機的に関連しているというか、隙がないなということで、ひたすら舌を巻くということになります。

清水 キャリア発達の理解により発達観が変化し豊かになり、結果、実践も豊かになっていくのではないかと感じました。

丹野 今回の改訂のキーワードとキャリア発達支援の関連ということで、学習指導要領に示されている内容の中には、「自己肯定感」とか「自尊感情」という言葉そのものは明記されていないんですけれども、木村副会長からあったように、例えば「自己の生き方を考える」とか、「自己の存在感を実感し」とか、いわゆるキャリア発達に関係する言葉が学習指導要領本体の中に散りばめられていると考えています。ということは、やはりその子供たち、一人一人の発達を軸にしながら考えていこうということが今回の改訂の大きな背景の基盤としてあるということです。

発達の概念が大きく変わってきたというところは、先ほどの名古屋先生のご指摘のとおりの背景があると私も考えています。

特別支援学校では幼稚部・小学部・中学部の教育要領、学習指導要領が公示されたわけですけれども、幼稚部では10の育ってほしい姿があるということを先ほど武富先生がお話しされました。キャリア教育という言葉は出てきていないんですけれども、キャリア教育につながる基盤となる10の育てたい姿が規定されているようなことですとか、教科の中にも、学習していることを自分の将来とどう関係づけて考えるのかということですとか、中学部の職業・家庭

キャリア発達支援研究　Vol.4

19

科の中には「キャリア発達を支援する」ということが明確に規定されています。総則、教科等全体にわたって、キャリア発達の観点が盛り込まれています。

先ほど、武富先生からキャリア教育における基礎的・汎用的能力と育成を目指す資質・能力の3つの柱の関係について整理していくことが、現場でどういうふうに落とし込んでいくか課題になるのではないかという問題提起がありました。今、既に出ているキャリア教育における基礎的・汎用的能力と今回改訂の柱となっている育成を目指す資質・能力の3つの柱をどのように関連づけながら整理し、説明していくのかということも研究会として計画的に行っていただくとありがたいなと思っているところです。

清水 一人一人の発達とキャリア発達、そして今後の課題も含めてお話しいただきました。

武富 丹野視学官からお話がありましたように、私も本研究会において、育成を目指す資質・能力と中教審答申で示されたキャリア教育の基礎的・汎用的能力の関係、これを十分に整理・検討することが必要だと考えていて、そのような研究活動が進められたらと思っています。これまでの学習指導要領がいわゆるコンテンツベースで、各教科等において目標や学ぶべき内容として示されていたものが、そういった内容を通じて何ができるようになるかという、いわゆるコンピテンシーベースに考え方が転換されたというところでは、コンテンツからコンピテンシーにつながる流れを、今回の学習指導要領の中では具体的に示されたと思っています。

キャリア教育の中では、ともすればコンピテ

ンシーのみが重要視され、アンバランスな解釈がなされるきらいがあるのではないかという思いがあって、各教科等にはやはり固有の知識や技能があるということが今回、明確に示されているわけですが、それを用いて思考し、判断し、表現する中で、コンピテンシーに結びつけていくという構造が示されているので、そこをしっかりと踏まえた実践の展開が必要になってくると思っています。

清水 本研究会がこれから考えていく課題の方向性やポイントについてお話しいただきました。

3. 今後のキャリア発達支援に資する教育の充実・発展に向けた展望

丹野 キャリア発達支援の研究に関する最近の動向として、やはり子供たちの内面の成長をどのように見定めていくかということが大切になると思います。このことについては国研の生徒指導・進路指導研究センターが作成された手引きの中でも、アウトカム評価について触れられています。成果は、やるべきことをやったかという、いわゆるアウトプットのみではなく、どのような力がついたかというアウトカムが大切だと言われています。やはり子供たちの内面の変容や成長をしっかりと捉えていくことが大事になると思うんです。森脇会長のご指摘のとおり、内面をどのように見定めていくかということは、非常に難しさがあると思います。どうしても外面的な部分で、内面の変容を見定める、ある意味、見取りながら評価していく部分はあると思いますが、そのことに対する妥当性をも

たせられるように、日々の学習状況について定性的な記述として、積み重ねていくことが重要であると思っています。

　もう1点、森脇会長の最初の話の中で、「地球規模の視点」ということに触れられていました。今般の学習指導要領の総則の前文に、この研究会で大事にしてきたことがそのまま網羅されています。前文には、教育の目的及び目標の達成を目指しつつ、一人一人の児童生徒が自分のよさや可能性を認識するということが最初に書いてあります。その次に、あらゆる他者を価値のある存在として尊重する、いわゆる多様性の部分だと思います。そして、多様な人々と協働しながら、様々な社会的変化を乗り越えて、豊かな人生を切り開き、最後には持続可能な社会の作り手となることができるようにすることが求められるということで、まさにこの持続可能な社会の作り手というのが、地球規模の視点になっています。例えば、環境のように地球規模の問題を児童生徒が身近な課題として捉え、実行できるようにしていくことを、学校教育の中でもしっかり計画を立ててやってほしいという理念がそこに入っています。

　この持続可能な社会の作り手となることができるようにというところが、キャリア教育とかなり重なる部分があって、大きな概念にはなるんですけれども、森脇会長のご提言である、地球規模の視点を特別支援学校で学ぶ子供たちが身近な問題として考えることができるようにしていく教育、そういったこともキャリア発達の中で非常に重要になってくるんではないか、と考えているところです。

清水　キャリア発達支援に資する教育の充実に向け、本研究会としても考えていかなければならない点を指摘していただきました。

武富　今、自己肯定感に関わる結果、あるいは評価ということで丹野先生からお話がありましたが、今後、キャリア発達支援を展開していくに当たり、それぞれの実践者レベルで、あるいは学校経営においては、学校経営を総括する校長先生、あるいはその他の管理職等を含めて、しっかりとしたロジックモデルというか、どういった人的資源、物的資源等を含めた材を投入して、どのような教育活動を生起させて、結果としてどのようなことを生じさせるのか。その結果を踏まえて、どのように子供たちや学校、地域が変容するのか、効果を生じさせるのかということを、しっかりと学校全体レベルや各実践者レベルにおいて、モデルとして組み立てた上での実践の展開が望まれると思っています。

　その際に、やはり今回の学習指導要領の大きな6つの柱、何ができるようになるか、何を学ぶか、どのように学ぶか、子ども一人一人の発達をどのように支援するのか、そして何が身についたか、実現するために何が必要かという柱から、各校や各実践者が自分で実践を見つめ直す、また組み立てていくということが必要になってくるかなと思っています。

　そのこととの関連で申し上げますと、国立特別支援教育総合研究所知的障害教育班が平成27年度、28年度に行った研究の中では、カリキュラム・マネジメントを促進する一つの枠組み、フレームワークを作り、その活用を呼び掛けています。この研究会で再三、皆さんが話題にされることなんですが、なぜ何のためにそのような教育活動を行うのかとか、いつ、どんな

キャリア発達支援研究　Vol.4

タイミングでそのことを行ったら良いのか、あるいはどこでそのような活動を行うのか、だれが行うのか、あるいはどのように行うのかといった、そのようなカリキュラム・マネジメントを促進する要因が、我々の研究で８つ導き出されてきましたので、その辺を着眼点としながら、取組を進めていっていただき、カリキュラム・マネジメントを促進する、あるいはキャリア発達を支援する、組織としての取組や個人としての取組を推進していっていただけると有難いと思っています。

清水 それぞれの立場のところで、なぜ、何のためにから進め、何ができるようになったかまで、一連のもの、一体的なものであることを意図して取り組んでほしいというメッセージであったかと思います。

名古屋 私は大きく２つ述べたいと思いますが、１つは今回の学習指導要領の大きなポイントの１つは連続性だと思いますね。通常の教育と知的障害教育との連続性ということが言われています。その連続性の中で、まさにこれはキャリア教育の知見だと思いますけれども、知的発達という１つの尺度に支配されない、ライフステージの共有という意味での連続性。つまり、例えば交流及び共同学習の中で、同年齢の高校生と高等部、中学生と中学部というように、その中で堂々と交流ができる。そこを共通言語にしていける。知的発達だけを捉えてしまうと、やはり「お世話する－される関係」になりがちですけれども、それぞれのライフステージで打ち込むべきものは障害の種類や軽重に関係なく、共有できるものがあるはずで、その辺をキャリア発達という視点から強調していくことが必要じゃないかなと思います。それが１つです。

それからもう１つは、キャリア発達というもの、せっかく発達観が従前の一方向的な発達観を脱却しつつあるものですから、そのキャリア発達が示している１つのモデルを一方向的な発達観に立って見ないこと。新しい発達の概念を古い発達観で見ないようにすることでしょうか。「定型発達」という言葉もよく聞きますけれども、この言葉はそろそろお蔵に入ったほうがいいような言葉だと思います。

キャリア教育というと、すぐワークキャリアに走っちゃうのもそのような視点の１つなんじゃないかなと思いますね。どの子にもそれぞれのライフステージに、固有の価値あるキャリア発達がある。そういう視点から考え、そのためのそのライフステージにその子にふさわしい教育の内容を新学習指導要領が各教科という形で示しているわけですから、その各教科の内容を自由に子供に合わせて選択しながら、教育をつくっていく必要があるんじゃないかと思います。

重複障害者に対することは、この新学習指導要領はあまりにもほかのことがきら星のようにあるものですから、忘れられがちですけれども、かなり丁寧に強調しているところですので、その辺も含めて考えていかなければと思います。

清水 連続性とライフステージは、キャリア発達の時間軸・空間軸で見ていくというところと大きく重なる話で、非常に大事な話だなと思ったところです。

木村 私たちの周りにはいろいろな社会資源があります。それをリソースとして生かせるか、生かそうとするかは、私たちの見方次第なので

はないか、我々の姿勢次第だなとすごく思うんですよね。そこにいる人たちと対話ができればほとんどすべて資源になりうる。それこそ森脇会長から学ばせていただいたことです。たくさんのいろいろな方からも気づきを得られるのだという点で、我々も、子供たちも相互作用によって発達していくのだということはとても実感しています。「社会に開かれた教育課程」、「カリキュラム・マネジメント」の視点が紹介されていますが、地域資源はそっちにはたくさんあるけどこっちにはないという見方ではなく、我々の着眼の仕方によって、すべてはリソースになるということをぜひ、もう一回、新しい目で周囲を見渡してみたらいかがでしょうかというのが1点です。

それから、今回、「教科の本質」ということがずいぶん話題になったと思います。実は、既に名著と言われている渡辺三枝子先生の『教科でできるキャリア教育』(2009年、図書文化社)が私にとってそのガイダンスをしてくれていました。その教科を通じて、先生方が子供たちに何を伝えたいのか、この教科を通じて子供たちは何を学べるのかということを、教師一人一人が誠実に考えていくことが我々にとってのキャリア発達ですし、児童生徒との相互作用の中でキャリア発達が促される。

今回、中教審の別紙資料に、「各教科等の特質に応じた見方、考え方のイメージ」という、とてもすばらしい資料が出てきて、これはぜひ皆さんに見ていただきたい。皆さんが担当する教科において、ハッと気づく視点が含まれていると思うのです。「体育」を例にとると、「体育」って苦手な子供たちは、自分はできないからいい

んだと思いがちなんですが、でも、この教科で教えたい、伝えたい「本質」は、「する喜び」はもちろんですが、それだけでなく「見る」もあるし、「知る」もあるし、「支える」もある。自分自身は苦手であっても、例えば部活動でマネジャーとしてみんなを支えるということもスポーツへの関与の仕方なんだ。それによって自分が生きるんだというね。そういうすごく多様な着眼点を豊かに示してくれているように感じるので、自分の担当する教科、あるいは「授業」と、また新たに出会ってほしいなとすごく願っています。

清水 今回の改訂が、実践レベルで、具体で、多様に現れてほしいという願いも込められた話であったかと思います。

森脇 カリキュラム・マネジメントという視点からキャリア発達を支援する取組の延長線上で試行したのが、職業学科3校の教育環境(リソース)の相互活用です。生徒と指導者が、他校の主に専門教科の(自校にはない活動内容の)演習に参加し、学習するという取組です。これは、学校間の理解があれば実行可能であります。職業学科のみならず、普通科ともできることですし、校種を超えて実施することも今後試みたいと思っています。

今回の改訂の中で知的障害の各教科の見直しが行われています。今年度、高等学校における通級による指導の担当をしていますが、発達的には高等学校にいる生徒と特別支援学校の職業学科にいる生徒を見てみると、シームレスに存在する生徒がたくさんいるわけです。どちらの場で学んでいてもおかしくない人たちです。どちらの学校でも、そのグレーゾーンにいる生徒

第1部 座談会 新学習指導要領とキャリア発達支援

の中で退学する人も少なからずいます。退学の理由は様々ですが、その人たちの共通する課題をキャリア発達支援という視点で見ていけば、共通する課題が見えてくると思います。知的障害の各教科の見直しに、学びの連続性ということが言われていますが、主には小・中学校における各教科との関連を指しているけれども、キャリア形成との関連性から各教科等の学びを見ていくと、場ではなくて、自立や社会参加に向けた資質や能力の育成の在り方、学びの文脈の問題ではないかと思います。そう考えると、カリキュラム・マネジメントの視点と評価の視点が非常に重要に見えてくると思うのです。

4．読者へのメッセージ

清水 最後に皆様から読者へのメッセージをお願いいたします。

丹野 小学校、中学校に続いて、特別支援学校の学習指導要領が改訂され、公示されたわけですけれども、ぜひ各学校の中で学習指導要領の本文を皆さんで共有していただきたいと思っています。その際に総則、いろいろことが書いてあって、読みにくいという先入観をお持ちの方もいらっしゃるんじゃないかと思います。今回の改訂では、すべての先生方、また、先生方だけでなく、一般の社会の方々とも共有することが必要ということで、できるだけ分かりやすい言葉で整理し直して、示してあります。特に前文の内容は、なぜ教育課程があるのか、なぜ学習指導要領があるのか、また、それを実現するためにどういった理念があるのかということを皆さんで、共有していただきたいと思います。

　そうすると、今回の改訂で、最も大事にされ

てきた子供たちの学習者としての意欲や主体性を大切に育んでいくという視点。あるいは先ほども話題になりましたように、自己の存在感をしっかりと意識できるようにしたりですとか、自分はやはり社会にとって役に立つ存在なんだということを意識できるようにしていくことを、学校教育の中でしっかりと、様々な学習体験を通して育んでいくということが基幹となって、学習指導要領の各教科等の目標・内容ですとか、あるいはその指導計画の作成と内容の取扱いが示されるということについてお分かりになるのではないでしょうか。また、特別支援学校には自立活動が位置づいていますので、自立活動の指導計画と作成の内容の取扱いにおいても、学習の意味を自分の将来と結び付けてということは盛り込まれておりますので、そういったところを各学校の中で共有していただきたいと考えています。

武富 今、お話がございましたように、学習指導要領に関しては、全体の構成も含めて、ストーリー仕立てというか、言ってみればそのような感じになっているのかなと思っておりまして、非常に読みやすくもあるのではないかと思っています。

　また、今後、公表される学習指導要領解説においても、かなりボリュームは豊富になっていますが、非常に分かりやすく、また現場の実践に落とし込みやすく書かれているということがありますので、ゆっくりと咀嚼をしていくことが重要なのかなと思っています。

　それからキャリア発達支援研究会事務局の立場として、本書を刊行するに当たっては、様々な検討を行って参りました。内容につきまして

も理論編、実践編等、バラエティに富んでいますので、ぜひ本書をベースにしながら、研究会会員の中でキャリア発達支援の在り方について議論を深めていくということをまず1点、お願いしたいところです。

それからこの実践をベースにしながら、まだ本研究会の会員でない方々、まわりの方々にぜひ実践の奥深さについて解説をしてもらえるとありがたいなと思っています。解説の着眼点については、これまで『キャリア発達支援研究』は、1巻から3巻までを刊行していますので、そういったものも参考にしていただけるとありがたいなと思っているところです。より多くの方の手元にこの書籍が届くことを願っていますので、会員の皆様やご一読いただいた読者の皆様にも是非ともご協力をいただきたいと思っております。

名古屋 生き生きとした子供の今の実現をぜひ現場でやっていきたいなというふうに思いますね。自由に夢を持って、新学習指導要領ができたことによって、これまでできたことができなくなることはないと。むしろ、もっともっと新しいことができる時代ですから、学習指導要領を大いに生かして、子供たちがそれぞれのライフステージで生き生きとした学習をしていけるような授業ができたらなと思っております。

木村 最後にここまで読んでくださった読者の皆さんへ。この座談会を読んでおられる皆さんはきっと学校の中で重要な役割を担っておられる方が多いのだろう、と。日々いろいろな難しい事柄にぶつかってご苦労されているのだろう推察しています。うまくいかない時には迷いも生まれるでしょう。でも、「キャリア」は前進

だけが発達ではないんです。これは私がとても励まされた1つの考え方です。キャリアの「進む」という意味は360度方向なので、寄り道したり、後ろに戻ったりする場合もあります。キャリア発達の喩えに、「穴掘りの喩え」というのがあります。ある事柄を追求しようと思って深い穴を一生懸命掘ろうとするのだけども、いつか限界に当たってしまう。そのときはその周辺を広く掘る。ダイレクトにそこだけじゃなく、周辺の事柄を掘って、足場を少し広げると、また少し以前よりは深く掘れるようになる。また、ぶつかったら、さらに広く周辺を掘ってみる、そうしているうちに、穴は一層深く掘れる、または、本当に掘るべきポイントが見えてきたりする。人生における「キャリア発達」は、その繰り返しだという喩えです。

だから、今、取り組んでいる事柄を追求しようと思うことはとても尊いことですけれども、事柄がうまく運ぶことだけをイメージせず、失敗も貴重な経験ですから、いろいろとその周辺のことや様々なことに関心を持って、また取り組んでいなかったことや新たに取り組んでみようと思うことなどにぜひチャレンジしてみてください。そうするとまた新しい掘るべき場所が見つかるかもしれないということを皆さんに提案したいなと思います。

森脇 社会に開かれた教育課程という教育の方向性から、主体的・対話的で深い学びという実践の方法論までを提示された今回の改訂の趣旨を生かしていくためには、指導者一人一人の意識改革とともに、児童生徒の深い学びに気づく目とセンスが要求されると思います。学校のカリキュラムは教育的意図によって編成された枠

組みですが、児童生徒一人一人の成長・発達は本来個別のものであります。そのため、深い学びは意図する教育活動以外のところで起こることも多い。そして、その場面に気づくことが教員としての専門性とも言えるのではないでしょうか。

また、そのためには私たち自身が主体的・対話的な仕事の姿勢をもっているか、さらに深い洞察力と思考力が問われているように思います。同時にそのような専門性は、個人の能力だけでなく、チームとしてもつことで、児童生徒の気づきを教師集団が面として網をかけるように複数の目で見つめていくことが、児童生徒の育ちの過程を共有していくことにもつながると思うのです。

今、どこの学校現場でも激しい世代交代が起こっている現状の中で、若い先生方の個人の力だけでは困難な状況も見られます。たぶん、必要なことは、先生方こそが主体的で対話的な集団になることではないかと思います。また、そのような組織マネジメントが必要であり、今回の改訂の趣旨を実現していく鍵となるのではないかと思っています。

清水 本日は、「新学習指導要領とキャリア発達支援」をテーマに、これまでと今、そしてこれからという視点でお話しいただきました。キャリア教育の価値やキャリア発達支援の重要性に改めて気づかされたところです。今後は、新学習指導要領が学校現場で生かされ、浸透していくことが大事になります。その意味では、本研究会がキャリア教育やキャリア発達という視点から伝え、推進していく役割が必要になるということも改めて感じました。

本日は長時間にわたり、ありがとうございました。

（平成 29 年 9 月収録）

第Ⅱ部

論 説

キャリア教育の動向と今後の展望

　第Ⅱ部では、第Ⅰ部の座談会に続き、学習指導要領改訂期も踏まえながら、「キャリア教育の動向と今後の展望」と題し、各分野の研究者より論じていただく。始めは小・中・高等学校の視点から、次に特別支援教育及び特別支援学校の視点から、最後は新学習指導要領のキーワードの一つであるカリキュラム・マネジメントの視点からである。

1 小・中・高等学校における キャリア教育の推進・充実に向けて

国立教育政策研究所生徒指導・進路指導研究センター研究員　立石　慎治

1．はじめに

　本稿に当初いただいたテーマは、小・中・高等学校におけるキャリア教育展開上の課題とそれへの工夫であるが、このテーマは一研究所の一研究員である自分にはいささか荷が重くもある。なぜなら、特別支援教育の専門誌、それも論説において、敢えて特別支援教育領域以外にも目を向け、小中高のキャリア教育を知ろうとするために設けられた記事が負っている役目の大切さははかりしれないからである。

　課題の重要性と力不足の双方に鑑みた結果、本稿では、各種のデータからかいま見える小・中・高等学校におけるキャリア教育の姿を紹介しつつ、これまでキャリア教育の推進・充実で論点として挙がってきたことを交えながら、試論的に従前とは異なった角度からキャリア教育の実態を眺めてみることとしたい。したがって、本稿において述べられている意見にかかる部分については筆者個人の見解であり、所属機関並びに関係機関の見解ではないことをあらかじめお断りする。

　これから述べていくのは、キャリア教育の網羅的な姿というよりも、一部に焦点化し、なぜこのような結果になるのかについて筆者なりに考えてきたことをまとめたものであることを申し添える。

2．キャリア教育の課題と機能するPDCA

　読者諸氏には馴染みがあるだろうが、まずはキャリア教育の定義を確認しておきたい。

　キャリア教育とは、「一人一人の社会的・職業的自立に向け、必要な基盤となる能力や態度を育てることを通して、キャリア発達を促す教育」である（中央教育審議会 2011）。こうしたキャリア教育が小・中・高等学校においていかに展開してきたか、展開するのかを考える上で、我が国のキャリア教育に関する実態をまずは確認してみたい。少しさかのぼるが、国立教育政策研究所生徒指導・進路指導研究センターが平成24年度に実施した『キャリア教育・進路指導に関する総合的実態調査』（以下、『総合的実態調査』）の報告書を紐解きながら、当時の実情に迫ってみよう。

　詳細は割愛するものの、小・中・高等学校に協力を得た『総合的実態調査』の結果（国立教育政策研究所生徒指導・進路指導研究センター2013a）からかいま見える、平成24年度当時のキャリア教育の課題をまとめるなら、当時の

1 小・中・高等学校におけるキャリア教育の推進・充実に向けて

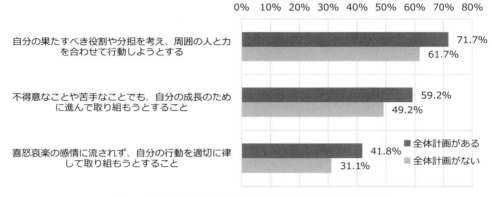

図1　全体計画の有無別に見た小学校学級担任の取組状況
（国立教育政策研究所生徒指導・進路指導研究センター 2013b: 28（抜粋））

課題とはキャリア教育の推進が求められていることは教員の間に広まっているものの[1]、キャリア教育で育むべき力である基礎的・汎用的能力の概念は浸透しきっておらず[2]、実施のための時間がないばかりか、その内容・方法や評価手法などに各教員が悩んでいる[3]ことであった。こうした小・中・高等学校におけるキャリア教育の推進上の課題に通底するポイントは、キャリア教育の実施にあたって検証改善サイクル（以下、PDCAサイクル）が実効的であるか、私なりの言葉遣いを許していただけるなら、PDCAサイクルが機能しているかという点であるように、筆者の目には映る。

では、機能するPDCAサイクルとはなんであろうか？　計画を立てることそのものは浸透してきていることもまた、『総合的実態調査』からはわかっている。この間、国立教育政策研究所生徒指導・進路指導研究センターによって、キャリア教育の計画の重要性が示されてきたが、これを手がかりとしつつ、ではなぜ計画が重要なのかに少し迫ってみたい。

計画が有効である場合を幾つか想定するとしたら、ひとつには、計画があることで教員の指導や実践が影響を受けるケースであろう。残念ながら、『総合的実態調査』からは計画と指導実践の間の関係性について、因果的な関連を直接的に示すことはできないものの、両者に相関を見いだせることがわかっている。小学校を例にとり、計画の有無と教員の指導の在り方との間の関連を見たものが図1である。決して大きな数値の差が出ているわけではないが、幾つかの項目において、計画がある学校の教員の方が指導をより行っていることが見て取れる[4]。

さて、ここからはこれまで以上に推察が多分に含まれるが、計画の有無から一歩踏み込んで、計画に基づく実践が持つ機能について考えてみたい。

経営学者のワイクはその著書の中で、アルプス山で演習中の部隊が遭難するというアクシデントに見舞われるも、隊員の一人が持っていた地図を見て無事下山したところ、その地図が実はアルプス山でなくピレネー山のものだっ

た、というエピソードを紹介している（ワイク 1995=2001）。このエピソードから、手掛りから行為が生まれていくプロセスについて議論しているので、少し長くなるものの、引用してみたい。

　人はいったん行為し始める（イナクトメント）と、何らかのコンテクストの中（社会）で、目に見える結果（手掛り）を生み出し、そしてこの手掛りは、いま何が起こりつつあるのか（進行中）、説明に何が必要か（もっともらしさ）、そして何が次になされなければならないのか（アイデンティティの啓発）を見出す（回顧）上で助けとなる。
　……（中略）……
　活動的で、（キャンプまで戻るという）目的を持ち、自分たちがどこにいて、どこに行きつつあるのかについて一つのイメージを持っていたからこそ、（中略）彼らは動き続け、手掛りに注視し続け、自分たちのいる場所の感覚を更新し続けた。その結果、不完全な地図（引用者注：ピレネー山の地図）でも十分使いものになったのである。（前掲書 75-76 ページ）

　私たちが何を目標とし、どこに向かっているかを共有する。目標地点を念頭に置いた上で地形を読み、どちらに向かうべきかを定め、歩みを進める。この比喩において、地図とは各種の計画であり、目標地点とは身に付けさせたい力を身に付けた子供の像であり、目標地点を照らして読んだ地形とは学校や児童生徒の現状であろう。それを踏まえて進むとは、キャリア教育の実践部分にほかならない。

　こうした、具体的目標が掲げられることで、その目標を達成するために必要なものがなんであるかがより見えやすくなることについては、類似する結果が『総合的実態調査』にもかいま見える。図2は、具体的目標が設定されているキャリア教育全体計画がある中学校とそうではない中学校に分けて、キャリア教育を適切に行っていく上で今後どのようなことが重要になると思うかについて学級担任に尋ねた結果である（抜粋）。こうした具体的な目標を設定することで、目標に近づいているかを知るために有益な、計画（に基づいた実施）や評価が重要であることが認識しやすくなるようにも見える。

　キャリア教育に限ったことではないかもしれないが、各種の計画に照らしながら、その時そ

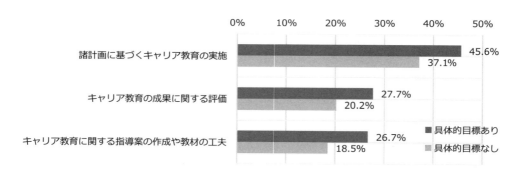

図2　全体計画内の具体的目標設定の有無別に見た中学校学級担任の重視項目
（国立教育政策研究所生徒指導・進路指導研究センター 2013b: 59（抜粋））

の時の児童生徒や自校の実態を見取り、目標に近づいているかを見定めつつ、実践を重ねていくことが重要であることを確認したい。先ほど紹介した比喩は、全体計画や年間指導計画（≒地図）が間違っていても大丈夫だ、ということでは決してなく、道しるべとして、出発点として計画は有益な手掛かりを与えてくれるのではないか、ということである。

このように考えてくると、計画を立てるプロセスにおいて、教員同士が対話に基づいて共通認識を醸成することで、本節冒頭で示した課題は幾分解決可能なようにも考えられる。育むべき力（基礎的・汎用的能力）に関する概念の普及や、実施の内容・方法、評価については、その学校に集う教員同士が経験や学んだ結果を持ち寄ることで、解決するものがあるかもしれない。

各種のデータから想像の翼をたくましくすると、キャリア教育の計画を立て―それも計画を紙の上でただ立てるのではなく、関係者がその時その時の実態を絶えず捉え直し、対話を重ね、生きた計画として保持すること―、その計画に従って実践し、その達成を捉えることが肝要であるように筆者の目には映るが、読者諸氏はどのようにこの結果を読み解かれただろうか。

3. 問題を難しくしているもの
― 社会の行く末に対するスタンス

こうした、目指すべき目標を教員が共有できなかった時の課題は、指摘されてきたことでもある。『今後の学校におけるキャリア教育・職業教育の在り方について（答申）』においても、キャリア教育について「一人一人の教員の受け止め方や実践の内容・水準に、ばらつきがあることも課題としてうかがえる」、「このような状況の背景には、キャリア教育の捉え方が変化してきた経緯が十分に整理されてこなかったことも一因となっていると考えられる。このため、今後、上述のようなキャリア教育の本来の理念に立ち返った理解を共有していくことが重要である」と、その問題性が指摘されている。

そこで、もう少し答申を読み進めてみたい。実は上述の定義の直後には、このような記述が続いている。「それ（筆者注：キャリア教育）は、特定の活動や指導方法に限定されるものではなく、様々な教育活動を通じて実践される。キャリア教育は、一人一人の発達や社会人・職業人としての自立を促す視点から、変化する社会と学校教育との関係性を特に意識しつつ、学校教育を構成していく理念と方向性を示すものである」（中央教育審議会 2011: 17）。

今回考えたいのは後半の一文である。キャリア教育は、学校教育を構成していく理念と方向性であると述べられていて、その時に考慮しないといけないのは、「自立を促す視点から、変化する社会と学校教育との関係性を特に意識」することとされている。つまり、教育に携わる我々が、現代の社会をどのようなものだと捉えているか、もしくは、指導する児童生徒が十全に参画する、少し未来の社会はどのようなものになりうると考えているかが問題になってくる。現在ならまだしも、様々な社会予測が一致して、予測困難な時代になることを提示している昨今においては、少し未来の社会を考え、目標を立てることは難しいのも事実である。その準備を今からさせることを具体的に考えるのは

輪をかけて困難かもしれない。

　しかし、前言を翻すようだが、色々なところで口の端に上る社会予測が、どこまで当たり、どこまで外すかは実は我々が向き合わねばならない問題ではない。社会予測が完璧にあった例はおそらくないからだ。だからこそ、キャリア教育の指導として社会予測のどれかを用いて「このような厳しい社会になるんだ」と児童生徒に示すことは、最初の一歩ではあるものの、最初の一歩でしかない。今次の学習指導要領改訂にも表れているように、それを知るだけでとどまるものではなく、それを知って何ができるようになるか、をキャリア教育においても考えねばならないように思われる。

　つまるところ、我々がより目を向けるべきは、見通しを持ちつつも、想定外の何かが起きた時にそれに対処できる力を持てるかどうかであろう。これをキャリア教育の場面になぞらえるなら、いかに不確定な要素をキャリア教育実践の中に意識的に組み込むか、ではないだろうか。このように考えてみると、たとえば、和歌山県立桐蔭高等学校の実践のひとつの、15年後の「私」に関するポスターセッションはとても有益な視点をもたらしてくれる（和歌山県立桐蔭高等学校ウェブサイト n.d.）。高等学校1年生の後期に行うこの取組の興味深い点は、高校生から15年後である30歳までの「私」の履歴の中に必ず2つの挫折を盛り込むことが求められる。先述のとおり、見通しが立てにくい社会においては、思わぬ出来事によってキャリアプランの変更を余儀なくされることもあるだろう。紙の上ででも、そうした変更を疑似体験し、それを乗り越えるプランを立てた経験は、現実

にそうした事態に出くわした時の助けとなるように思われる。

　キャリア教育活動の内容には、教育する側である我々の社会観が色濃く出る。自覚している部分もあれば、無自覚のうちに出してしまう部分もある。比較的見通しを立てやすかった時代に育った我々には、社会観を更新することは時に大変な行為ではあるが、変化する社会を我々なりに解釈し、そうした社会そのものではなく、そうした社会への向き合い方を自校のキャリア教育の中に埋め込んでいくことが重要になりそうなこともまた本稿で確認しておきたい。

4. おわりに
―「今なにをするかじゃない？」

　これまで、小・中・高等学校におけるキャリア教育について幾つかのデータを紹介し、筆者なりの視点からそれらについて述べてきた。キャリア教育の実施に当たっては、育むべき力（基礎的・汎用的能力）に関する概念の普及や、実施の内容・方法、評価が悩みであったことが調査結果からはかいま見えた。こうした課題に対しては、推察も混じるものの、諸計画（とそれらに照らしながら教員が実態を絶えず捉えていくこと）が有効である可能性を提案した。また、「変化する社会と学校教育との関係性を特に意識」するキャリア教育においては、変化する社会をいかに教育実践の中で考慮していくかが今後の課題になるのではないかということを併せて述べた。

　最後に、特別支援教育におけるキャリア発達支援と小・中・高等学校におけるキャリア教育におそらく共通すると思われる点について、あ

るエピソードを紹介して稿を閉じたい。とある大学の教育学部の１年生向けの授業を受け持たせてもらったことがある。班で探求的な活動を行うことが授業内に埋め込まれていることが求められていたため、テーマは各班で自由に選んでよいようにしたところ、キャリア教育を選んだ班があった。がんばって資料を集め、議論しているのを傍で見ていると、ひとりの学生がこんなことを言った。「たしかにキャリア教育っていうのは、将来、未来を見るものだけど、でも、それを踏まえて今なにをするかじゃないの？」

　子供たち一人一人には、他の誰とも同じではない、経験や役割の積み重ねがある。その積み重ねが、どの時に、どのような意味と実感を持つかは、それこそ人の数だけあり、その子だけのものである。それらを踏まえて展望できる未来も、人の数だけある。アプローチには多少の違いがありえたとしても、いま目の前にいる子たちとその将来にとってどのような働きかけが意味を持つかを考えるところから出発するのは、おそらく領域の違いを超えて共通に重要であるように思われる。

　本稿で述べたことには仮説や推測の域を出ない部分が多分に含まれており、これ自体が検証を要するものであることは重ねて申し添えておきたい。いずれにしても、本試論を通じて、こうした研究に携わっている我々にとっては、両領域の研究がますます盛んになり、それぞれの知見から互いに学べるところを増やしていくことが、我々にできる〝今できること〟のように筆者には思えてきているが、読者諸氏におかれてはいかがだろうか？

【注】

１）キャリア教育の推進が求められていることについて、知っていたと回答したのが小学校学級担任教員の 76.9%、中学校学級担任の 76.8%、高等学校ホームルーム担任の 76.1% に上っている（国立教育政策研究所生徒指導・進路指導研究センター 2013a: 78, 143, 250）。

２）基礎的・汎用的能力について、「詳しく知っており、その内容を人に説明することができる」者は小中高の各段階で 2.0%、1.5%、1.9% に止まっていた（国立教育政策研究所生徒指導・進路指導研究センター 2013a: 82, 147, 255）。「人に説明はできないが、ある程度知っている」者でも 27.2%、20.1%、25.3%に過ぎず、過半数が「聞いたことがある」、もしくは「聞いたことがない」のが実態であった（同上）。

３）学級、もしくは、ホームルームのキャリア教育について困ったり悩んだりしていることとして、学校種を超えて共通に高い比率で回答されたのは、「キャリア教育を実施する十分な時間が確保できない」が小学校学級担任の 40.1%、中学校学級担任の 35.4%、高等学校ホームルーム担任の 34.6%、「キャリア教育に関する指導の内容・方法をどのようにしたらいいかわからない」が小学校学級担任の 37.4%、中学校学級担任の 23.1%、高等学校ホームルーム担任の23.1%、「キャリア教育の計画・実施についての評価の仕方が分からない」は小学校学級担任の 33.2%、中学校学級担任の 34.9%、高等学校ホームルーム担任の 31.0% であった（国立教育政策研究所生徒指導・進路指導研究センター 2013a: 86, 153, 262）。もちろん学校種特有に高い項目もあったが、本稿では割愛する。

【引用文献】

国立教育政策研究所生徒指導・進路指導研究センター（2013a）『キャリア教育・進路指導に関する総合的実態調査第一次報告書』

国立教育政策研究所生徒指導・進路指導研究センター（2013b）『キャリア教育・進路指導に関する総合的実態調査第二次報告書』

中央教育審議会（2011）『今後の学校におけるキャリア教育・職業教育の在り方について（答申）』

和歌山県立桐蔭高等学校ウェブサイト, n.d., http://www.toin-h.wakayama-c.ed.jp/page014.html, 2017.8.30.

Weick, Karl E. (1995) *Sensemaking In Organizations,* Sage Publishing. (= 2001, 遠田雄志・西本直人訳『センスメーキングインオーガニゼーションズ』文眞堂)

新学習指導要領とキャリア教育
～特別支援学校幼稚部教育要領及び特別支援学校小学部・中学部学習指導要領等を踏まえて～

植草学園大学発達教育学部准教授　菊地　一文

本稿では、平成28年4月28日に公示された、特別支援学校幼稚部教育要領、特別支援学校小学部・中学部学習指導要領（以下、新学習指導要領）等に基づき、障害者の権利に関する条約（以下、権利条約）への批准に伴う近年の動向を踏まえ、今後の特別支援教育及び学校教育全体におけるキャリア教育の意義及び今後の展望について論述する。

1. キャリア教育の課題と新学習指導要領における位置付け

今回の学習指導要領の改訂は、平成10年以降我が国が教育施策として進めてきた「生きる力」を育成する観点から、その一層の充実を図ることを目指し、進められてきた。その一環として、今回の改訂では「社会に開かれた教育課程」「育成を目指す資質・能力」「主体的・対話的で深い学び」「カリキュラム・マネジメント」の4つのキーワードが示され、注目を集めているが、筆者はその背景にある理念として「キャリア教育」及び「インクルーシブ教育システム」があると捉えている。

中央教育審議会（2016）[4]は答申において、キャリア教育の理念が浸透してきている一方で「職場体験活動のみをもってキャリア教育を行ったものとしていること」「社会への接続を考慮せず次の学校段階への進学のみを見据えた指導となっていること」等の課題を指摘し、「キャリア発達を促すキャリア教育」の視点が重要であるとしている。

また、これらの課題を乗り越えてキャリア教育を効果的に展開していくためには、教育課程全体を通じて必要な資質・能力の育成を図っていく取組が重要であるとし、特別活動における学級活動等を中核とした教育課程全体をとおした取組を進める必要性や、各教科等において自己のキャリア形成を関連付けながら見通しを持ったり振り返ったりしながら学ぶ「主体的・対話的で深い学び（アクティブ・ラーニングの視点）」を実現する必要性について述べている。

さらには、キャリア教育は「子供たちに社会や職業との関連性を意識させる学習」であることから、その実施に当たっては「地域との連携」が不可欠であるとしており、教員間の連携など組織的な取組の必要性についても言及している。このことは、従前の学習指導要領における位置付け内容と共通するが、後述する「社会に開かれた教育課程」と大きく関連するものである。

これらの課題を踏まえて、新学習指導要領に

おいてキャリア教育は「総則」の６つの柱の１つである「児童生徒一人一人の発達をどのように支援するか（児童生徒の調和的な発達を支える指導）」に位置付けられている。なお、「特別支援教育」もこの柱に位置付けられており、今回の改訂は、多様性を踏まえた児童生徒一人一人の生きることへの支援を重視していることにも注目したい。

2．改訂において示された４つのキーワードとキャリア教育

次に４つのキーワードとキャリア教育の関連について論じる。４つのキーワードは相互に関連するものであり、そのことを意識した取組を進めることより、教育活動全体をとおしたキャリア教育の充実が図られると考える。

（1）社会に開かれた教育課程

「社会に開かれた教育課程」は、「総則」の前に位置付けられた「前文」にその説明及び実現の必要性が示されていることから、今回の改訂の根幹と言え、今後の教育において目指すべき方向性を示す、特に重要なキーワードである。答申[4]では、「社会に開かれた教育課程」の実現のために、次の３点が重要になると示している。

① よりよい学校教育を通じてよりよい社会を創るという目標を持ち、教育課程を介してその目標を社会と共有していくこと。
② 子どもたちが、社会や世界に向き合い関わり合い、自らの人生を切り拓いていくために求められる資質・能力とは何かを教育課程において明確化し育んでいくこと。
③ 地域の人的・物的資源を活用したり、放課

後や土曜日等を活用した社会教育との連携を図ったりし、学校教育の目指すところを社会と共有・連携しながら実現させること。

上記のうち、①は「共生社会の形成」や、連続した多様な学びの場における、いわゆるインクルーシブ教育システムの構築を目指すための教育課程を目指すものと捉えることができる。また、②は、「社会の中で役割を果たすことをとおして自分らしく生きることを実現していく過程」である一人一人の「キャリア発達」を促す教育課程を目指すものと捉えることができる。さらに③は、キャリア教育において重視されてきた「地域協働活動」の充実による児童生徒及び教職員、地域住民等、相互のキャリア発達を促す教育課程を目指すもの、そして権利条約第24条に示された「生涯学習」の充実を視野に入れるものと捉えることができる。

なお、「社会に開かれた教育課程」は、「主体的・対話的で深い学び」を実現する前提として学校全体で目指すべきものであると言え、その実現のためには、後述する「育成を目指す資質・能力」を踏まえた「カリキュラム・マネジメント」が重要であると捉えることができる。

（2）育成を目指す資質・能力

答申[4]の「社会に開かれた教育課程を実現する上で重視すべき事項」では、「求められる資質・能力とは何かを教育課程において明確化し育んでいくこと」を示している。また、「育成を目指す資質・能力」（以下、資質・能力）の要素として、①何を知っているか、何ができるか（生きて働く「知識・技能」）、②知っていること、できることをどう使うのか（思考力・判断力・表現力等）、③どのように社会・世界

と関わり、より良い人生を送るか（学びに向かう力、主体的に学習に取り組む態度）の3つの柱を示している。これらは、従来からの「生きる力」の考えに基づくものであり、現行学習指導要領における学力の3要素を踏まえた取組の成果をより確かなものとして全ての授業の中で意識し、充実を図ることが求められる。これらの資質・能力が各教科の授業の中で、あるいは各教科等の授業間のつながりを踏まえて、教育課程全体をとおしてどのように育成していくかが問われている。

キャリア教育においては、これまで4領域8能力や基礎的・汎用的能力といった「育てたい力」が例示され、学校現場において授業及び教育課程の改善及び充実を目指した取組の中で活用されてきた。特別支援教育とりわけ知的障害教育においては「知的障害のある児童生徒のキャリアプランニング・マトリックス（試案）」[9]（以下、マトリックス）等の「育てたい力の枠組みの例」が授業及び教育課程改善のツールとして活用されてきた。

このことをとおして、abilityだけではなく、「対処する力」を意味し、育成の姿勢を重視する能力観であるcompetencyという能力観を踏まえる必要性の理解が図られてきた。また、各教科等の授業においてどのような力を育成するのかを明確化することや、育てたい力に基づき各教科等を越えて、一貫性・系統性を踏まえて組織化していく教育課程改善の方策としてマトリックスの活用が進められてきた。いわゆるhidden curriculumを意識化、顕在化する試みであったこれまでのノウハウが「資質・能力」を踏まえた実践の充実や後述する「カリキュラ

ム・マネジメント」に活かせると考える。

なお、論点整理[3]の時点において、これまでの資質・能力に関する考え方の分析により、育成すべき資質・能力に対応した教育目標・内容に関する3つの視点、①教科等を横断する汎用的なスキル（コンピテンシー）等に関わるもの、②教科等の本質に関わるもの（教科等ならではの見方・考え方など）、③教科等に固有の知識や個別スキルに関するもの、が示された。かつてマトリックスの活用による授業及び教育課程等の改善において、「育てたい力」が授業の目標と一致する場合と、授業の目標と一致しないが、関連した要素として取り扱われる場合が見られた。しかしながら、「育てたい力」を意識するがあまり、関連した要素である「育てたい力」を授業の目標にしようとし、本来の教科等の目標との齟齬が生じるということも一部で散見された。資質・能力に基づいたカリキュラム・マネジメントにおいても、その基となる授業の評価等の際に同様のことが危惧されるので留意したい。

（3）主体的・対話的で深い学び

筆者は、「主体的・対話的で深い学び」は、キャリア発達を促す学びそのものであると捉えている。言い換えると、これまでの「キャリア発達を促す」ことを目指した実践の中に「主体的・対話的で深い学び」があると考える。

キャリア教育には「キャリア発達を促す教育」という意味と「教育活動を見直し改善するもの」、即ちMarland（1974）[11]のいう「教育改革運動」としての側面の2つの意味がある。

菊地（2013）[7]は前者について、主語を「児童生徒」とし、「児童生徒が、自身が経験する様々

なもの・ことに対してもつ、『なぜ・なんのため』『何を』『どのように』という『思い』を大切にする教育」とし、後者について主語を「教師」とし、「教師が、自身が行う一つ一つの授業等に対して、『なぜ・なんのため』『何を』『どのように』について問い直し、明確にした上で、確かにつなぐ教育」としている。このことは、キャリアの基本要素である「時間軸」と「空間軸」を踏まえると、一人一人にとっての過去の積み重ねである「いま」と、将来を見据えた「いま」を大切にする教育であると言える。

　キャリア教育＝キャリア発達を促す教育においては、児童生徒の主体的な取組が大切であるのは言うまでもないが、体験を含む諸活動を「振り返り」、言語化や対話をとおして諸活動そのものや自己に対する「意味付け」や「価値付け」がなされていくことが重要である。なお、この「振り返り」とは、過去のみに目を向けるものではなく、過去を踏まえて今から先すべてを指す将来を見据えたものであり、このことによって、よりよい「深い学び」につなげることが期待される。

　しかしながら、ここで留意したいのは、子どもが学びの価値に気づき「深い学び」となるのは、授業内のみに限らず、授業後や一定時間が経過した後の授業においてもあり得るということである。また、そのきっかけは、「成功」だけとは限らず「失敗」から気づき、「深い学び」となることもあり得る。「主体的・対話的」であることは、教師の創意工夫により、単独の授業の中でも設定が可能であるが、「深い学び」については、児童生徒一人一人の発達の段階を踏まえるとともに、教師が指導計画を構想し立

案する過程において、あるいは実施していく中で、児童生徒にとっての「深い学び」を意図することが必要であり、単独の教科等だけではなく、各教科等を越えた全ての教育活動をとおして、児童生徒自身がもつ「なぜ・なんのため」に学ぶのかといった「学びの文脈」を意識化する必要性を示唆していると言える。ここで言う「発達の段階」を捉える際に、認知的発達及び身体的発達のみならず、本人の物事への向き合い方といった「キャリア」にも着目し、「内面の育ち」の把握に努めることが求められる。

　なお、新学習指導要領においても「第4節　教育課程の実施と学習評価」において、「主体的・対話的で深い学びの実現に向けた授業改善」に当たっては、1つの授業を改善するのではなく、「単元や題材のまとまりを見通しながら」授業改善を行うことを示している。また、このことを受けて、各教科の「指導計画の作成と内容の取扱い」の箇所において、各教科において培った「見方・考え方を働かせる」ことによって充実を図る必要性を示しており、上述したcompetencyにも通ずると捉えることができる。

　「アクティブ・ラーニング」の文言が取り上げられ議論が進められていた当初、指導方法の例示として①学びの「共同化」…グループで話し合い、多様な視点で思考方法を学び合う双方向型の授業、②学びの「プロジェクト化」…知識の暗記ではなく、課題解決をねらいに体験的な学習を柱とする授業、③学びの「個別化」…一人一人の進度、能力に応じて、教師が目標を変え指導する授業の3点が挙げられ[3]注目を集めたが、これらはまさに知的障害教育が本来

的に大切にしてきた、とりわけ各教科等を合わせた指導における学びのスタイルと共通するものと考える。創意工夫により特別の教育課程を編成してきた知的障害教育においては、児童生徒一人一人の「キャリア発達」を支援することを踏まえつつ、改めて従来の取組を見直しと充実が求められているところであるが、その中には「特別ではない」教育課程を編成する学校における「主体的・対話的で深い学び」の充実につながる、発信すべき「価値」があると考える。

（4）カリキュラム・マネジメント

　答申[4]では、カリキュラム・マネジメントの3つの側面として以下を示している。

① 各教科等の教育内容を相互の関係で捉え、学校教育目標を踏まえた教科等横断的な視点で、その目標の達成に必要な教育の内容を組織的に配列していくこと。

② 教育内容の質の向上に向けて、子供たちの姿や地域の現状等に関する調査や各種データ等に基づき、教育課程を編成し、実施し、評価して改善を図る一連のPDCAサイクルを確立すること。

③ 教育内容と、教育活動に必要な人的・物的資源等を、地域等の外部の資源も含めて活用しながら効果的に組み合わせること。

　①③については、とりわけ知的障害教育においては、従来から展開してきた児童生徒の学習上の特性を踏まえた、各教科等を合わせた指導や教科別の指導における質の高い実践が、「単元」という形や、指導の形態を越えた関連付けという形で教育活動全体をとおしてなされ、「生きる力」を培うとともに、各教科等において求められる力を育成してきた経緯がある。しかし

ながら、キャリア教育への注目の背景にあった指導内容等の一貫性・系統性の課題が意識されるようになり、その解決方策として上述したマトリックス等の「育てたい力」に基づいて教育課程の見直しがなされてきた。このような背景を踏まえて、改めて一つ一つの授業の意義や価値、言い換えると授業における目標や授業をとおして履修される内容を問い直し、明確にしたうえで、その高まりや広がりを意識し、「つなぐ」ことによって、カリキュラム・マネジメントが可能となる。また、そのためには②が示す組織的・体系的な学習評価[10]の実施が求められる。さらには、授業ごとに分析的に捉える資質・能力と単元等で総括的に捉える資質・能力、さらには授業や単元、教科等を越えて関連付けて捉えたり、総括的に捉えたりする資質・能力が想定されるため、どのように評価し、PDCAサイクルで教育課程の改善を図るかといった組織的に取り組むための計画の検討が肝要である。

　主体的・対話的で深い学びの実現において重視すべきと論じた「学びの文脈」は、カリキュラム・マネジメントにおいても必要であり、このことが資質・能力を踏まえた授業や、単元や教科等を越えた関連付けにつながっていくと考える。

3．キャリア教育の今後の展望

　上述した権利条約第24条では、「あらゆる段階における教育制度（いわゆるインクルーシブ教育システムの構築）及び生涯学習を確保する」ことに関して、次の3つの目的を示している。

（a）人間の潜在能力並びに尊厳及び自己の価

値についての意識を十分に発達させ、並びに人権、基本的自由及び人間の多様性の尊重を強化すること。

(b) 障害者が、その人格、才能及び創造力並びに精神的及び身体的な能力をその最大限度まで、発達させること。

(c) 障害者が自由な社会に効果的に参加することを可能とすること。

これらの主語に着目すると、(b)(c)が障害者であるのに対して、(a)は全ての人を対象としている。また(a)は最初に示されていることから、より重要な事項と捉えることができ、本条文は権利条約の趣旨である「共生社会」の形成及びインクルーシブ教育システムの構築に向け、全ての人に働きかけ、意識を変えていく必要性を示唆していると捉えることができる。なお、「自己の価値についての意識を十分に発達させること」の箇所は、自己の在り方や生き方にかかわるものであり、教育活動全体をとおして推進が求められている「キャリア発達を促す」教育に通じるものと捉えることができる。

次に「インクル報告」[2]や障害者基本法第16条等に位置付けられている文言「十分な教育」に着目したい。

インクル報告では、「十分な教育」について、「それぞれの子どもが①授業内容が分かり、②学習活動に参加している実感・達成感を持ちながら、③充実した時間を過ごしつつ、④生きる力を身に付けていけるかどうか、これが最も本質的な視点であり、そのための環境整備が必要である。」(番号は筆者)と解説している。

「十分な教育」を満たす4つの要件のうち、

①④は、従来からの教育理念と重なり、とりわけ特別支援教育において最も重視してきたことの一つであると言える。また、②③は、まさに学習の主体者である子ども自身の「学ぶこと」に対する意味付けや価値付けであると言え、キャリア発達支援の理念と大きく重なる。「十分な教育」は、教え込みではない、本人が主体的に「学ぶこと」を重視する教育の重要性を示唆しており、障害の有無や状態にかかわらず、全ての児童生徒等に対するキャリア発達支援の充実を求めるものと捉えることができる。

上記の2点に基づき、学習指導要領が特別支援学校だけでなく、小・中学校等を含む初等中等教育全体共通の枠組みで改訂された意義を踏まえ、実践の充実を図り、発信していく必要がある。

これまでのキャリア教育の取組は、4つのキーワードの理解とこれらを踏まえた教育の充実に資すると考える。一方で4つのキーワードを踏まえてこれまでの取組を見直していくことはキャリア教育の理解と実践の深化につながると考える。これらの知見は、特別の教育課程という枠組みの中だけではなく、初等中等教育全体における連続した多様な学びの場において、充実を図ることが求められる。

最後に、今回の改訂を機に、改めてキャリア答申[1]に示された「キャリア教育の意義・効果」を確認したい。私たちは「キャリア発達の相互性」を踏まえ、これらのことが全ての人の意識を変えていく可能性を有するということを念頭に置き、我が国の目指す共生社会の形成に向け、取組を進めていく必要があると考える。

【付記】

本稿は主として文献8）に基づいて加筆修正し、再編集したものである。

【文献】

1）中央教育審議会（2011）今後の学校におけるキャリア教育・職業教育の在り方について（答申）.
2）中央教育審議会初等中等教育分科会（2012）共生社会の形成に向けたインクルーシブ教育システム構築のための特別支援教育の推進（報告）.
3）中央教育審議会教育課程企画特別部会（2014）論点整理.
4）中央教育審議会（2016）幼稚園、小学校、中学校、高等学校及び特別支援学校の学習指導要領等の改善及び必要な方策等について（答申）.
5）外務省（2013）障害者の権利に関する条約. http//:www.mofa.go.jp/mofaj.gaiko.jinken/ index_shogaisha.html.2017年8月1日取得.
6）菊地一文（2013）特別支援学校におけるキャリア教育の推進状況と課題―特別支援学校を対象とした悉皆調査の結果から―. 発達障害研究35（4）, pp269-278. 日本発達障害学会.
7）菊地一文（2013）実践キャリア教育の教科書. 学研教育出版.
8）菊地一文（2017）アクティブ・ラーニングとキャリア教育. 発達障害研究39（3）, pp-. 日本発達障害学会.
9）国立特別支援教育総合研究所（2010）知的障害教育におけるキャリア教育の在り方に関する研究 研究成果報告書.
10）国立特別支援教育総合研究所（2015）知的障害教育における組織的・体系的な学習評価の推進を促す方策に関する研究―特別支援学校（知的障害）の実践事例を踏まえた検討を通じて― 研究成果報告書.
11）Marland,S.P.Jr.（1974）Career Education :A Proposalfor Reform. McGraw-Hill Book Co., 1221 Avenue of the Americas, New York.
12）文部科学省（2009）特別支援学校高等部学習指導要領.
13）文部科学省（2017）特別支援学校幼稚部教育要領.
14）文部科学省（2017）特別支援学校小学部・中学部学習指導要領
15）文部科学省（2017）新特別支援学校幼稚部教育要領、特別支援学校小学部・中学部学習指導要領説明会資料

3 キャリア教育とカリキュラム・マネジメント

国立特別支援教育総合研究所情報・支援部総括研究員　武富　博文

1. 幼稚園・小学校・中学校の新学習指導要領等に見るキャリア教育の位置付け

　平成29年告示の新学習指導要領等は、中央教育審議会の答申を受け、キャリア教育を早期の段階から行う重要性に鑑み、幼稚園教育要領、小学校学習指導要領、中学校学習指導要領のそれぞれにキャリア教育の推進に関連する内容を位置付けている。

　今回の学習指導要領の改訂では、新たに加わった「前文」をはじめ、総則や各教科等の目標・内容等のレベルにおいても、これからの時代を先読みし、これまでの学校教育や児童生徒の現状と成果及び課題を踏まえて、どのような目的のもとに新しい教育を創り上げていくのかという観点から「社会に開かれた教育課程」の理念や「育成を目指す資質・能力の3つの柱」の明確な位置付けを行い、学習指導要領全体が「学びの地図」となるような改訂が進められている。

　これら全体がキャリア教育推進の俯瞰図となっていることの理解が必要ではあるが、改訂されたそれぞれの学校段階の学習指導要領等で、キャリア教育がどのように位置付けられているのかについて、特に「キャリア」という文言の標記された箇所を中心に見ていきたい。

　最初に、幼稚園教育要領の中には、キャリア教育という文言そのものこそ見られないものの、今回の改訂で新たに示された「幼児期の終わりまでに育ってほしい姿」は、教師が指導を行う際に考慮する、幼稚園における教育活動全体を通して資質・能力が育まれている幼児の幼稚園修了時の具体的な姿である。「一人一人の社会的・職業的自立に向け、必要な基盤となる能力や態度を育てることを通じて、キャリア発達を促す教育」と定義づけられたキャリア教育の幼稚園教育段階における「必要な基盤となる能力や態度」が示されたものと考えることができる。

　続いて、小学校学習指導要領においては、次の2箇所に関連する文言の記述が認められる。1箇所目は「第1章 総則 第4 児童の発達の支援」に示された「児童が、学ぶことと自己の将来とのつながりを見通しながら、社会的・職業的自立に向けて必要な基盤となる資質・能力を身に付けていくことができるよう、特別活動を要としつつ各教科等の特質に応じて、キャリア教育の充実を図ること。」である。重要なポイントは次の3点と考える。

　第1点目は「学ぶことと自己の将来を見通し

ながら」という点である。中央教育審議会においても、今、学んでいる内容が、次の学びや現在の生活、将来の生活とどのように関連しているかということの意識が希薄になっている点について重要な課題であると捉えられていた。

第2点目は「特別活動を要としつつ」という点である。言わば「あらゆる学びを総括する重要な核」となる、換言すれば「閉じて意味のあるまとまり」を形づくる教育課程の柱として「特別活動」を位置付けている点である。

3点目は「各教科等の特質に応じて」という点である。つまり、キャリア教育は特定の教科・領域等に限って進められるのではなく、それぞれの教科等において、他教科等との密接な関連を図りながら進められていくべきものと位置付けられている点である。特に、今回の学習指導要領改訂において重要なキーワードとなっている「資質・能力の3つの柱」の中でも「学びに向かう力・人間性等」との関連において、各教科等に固有の知識・技能は、それぞれの教科等にコンテンツとして存在し、それらを用いて各教科等に固有の課題や問題状況を捉えて思考し、判断し、表現等する中で一体的に育まれる「学びに向かう力・人間性等」が、各教科等を横断する力として相互に関連付けられるべき資質・能力であることを端的に表しているものと理解できる。

小学校学習指導要領上の記述としての2箇所目は、「第6章 特別活動 第2 各活動・学校行事の目標及び内容」の「学級活動」の内容として「全ての学年において、次の各活動を通して、それぞれの活動の意義及び活動を行う上で必要となることについて理解し、主体的に考えて実践できるよう指導する。」ものとして「一人一人のキャリア形成と自己実現」が位置付けられている。具体的には「ア 現在や将来に希望や目標をもって生きる意欲や態度の形成」として「学級や学校での生活づくりに主体的に関わり、自己を生かそうとするとともに、希望や目標をもち、その実現に向けて日常の生活をよりよくしようとすること。」、「イ 社会参画意識の醸成や働くことの意義の理解」として「清掃などの当番活動や係活動等の自己の役割を自覚して協働することの意義を理解し、社会の一員として役割を果たすために必要となることについて主体的に考えて行動すること。」、「ウ 主体的な学習態度の形成と学校図書館等の活用」として「学ぶことの意義や現在及び将来の学習と自己実現とのつながりを考えたり、自主的に学習する場としての学校図書館等を活用したりしながら、学習の見通しを立て、振り返ること。」が示されている。これは、キャリア教育の要として位置付いた特別活動において、指導の具体化を図っていく際に、特に小学校段階として適切なものを学校生活全般と密接に関連付けた内容になるよう、また、キャリア教育の視点から小・中・高等学校のつながりが明確となるよう整理する中で設けられた項目である。

以上のように、キャリアという文言の記述があった箇所のみを取り上げても、キャリア教育は重要な意義をもつ視点として位置付けられており、これら以外にも関連する記述が随所に及んでいる点を押さえておく必要がある。また、教育課程編成上、全ての教科等においてキャリア教育を展開しつつも、要となる柱が想定されているという点も押さえておく必要がある。

次に、中学校学習指導要領において、「キャリア」に関係する文言の記述に触れてみると、次の３箇所に関連する文言の記述が認められる。１箇所目は小学校学習指導要領と同様に「第１章 総則 第４ 生徒の発達の支援」に示された「生徒が、学ぶことと自己の将来とのつながりを見通しながら、社会的・職業的自立に向けて必要な基盤となる資質・能力を身に付けていくことができるよう、特別活動を要としつつ各教科等の特質に応じて、キャリア教育の充実を図ること。その中で、生徒が自らの生き方を考え主体的に進路を選択することができるよう、学校の教育活動全体を通じ、組織的かつ計画的な進路指導を行うこと。」の箇所である。小学校との違いでは、後段（下線部）の記述が加わっており、義務教育終了段階において「主体的に進路を選択することができる」ようになる点について触れられていることと、そのために学校が組織的・計画的に進路指導を行うこととされていることである。特にどのように組織化するかや計画を具体化するのかはカリキュラム・マネジメントの視点と深く関わっている部分である。

２箇所目は「第２章 各教科 第８節 技術・家庭」の中の「第３ 指導計画の作成と内容の取扱い」において「基礎的・基本的な知識及び技能を習得し、基本的な概念などの理解を深めるとともに、仕事の楽しさや完成の喜びを体得させるよう、実践的・体験的な活動を充実すること。また、生徒のキャリア発達を踏まえて学習内容と将来の職業の選択や生き方との関わりについても扱うこと。」と示されている点である。この点は１箇所目の総則における記述につ

いて、特に技術・家庭科という教科の特質との関連の深さに鑑みて位置付けられているものと捉えておきたい。また、学習指導要領改訂のもう一つのポイントである体験活動の充実とも関わって「実践的・体験的な活動を充実すること」に触れられている点も注目しておきたい。これらの充実により、知識や技能の習得、基本的な概念の理解が図られるとともに、勤労の喜び、作品完成の成就感、課題解決の達成感等を味わうことを通して、習得した知識や技能等の意味や意義の理解をより一層深め、自信や意欲を高めて困難や課題に向かおうとする力を培っていこうとしている点を押さえておく必要がある。

３箇所目は小学校と同様に「第５章 特別活動第２ 各活動・学校行事の目標及び内容」の「学級活動」の内容として「全ての学年において、次の各活動を通して、それぞれの活動の意義及び活動を行う上で必要となることについて理解し、主体的に考えて実践できるよう指導する。」ものとして「一人一人のキャリア形成と自己実現」が位置付けられている。具体的な項目については小学校と異なっており、「ア 社会生活、職業生活との接続を踏まえた主体的な学習態度の形成と学校図書館等の活用」では、「現在及び将来の学習と自己実現とのつながりを考えたり、自主的に学習する場としての学校図書館等を活用したりしながら、学ぶことと働くことの意義を意識して学習の見通しを立て、振り返ること。」、「イ 社会参画意識の醸成や勤労観・職業観の形成」では、「社会の一員としての自覚や責任を持ち、社会生活を営む上で必要なマナーやルール、働くことや社会に貢献することについて考えて行動すること。」、「ウ 主体的

な進路の選択と将来設計」では、「目標をもって、生き方や進路に関する適切な情報を収集・整理し、自己の個性や興味・関心と照らして考えること。」が示されている。キャリア教育の視点から小・中・高等学校のつながりが明確になるよう、小学校段階の内容を踏まえて中学校段階における内容を整理している。特に、小学校段階では社会参画に関して、学級や学年、学校全体といった集団の中での役割の自覚や協働を社会参画の中心と捉えていたものが、中学校段階では、学校という場を越えてより一層、広い範囲での社会生活が想定されており、勤労の場等も含めた空間的な広がりを念頭に置きながら展開されていく点を押さえておく必要がある。

２．特別支援学校幼稚部・小学部・中学部の新学習指導要領等に見るキャリア教育の位置付け

以上は、幼稚園・小学校・中学校の学習指導要領に記述されたキャリアに関連する内容である。一方で、特別支援学校幼稚部教育要領、小学部・中学部学習指導要領に示されたキャリアに関連する文言について押さえておきたい。

まず最初に、幼稚部教育要領では、幼稚園と同様にキャリアという文言の記述は見られない。しかし、幼稚園と同様に今回の改訂で新たに示された「幼児期の終わりまでに育ってほしい姿」が設定され、幼児の障害の状態や特性及び発達の程度等に応じて、教師が指導を行う際に考慮するものとして位置付けられている点は注目しておかなければならない。

続いて、小学部・中学部学習指導要領では、

次の２箇所に関連する文言の記述が認められる。

１箇所目は「第１章 総則 第５節 児童又は生徒の調和的な発達の支援」に示された「児童又は生徒が、学ぶことと自己の将来とのつながりを見通しながら、社会的・職業的自立に向けて必要な基盤となる資質・能力を身に付けていくことができるよう、特別活動を要としつつ各教科等の特質に応じて、キャリア教育の充実を図ること。その中で、中学部においては、生徒が自らの生き方を考え主体的に進路を選択することができるよう、学校の教育活動全体を通じ、組織的かつ計画的な進路指導を行うこと。」である。この内容については小学校・中学校の学習指導要領に示された内容と同様であり、特別支援学校の小学部・中学部においても「学ぶことと自己の将来とのつながり」を見通すことや、その見通しのもとに「資質・能力を身に付けていくこと」が重要であると位置付けられている。また、特別活動を要とすることや、その他の教科等においても各教科等の特質に応じてキャリア教育を充実していくことは、小学校・中学校と同様の位置付けとなっている。

２箇所目は「第２章 各教科 第２節 中学部第２款 知的障害者である生徒に対する教育を行う特別支援学校 第１ 各教科の目標及び内容 職業・家庭」の中の「第３ 指導計画の作成と内容の取扱い」において「ウ 生徒一人一人のキャリア発達を促していくことを踏まえ、発達の段階に応じて望ましい勤労観や職業観を身に付け、自らの生き方を考えて進路を主体的に選択することができるよう、将来の生き方等についても扱うなど、組織的かつ計画的に指導を行

うこと。」と示されている点である。この点は特に職業・家庭という教科の特質との関連の深さに鑑みて位置付けられているものであり、中学校の技術・家庭科との学びの連続性を担保するものと捉えておきたい。

　なお、キャリア教育推進の要となる特別支援学校小学部・中学部の特別活動については、それぞれ小学校学習指導要領第6章又は中学校学習指導要領第5章に示すものに準ずるほか、「学級活動においては、適宜他の学級や学年と合同で行うなどして、少人数からくる種々の制約を解消し、活発な集団活動が行われるようにする必要があること。」や「児童又は生徒の経験を広めて積極的な態度を養い、社会性や豊かな人間性を育むために、集団活動を通して小学校の児童又は中学校の生徒などと交流及び共同学習を行ったり、地域の人々などと活動を共にしたりする機会を積極的に設ける必要があること。その際、児童又は生徒の障害の状態や特性等を考慮して、活動の種類や時期、実施方法等を適切に定めること。」、「知的障害者である児童又は生徒に対する教育を行う特別支援学校において、内容の指導に当たっては、個々の児童又は生徒の知的障害の状態、生活年齢、学習状況及び経験等に応じて、適切に指導の重点を定め、具体的に指導する必要があること。」の3点が示されていることにも留意したい。

　以上のように幼稚園、小学校、中学校、特別支援学校幼稚部、小学部、中学部におけるキャリア教育の位置付けについて、特にキャリアという文言が使用されている箇所を中心に、その内容やポイントを押さえてきた。繰り返し述べるが、今回の学習指導要領の改訂は、学習指導

要領全体を「学びの地図」となるような改訂が進められており、これら全体がキャリア教育推進の俯瞰図となっているとの見方が必要である。

3．キャリア教育の推進を図るカリキュラム・マネジメントの在り方

　これまでに見てきたようにキャリア教育については学校の教育活動全体を通じて行うものである。しかし、どの教科等においても並列に扱うというよりも「要として」という表現があるように、各教科等の特質に応じて実施していきながらも、それぞれで行われている学習内容やその成果を総括する学びの構造化が図られることが重要であり、そのためのカリキュラム・マネジメントが特に重要となってくるということである。この点については、中央教育審議会の答申にカリキュラム・マネジメントの以下の3つの側面が示され、この趣旨は、それぞれの学校段階の学習指導要領等の総則を中心として位置付けられている。

①各教科等の教育内容を相互の関係で捉え、学校教育目標を踏まえた教科等横断的な視点で、その目標の達成に必要な教育の内容を組織的に配列していくこと。

②教育内容の質の向上に向けて、子供たちの姿や地域の現状等に関する調査や各種データ等に基づき、教育課程を編成し、実施し、評価して改善を図る一連のPDCAサイクルを確立すること。

③教育内容と、教育活動に必要な人的・物的資源等を、地域等の外部の資源も含めて活用し

ながら効果的に組み合わせること。

キャリア教育を展開する際には、学校組織として学校教育目標や育てたい児童生徒像等を踏まえてトップダウン的に展開していく方向性と個々の児童生徒の育ちや学びの履歴等を踏まえた現状の把握と教育的ニーズやそれぞれの願い・夢・希望等の把握のもと、将来の自立や社会参加を見通した上できめ細やかに、かつボトムアップ的に展開していく方向性の往還が、互いに相反することとしてではなく、それぞれの目的を弁証法的に止揚するとの考えの基に実施されていく必要があると考える。

特にこの度の学習指導要領の改訂は、①「何ができるようになるか」（育成を目指す資質・能力）、②「何を学ぶか」（教科等を学ぶ意義と、教科等間・学校段階間のつながりを踏まえた教育課程の編成）、③「どのように学ぶか」（各教科等の指導計画の作成と実施、学習・指導の改善・充実）、④「子供一人一人の発達をどのように支援するか」（子供の発達を踏まえた指導）、⑤「何が身に付いたか」（学習評価の充実）、⑥「実施するために何が必要か」（学習指導要領等の理念を実現するために必要な方策）の観点からその構成が刷新されており、学校における教育課程の編成・実施・評価・改善においてもこの6項目を視点とすることが重要となる。

当然のことながら、これを学校組織として学校経営課題に即した文脈で考えていく道筋と、一人一人の児童生徒の学びの文脈で検討していく道筋とを上手く融合していくことが望まれる。

その際、特別支援教育においては、重要な鍵となるものが個別の教育支援計画や個別の指導

計画であると考える。カリキュラム・マネジメントの3つの側面のうちの2番目に示された「子供たちの姿や地域の現状等に関する調査や各種データ等」には、学校評価等のデータに加えて、個別の教育支援計画、個別の指導計画に記載されている目標・内容・方法・評価等の具体のデータが位置付いているものと理解する必要があり、これらの内容を分析しつつ、教育課程の一連のPDCAサイクルに還元する流れを特別支援教育の分野で確立していく必要がある。

もう1点、キャリア教育を推進する際のキーワードでもあった「組織的」や「計画的」をどのように解釈し、また、中教審答申で示されたカリキュラム・マネジメントの3つの側面をどのように咀嚼して、カリキュラム・マネジメントに組み込んで実施するかという点であるが、この点については、国立特別支援教育総合研究所知的障害教育班で分析したカリキュラム・マネジメントを促進する8つの要因やカリキュラム・マネジメント促進フレームワークを着眼点とした取組を期待したい。

カリキュラム・マネジメントを促進する8つの要因は、「a. ビジョン（コンセプト）作り、b. スケジュール作り、c. 場作り、d. 体制（組織）作り、e. 関係作り、f. コンテンツ作り、g. ルール作り、h. プログラム作り」である。各要因の解説については別表「知的障害教育におけるカリキュラム・マネジメント促進フレームワーク」を参照していただきたい。この表は、学習指導要領改訂の柱となった6つの視点とカリキュラム・マネジメントを促進する8つの要因を掛け合わせた表であるが、キャリア教育を重点事項とし

3 キャリア教育とカリキュラム・マネジメント

知的障害教育におけるカリキュラム・マネジメント促進フレームワーク

要　因	要因解説	具体例	i)「何ができるようになるか」（育成を目指す資質・能力）	ii)「何を学ぶか」（教科等を学ぶ意義と，教科等間・学校段階間のつながりを踏まえた教育課程の編成）	iii)「どのように学ぶか」（各教科等の指導計画の作成と実施，学習・指導の改善・充実）	iv)「子供一人一人の発達をどのように支援するか」（子供の発達を踏まえた指導）	v)「何が身に付いたか」（学習評価の充実）	vi)「実施するために何が必要か」（学習指導要領等の理念を実現するために必要な方策）
a. ビジョン作り（コンセプト作り）	どのような目的のもとに，どのような意図や方針をもって取組や検討等を行うのかを明確にすること	学校経営計画，運営ビジョン，グランドデザイン，キャリア教育全体計画の提示　etc						
b. スケジュール作り	「いつ」の時期（日付やタイミング等）に取組や検討等を行うのかを明確にすること	授業参観月間，互見授業月間，授業交流週間，学校参観週間，作成・評価期間の設定 etc						
c. 場作り	「どこで」に関わる取組や検討等を行う「場」を明確にすること	教育課程検討会議，研究推進会議，授業改善委員会，授業研究会，教科会の設置						
d. 体制（組織）作り	「誰が」に関わる取組や検討等を行う参加者や参加組織を明確にすること	参加者の調整，組織及び個人の権限・役割・責任の明確化 etc						
e. 関係作り	「誰と」や「人と人」，「組織と組織」，「項目と項目」，「事項と事項」等の関係の在り方に関すること	共通理解，情報共有，Win-Win，指示・命令，共感，信頼，援助，建設的相互批判関係構築 etc						
f. コンテンツ作り	結果としてつくり出される内容物等に関すること	指導段階内容表，キャリア発達内容表，単元計画表，学習内容表の作成 etc						
g. ルール作り	「どのように」に関わる取組や検討等のルールそのものやルール作りに関すること	「授業改善シート」や「授業改善の記録」の活用，実態把握表の活用 etc						
h. プログラム作り	より具体的な取組や検討等の事項に関すること	調査活動，研究活動，研修事業，検討作業，検証作業，評価活動，改訂作業 etc						

て取り組んでいる学校の取組を分析する視点としても利用できる。例えば、多くの学校において作成や改訂が繰り返されている「○○学校版キャリア・プランニングマトリックス」などは、①「何ができるようになるか」や②「何を学ぶか」と「f. コンテンツ作り」に位置付けられるものである。ともするとこのような学校として作成したコンテンツが、どのような目的やコンセプトのもとに作成されたのかが、月日の経つ内に忘れ去られ、形骸化してしまうことも散見される。そのためにビジョンやコンセプトを

含めて、何のためにこのようなコンテンツを作成するのかやどのようにコンテンツを利用するのか等についても一体的に検討したり組織の共有の知見として明文化したりする取組に広げていくなど、具体的に組織化・計画化を図ることができる。

また、この度の学習指導要領の改訂においては、「教育課程を通して、これからの時代に求められる教育を実現していくためには、よりよい学校教育を通してよりよい社会を創るという理念を学校と社会とが共有し、それぞれの学校

において、必要な学習内容をどのように学び、どのような資質・能力を身に付けられるようにするのかを教育課程において明確にしながら、社会との連携及び協働によりその実現を図っていく」ことが重要と示されている。つまり「子供が育つこと⇔教師が育つこと⇔学校が育つこと⇔地域や社会が育つこと」を連続的・双方向的・多方向的に捉え、カリキュラム・マネジメントを通じて「人づくり、街づくり、関係づくり」を進めていくことが重要となる。とりわけ、平成29年4月より「地方教育行政の組織及び運営の在り方に関する法律」が改正され、学校運営協議会の設置について努力義務とされていることなどは、真に「一人一人の社会的・職業的自立に向け、必要な基盤となる能力や態度を育てることを通じて、キャリア発達を促す教育」（キャリア教育）を進める際に、追い風が吹いていると捉えることができよう。平成29年5月1日現在、例えば、1,135校ある特別支援学校の中で、学校運営協議会方式によって学校経営を進めているのは21校（実施率1.8％）である。

今ある学校運営に関する連携・協力体制をより一層強化しながら、様々な関係者を交えた体制づくりや関係づくりのもとにキャリア教育の視点を踏まえたカリキュラム・マネジメントが推進され、特別支援教育を社会に開き、共生社会が形成されていくことを願いたい。

【参考文献】
1）中央教育審議会（2016）幼稚園、小学校、中学校、高等学校及び特別支援学校の学習指導要領等の改善及び必要な方策等について（答申）
2）武富博文（2017）学習指導要領改訂のポイント 特別支援教育の視点を踏まえたカリキュラム・マネジメント．明治図書
3）国立特別支援教育総合研究所（2017）知的障害教育における「育成すべき資質・能力」を踏まえた教育課程編成の在り方―アクティブ・ラーニングを活用した各教科の目標・内容・方法・学習評価の一体化―

第Ⅲ部

実　践

　　第Ⅲ部の第1章は、昨年度の北海道大会と大会事務局「北海道ＣＥＦ」の取組である。「北海道ＣＥＦ」のこれまでの取組が、時代に適した大会テーマや特色あるプログラムの設定に反映されている。

　　第2章は、各地域における特別支援学校の実践である。幅広い視点からの実践として、小学部から高等部まで、障害種も可能な限り多様な実践を9事例掲載している。

第Ⅲ部

実 践

第1章

北海道大会及び北海道 CEF における
キャリア発達支援の
改善・充実を目指した取組

北海道大会におけるテーマ及びプログラム設定の趣旨

第4回北海道大会実行委員長　キャリア発達支援研究会副会長
（北海道札幌高等養護学校長）　**木村　宣孝**

1．第4回大会の開催地と運営組織について

　第4回北海道大会は、前年度第3回京都大会に続いての地方都市での開催となった。首都圏での開催ではなく地方都市で開催する意義は、各地区で開催することを通じて本研究会の存在価値を啓発し、あるいはその地区の「文化」を学びつつ、本会が目指す研究・実践の拡充に結びつけようとする意義がある。また、この機会を生かして、その地域における「キャリア発達を支援する教育」の実践に取り組む教職員を結びつける機会にもなりうるであろう。

　地方開催の選定におけるに基本要件として大会の企画・運営の中心となる組織の構築が挙げられるが、北海道の場合は平成22年度に道内教職員に呼びかけ組織化した「北海道CEF（Career Education & Facilitation）」が本大会の企画・運営を担うこととなった。

　北海道CEFは、平成25年度本会の創設に伴い、キャリア発達支援研究会北海道支部と位置づけた活動を展開してきた経過があり、本大会の開催地区として選定していただいたことは大変光栄なことでもある。この機会を大切な契機と考え、これまでの研究会活動において積み重ねてきたコンセプトを大会テーマ設定に反映させたいと考え、事務局と協議した。

2．大会テーマ設定の背景について

　北海道CEFの活動は後述するが、キャリア教育の実践を指向する教職員の「キャリア発達」に焦点を当て、そのための「学び」のプログラム開発を核として活動を行ってきた研究グループである。

　キャリア発達を支援する教育を推進するにあたり、我々教職員自身の「キャリア発達」に焦点を当てるとは、「キャリア発達」が他者（及び環境）との「相互作用による関係発達」（言い換えると「相互発達」）という特徴を有する概念であり、幼児児童生徒のキャリア発達を支援する役割を果たそうとする教職員が、自らと子どもとの関係や同僚との関係、保護者との関係（その他、地域の関係者等との関係を含め）を捉え直し、自らの在り方を「自己改革」することによって「関係」の意味や質を変化させ、結果、担当する子どものキャリア発達に影響を及ぼす存在であろうとする「姿勢」の表明であり、「立場」でもある。

　このため、北海道CEFでは、筑波大学名誉

教授である渡辺三枝子氏を顧問として委嘱し、主に「キャリアカウンセリングの理念理解と持つべき姿勢」に関する研修機会を数回に渡って企画し、学びを重ねてきた。「キャリアカウンセリング」をキーワードに掲げた学習会には、通常よりも多い参加者が集い、このテーマへの関心の高さがうかがわれた。

3．大会テーマについて

このような背景から、本大会テーマを

> 「『関係』によって気付くキャリア発達
> 『対話』によって築くキャリア教育」

とした。

核となるキーワードは「関係形成・関連付け」と「対話」である。

先に述べたように、キャリアの相互発達、相互作用を触発する関係形成や、自己と経験、自己と学習を関連付ける『関係』は、自己のキャリア発達への気付きを促し、子どもの関係形成を支援する我々周囲の者たちがより良い関係形成を築くための『対話』の深化と充実は、当事者のキャリア開発（発達）を支援するための重要な環境づくりにもなり得る。

本テーマには、このような願いを込めた。

4．大会プログラムについて

このようなコンセプトのもと、我々は何を現実的な（実践的な）課題とし、どのようなアプローチによる研究協議や学びを構築する必要があるのだろうか。

筆者は、この命題への探求こそ「キャリア発達支援研究会」の社会的ミッションであると考えている。くしくも、昨年の中教審答申では、これからの著しく変化していくであろう社会に

おいて「自立」するために求められる資質・能力の育成を図る上で、「主体的、対話的で深い学び」を学校教育のそれぞれの段階において実現することの必要性が提言された。加えて、その実現のために、教育的支援を行う教職員自身がこの課題に向き合うことの重要性も指摘されているところである。

このことから、本研究大会では、一つの提案として「ワークショップ形式の研究協議部会」の設定や、対話型のポスターセッション等の企画を設けたところである。

「ワークショップ型の研究協議部会」については、協議の手法として通常あまり経験することの少ないワークショップをあえて取り入れる試みをしたところであるが、この部会は一見研修センター等で実施される「研修プログラム」のように見えつつもそうではなく、あくまで「クリティカルに論議する」[注1]ための研究協議のスタイルであることを補足しておきたい。

また、記念講演として旭川市旭山動物園園長板東元氏にお願いしたところであるが、本研究大会を北海道で開催することを決定した時点から板東氏の講演を是非プログラムに位置づけたいという期待は、筆者らの切なる願いであり「夢」でもあった。その意図及び意義は、講演をお聴きただいた皆様ご自身にお考えいただき、感じていただきたいと願っている。

大会の運営にあたっては、会員の皆様の「主体的、かつ対話的」な参加により成果をあげることができたものと、心より感謝申し上げる次第である。

注1）「クリティカルシンキング」については、『キャリア発達支援研究3』P13を参照いただきたい。

ワークショップスタイルによるグループ研究
【ワークショップⅠ】
キャリアカウンセリングワークショップ

北海道札幌あいの里高等支援学校　教諭　森影　恭代
北海道網走養護学校　教頭　渡部　眞一

1．はじめに

　特別支援学校の進路指導においては、時代背景の変化とともに生徒および保護者の抱える問題の背景が多様化していることから、専門的な機能としてのキャリアカウンセリングが求められるところである。

　北海道キャリア発達支援研究会では、これまで「事例を通して学ぶキャリアカウンセリング」をテーマにしたワークショップを3回行ってきた。本ワークショップにおいても、これまでの実績を生かし、テーマを同じく「事例を通して学ぶ」とした。ここで学ぶことは、似たような事例の解決策やヒントを学ぶとか、カウンセリング場面での質問の仕方や話し方などのよく知られる技法・スキルをトレーニングするのではない。

　事例を通して学びながら、カウンセリングに必要とされる技術やスキルの背景にある理念や、カウンセリングという専門的行為（専門的援助プロセス）の基本的な理解に少しでも迫っていこうというものである。

2．キャリアカウンセリングの背景

　日本におけるキャリアカウンセリングの歴史は、職業相談と呼ばれていた時期を含めると60年以上になると言われている。主として中学校・高等学校の進路指導の一機能として位置づけられて、学校では「進路相談」「職業相談」とよばれている。

　平成元年の学習指導要領の中には、「進路指導は生き方の指導」「生き方を考え、進路を決定するのはあくまで生徒自身である」との理念が示され、この理念はその後のキャリア教育へと時代の流れを経て引き継がれていく。

　進路指導は教師の重要な任務の一つであり、進路指導本来の目標は、カウンセリング機能を十分に発揮すべきものである。しかし、長い間、学校現場での進路指導の大勢は、「出口の指導」「進路先指導」と揶揄されてきたように、目前の進学や就職が喫緊の課題として取り組まれ、進路先決定のための進路相談・進路面談がその大部分となっているのも事実である。

　近年、時代の変化とともにキャリアカウンセリングという文言が頻繁に聞かれるようになった。この背景には、文部科学省がキャリア教育を導入したこと、そして厚生労働省がキャリアコンサルタントという国家資格を打ち出したことにあると言われる。

　2000年代の初めから民間の資格講座や認定

試験が開始され、キャリアカウンセラー・キャリアコンサルタントを名乗る人や類似した資格も急増した。発定当初は、その仕事の中心は中高年の離職者の就職・転職の相談や情報提供であったと言われる。

しかし近年の深刻な社会背景として、若者の就労状況の悪化や、若者のモラトリアム傾向、ニート・フリーターが社会問題化する背景の中で、今では高校や大学におけるキャリア支援、地域社会での就職困難な若者や女性、引きこもりや長期離職者の自立支援の専門家として、キャリアカウンセリングの役割が求められているところである。

３．ワークショップの実際

北海道キャリア発達支援研究会では、冒頭に述べたように、これまで３回にわたってキャリアカウンセリングをテーマにワークショップを行ってきた。いずれも、筑波大学名誉教授の渡辺三枝子先生を講師にお招きし、事例を通して学びながら、カウンセリングに必要とされる技術やスキルの背景にある理念の理解を図るべく、対話を中心にワークを行ってきた。

ワークの目指すところは、カウンセリングの技法やスキルの習得ではなく、事例を通して参加者自身が「自分と向かい合い、批判的に思考し、可能な限り客観的、論理的に自分の行動を検討できる」（渡辺三枝子著『キャリアカウンセリング再考』）ことを目指し、参加者自身が視野を広げ、新たな視点を獲得することである。

本ワークショップにおいても、参加者が３人一組となり、「このワークを選んだ理由」を交流しあうというアイスブレイクを行った後、配付資料をもとに事例の読み込み、ワークシートを使った言語化、対話、振り返りを繰り返すというスタイルでワークを進めた。

ワークショップで取り上げる事例は、『キャリアカウンセリング実践』（渡辺三枝子編著、ナカニシヤ出版）より、「事例１７　就職指導で悩む教員」を全文引用する形で使用した。

事例の使用にあたっては、編著者である渡辺三枝子氏およびナカニシヤ出版に了解をいただいている。本稿においても、配布資料として、同書より全文引用して掲載している。

ワークショップの実際について、以下に述べる。

PROCESS ① 「S教諭の相談」

（配布資料）【S教諭の相談】

実は高等部３年の女子生徒のことですが、先日母親が来校して、「卒業したらパン屋で働きたい、と言っているけど働き口があるのでしょうか。無理して働かなくても良いと思うのですが、女の子ですし。」と言ってきました。

当校では、就職することを目指して、指導してきているのです。「なぜ就職しなくて良いと思うのか」を聞いたのですが、お母さんは「就職先があるとは思えない、なかったらかわいそうです。淡い夢なら就職させない方が良いと思う」ということだけなんです。

ちなみに、うちは知的障がい生徒が対象で、就労を重視しています。

〈渡辺三枝子編著『キャリアカウンセリング実践』（ナカニシヤ出版）より〉

配布資料「S教諭の相談」を読み込み、「はじめに何と言葉をかけるか」「それはなぜか」について考え、ワークシートに記入する。

記入した後、グループで共有する。

「はじめにかける言葉」に正解はない。この

ワークのねらいは、「はじめにかける言葉」は一人ひとり違うこと、その根拠も違うことに気づくことである。他者との視点の違いを学ぶことは、自己の視野を広げることにつながるものである。

【参加者のワークシートより】
・先生は、生徒がどうしたいのか、どういう人生を歩みたいと思っているのか知っていますか？→生徒自身の考えを知らずに進路相談はできないと考えるから。
・生徒に向いていると思うことは何だと思いますか？→Ｓ教諭自身の生徒観を知りたかったから。
・お母さんは娘さんを心配して迷い始めているということでしょうか？→Ｓ教諭自身が保護者のことをどう捉えているのか知りたかったから。
・先生は教師として、その保護者にどのように対応したら良いか、お困りになっているということでしょうか？→単刀直入にＳ教諭の主訴を聞いてみようと思ったから。
・先生は学校で、そのことを校長や進路を担当したことのある先生に相談されたのですか？→Ｓ教諭自身が自信を持てずに葛藤しているのではないか、また、学校内で孤立しているのかどうか聞きたいと考えたから。
・先生はお悩みですね。先生ご自身はどう考えているのですか？→こう質問することで、Ｓ教諭の思いや考えを引き出し、言語化することで主訴を明確化できると考えるから。

ワークシートからも読み取れるように、Ｓ教諭が生徒をどう捉えているかに注目した視点、保護者をどう捉えているかに注目した視点、Ｓ教諭自身の学校での立ち位置や自信のなさに注目した視点、再質問により明確化を図ろうとする視点と、かける言葉も根拠も一人一人違うことが明らかである。

同じ資料の読み取りからでも、多様な視点があることを体感しつつ、参加者同士が交流を深め、対話によるワークの質をより深めるためのウオーミングアップをねらっている。

PROCESS ②
「Ｓ教諭の相談したいことは何か」

PROCESS ①を踏まえ、「Ｓ教諭の相談したいことは何だと考えるか？」「なぜ、そう考えるか」をワークシートに記入する。

記入した後、グループで共有する。

カウンセリングのトレーニングとしては、ロールプレイングで一人がＳ教諭役になり、模擬カウンセリングを行うことも有効な方法である。他者との対話を中心として、傾聴の姿勢や態度、質問の方法、要点の整理、感情の反射や明確化などを学ぶトレーニングはよく知られている。

しかし、本ワークショップでは敢えて、資料を読み込み「Ｓ教諭の相談したいことは何か」を考え、「なぜそう考えるか」を言語化するという、自己と対話する過程を重視している。

相談者のニーズは言葉に表れているとは限らない。言葉に表れていないどころか、相談者自身が本当に相談したいことは何かを整理できていないこともしばしば見られる。相談者が「なぜそれを相談したいのか」「それを相談するこ

とは相談者にとってどういう意味を持つのか」を注意深く考えていくことは、カウンセリングの重要なプロセスであり、このワークのねらうところである。

カウンセリングとは、相談者の抱えている問題を解決してあげること、アドバイスをすること、という誤解がしばしば見られる。重要なのは、問題解決をするのは、カウンセラーではなく当事者である、という前提に立つことである。

「カウンセラーは『問題』ではなく、『問題にぶつかっている人』を見る必要がある」（渡辺三枝子著『キャリアカウンセリング再考』ナカニシヤ出版）

【参加者のワークシートより】
・就職させることが本当に良いのかの迷い。→母親の言うことにも一理あるという思い。S教諭自身にも迷いがあるのではないか。
・母親の考えを変えたい。→これまでの指導の実績から、自分を信頼してほしいとの思い。
・保護者の説得の仕方がわからない。→S教諭自身がプレッシャーを感じている。
・保護者への対応の仕方がわからず困り自信を無くしている。→お母さんは、就職先があるとは思えない。……「というだけなんです」との言葉に感情的になっていることが表われている。
・学校が就職に向けて動いているのに、信頼して任せてくれない、という憤りの気持ちを誰かに聞いてもらいたい。→「就職先があるとは思えない、なかったらかわいそうです。」という言葉に、S教諭が傷ついている。

参加者それぞれが洞察力を働かせ、S教諭自身がまだ言葉で表していない本当の相談内容を探ろうとしていること、そしてそれぞれが描くS教諭像が違うことが見て取れる。

PROCESS ②のねらいは、参加者自身が事例の読み込みの中で論理的思考を巡らせて「S教諭像を描くこと」「仮説を立てること」であり、また、共有することにより新たな仮説を導き出すことである。

PROCESS ③「S教諭の相談　詳細背景」

配布資料「S教諭の相談　詳細背景」

A　前提
〈相談環境〉
　公立学校の進路相談室、キャリアカウンセリングについて資格を持つ教員が生徒や保護者の相談に応じるシステムとなっている。本事例はキャリアカウンセラー不在の他校（Y校）の依頼で、X校教師（キャリアカウンセラー）との相談が始まった。
〈申込時にクライエントから伝えられた情報〉
　清水さん、38歳、男性、Y特別支援学校高等部教員。相談したいこと：3年生の就職指導。
〈相談の経緯〉
　清水さんは、教育関係の私的研修の場で偶然X高校の教員と知り合いになり、X高校にはキャリアカウンセリングを勉強した教員がいることを知り、かつ、他校の相談にも協力できると内諾を得た。まず学校間の管理職の許可を得ることで同意し、清水さんは自分のY学校の校長に相談した。その結果、校長がX校の校長に依頼の連絡を取り、清水さんが直接、X高校のキャリア相談室担当の教員（キャリアカウンセラー）に相談の依頼をした。
B　来談当初の状況　校長より、「自校の教師が、生徒の就職について専門家に相談することを望んでいる。」
〈場面設定〉
　X高校の近くの特別支援学校長より、「自校

の教師が、生徒の就職について専門家に相談することを望んでいる。できるだけ早く、6月中に会ってもらいたい」と、電話で依頼があった。そこでX高校の中間試験中の午後を利用して会うことにした。

〈会ったときの様子〉

　清水さんは、約束時間にぎりぎりに間に合ったこともあって、息せき切って部屋をノックした。まず椅子を勧め、カウンセラーの方から再会の挨拶と自己紹介をして、清水さんの落ち着くのを待った。続いて清水さんが自己紹介とお礼を述べた。

〈クライエントの最初の発言〉

　進路指導の研修で偶然、先生（カウンセラーの教師）とお会いし、他校の教員の相談にのってもらえると伺いました。そのことをうちの校長に話し、「相談したい」と話したところ、こちらの校長に連絡を取ってくれました。他校の教員のために時間を取っていただきありがとうございます。

　実は高等部3年の女子生徒のことですが、先日母親が来校して……Process 1の会話に続く〈渡辺三枝子編著『キャリアカウンセリング実践』（ナカニシヤ出版）より〉

　配布資料「S教諭の相談　詳細背景」を読み込み、「（改めて）はじめに何と言葉をかけるか？」「S教諭に質問したいことは何か？」「あなたはどのようなクライアント像を描きましたか？」をワークシートに記入する。

　記入した後、グループで共有する。

　S教諭の相談の詳細背景を読み、相談に至る経緯と背景が明らかになったところで、改めて参加者は自問自答し、相談者の悩みの核心は何かを洞察する。PROCESS ③のねらいは、更なる自己との対話である。カウンセラーに必要とされる客観的、論理的思考のトレーニングの過程である。

【参加者のワークシートより】

○（改めて）相談者にはじめにかける言葉
・進路決定の時期に、保護者の協力が得られないのは、お困りですね。もう少し詳しくお話を聞かせていただけますか。
・3年生の指導で、大変な時期ですね。先生のご心配はよくわかります。
・進路を決める大事なこの時期ですから、一緒に考えましょう。
・受け入れも決まりそうなので、保護者に協力してもらいたいと期待してしまいますよね。先生としては、その保護者にどのように対応したらよいか、困っていらっしゃるのでしょうか？

　ワークシートの記述からは、相談者の困っているであろう心情を受けとめることが、その後の対話に重要であると考える姿勢がみてとれる。また、相談者に与えられた時間にそれほど余裕がないことを察した言葉かけもあった。

　「S教諭に質問したいことは何か」では、相談者が抱えている背景や状況を把握するために様々な角度からの問いかけがみられる。参加者自身が、様々な仮説を立てていることが見て取れる。

【参加者のワークシートより】

○S教諭に質問したいこと
・生徒自身は自分の将来をどう考えているのか。
・組織の中にS教諭が相談できる人がいるのか。
・母親との信頼関係は築けているのか。
・生徒と母親の関係はどうなのか。
・S教諭のこれまでの進路相談・進路指導の経験について知りたい。

○クライアント像
・真面目だが、余裕がない。
・自信がなく、自分で決められない。
・相談できる人がいない。
・専門家に期待している。
・答えを早く出したい。

・初めての卒業生で自信がない。
・教師としてのアイデンティティがまだ確立していない。

　自分の考えと、その根拠を言語化し、ワークシートに記入する。グループで共有し、振り返る。この繰り返しの中で、参加者が「自分と向かい合い、批判的に思考し、可能な限り客観的、論理的に自分の行動を検討できる」（渡辺三枝子著『キャリアカウンセリング再考』）材料となることが、このワークのねらうところである。また、この過程の中で、自分の考え方の癖や、先入観に気づくこともねらいの一つである。

PROCESS ④「振り返り」

　「はじめにかける言葉は変化したか」「（変わったとしたら）それはなぜか」「このワークによって得られた気づきは何か」をワークシートに記入する。記入した後、グループで共有する。

【参加者のワークシートより】
・改めて、生徒の人生の全体像を考えて指導・支援・カウンセリングにあたらなければならないと感じた。
・視野を広げる、思いを巡らす、想像力を働かせることが大切だと感じた。
・相談者の考え、気持ちなどを注意深く捉えること、様々な考え方を受け入れる幅を持つことが大切だと感じた。
・散りばめられた情報を整理し、相談者本人に気づかせるような働きかけが必要だと感じた。
・カウンセラーは答えを導き出す人ではないということに気づいた。相談者の内面に焦点を当てること、想像力が大切だと感じた。
・キャリアカウンセリングと教育を別の分野のものとして捉えていた。自分の生き方や進路に悩む高校生を相手にする面談そのものが、キャリアカウンセリングなのだと気づいた。

4．おわりに

　キャリア発達を促す教育は、すべての教師の役割であり、「一人一人の生徒のキャリア発達の促進」を目的にしているという点で、カウンセリングとは共通の理念・目的を持つものである。本ワークは、単なる「研修プログラム」としての実施ではなく、参加した個々人が自身の進路相談という営みを「内省」できるようになることを意図したものである。

　「カウンセラーは、個人が一生涯にわたり発達的過程をとおして効果的に機能するのを援助する」「カウンセラーは、自分自身およびほかの人々が、問題を理解しその解決方法を開発できるように援助する」「問題解決の援助活動の実践にあたり、成長と適応という個人の積極的側面に特に強調点を置き、かつ発達的視点に立つ」（渡辺三枝子著『キャリアカウンセリング再考』）

　カウンセラーに求められる能力は、そのまま共通して教師に求められることと言って良いだろう。

　本ワークを通して、カウンセリングの基礎知識の理解が少しでも進み、主体的に自己のカウンセリングアプローチを発展させることができれば幸いと考える。

【引用文献】
・渡辺三枝子編著（2013）キャリアカウンセリング再考　ナカニシヤ出版
・渡辺三枝子編著（2016）キャリアカウンセリング実践　ナカニシヤ出版

【参考文献】
・渡辺三枝子編著（2007）新版キャリアの心理学　ナカニシヤ出版
・「職業教育及び進路指導に関する基礎的研究」（平成8・9年度　文部省委託調査研究）

ワークショップスタイルによるグループ研究 【ワークショップⅠ】
シックスハットワークショップ

北海道余市養護学校教頭　平口山木綿
北海道拓北養護学校教頭　上村　喜明

1．シックスハット法について

(1) シックスハット法 (Six Thinking Hats) とは

　イギリスの著述家であり、脳神経細胞に関わる医学者・心理学者・発明家であるエドワード・デ・ボノ博士（Edward de Bono）が考案したアイデア発想法である。

　時間を区切って6色の帽子を被り、それぞれの時間は6つの思考モードのいずれかで発想する。全員が同じ思考モードで考えるというプロセスを繰り返すことで、強制的に違う視点（6つの思考モード）からのアイデアを引き出し、結果的にバランスのとれた思考になる手法である。

【6つの思考】
白＝客観的思考　　赤＝直感的思考
黒＝否定的思考　　黄＝肯定的思考
緑＝創造的思考　　青＝プロセス管理的思考

　シックスハット法は、近年、起業、企画、マーケティングなどビジネスと関連してその有効性について語られることが多くみられるが、教育分野では、ワークショップ型研修の例として、その名称や簡単な説明が紹介されることはあっても、実際に活用されることはあまり見られない。シックスハット法は、他のワークショップ同様参加者全員が共通の課題に取り組み、成果を生み出すことは十分期待できると考えるが、シックスハット法自体を経験する機会がほとんどない現状から、本大会のワークショップ部会において試行的に取り入れることとした。本稿では、キャリア教育推進の諸課題を検討するにあたり、シックスハット法の特長を生かした論議と、方法論としての有効性及び課題について考察したい。

(2) シックスハット法の特徴

　参加者個々人が決められた6つの思考のモードに切り替えることで、個人のエゴや思考の癖に左右されたり、極端な楽観論や悲観論に偏ったりすることなく、物事を多面的に捉えることができる。また、一定時間、全員が同じ思考モードでいるため、対立関係になりにくく、一体感が生まれやすい。その結果、アイデアが出しやすくなったり、議論がそれにくく、生産性の高い議論をしたりすることができる。

(3) シックスハット法のねらい

　参加者が、相反する意見をもっているときや

論点が定まりにくそうなとき、議論が平行線をたどりそうなとき、否定的な思考パターンが強い参加者がいるようなときこそ会議が活性化し、新しいアイデアが生まれやすい。

また、参加者の意見や話の展開がマンネリ化しているときにも、普段は考えない思考パターンが、当たり前の事実や前提について疑うことを促し、新しい発見につながることがある。

さらに、このような取組（思考の転換）そのものが、思考の枠組みを柔軟にし、個々のスキルアップにつながる。

（4）シックスハットの手続き（例）

【事前準備】

・検討するテーマを絞り込み、具体的でわかりやすい文章にする。

・テーマを検討するために必要な情報を収集する。

・6色（白、赤、黄、黒、緑、青）の帽子を用意する。

※ 必ずしも帽子でなくてもよいが、目で色を見ることで思考パターンを固定（話をそれにくくする）したり、一体感を生んだりすることに加え、「帽子を被る」という動作をすることで、思考の切り替えがしやすくなることに留意する。また、このようなゲーム的な要素が問題を客観視させ、参加者の気分を盛り上げる。

【進め方】

① 4〜6人で1つのグループをつくる。

② 会議の進行役を1人決める（進行役と記録、タイムキーパー等を分けるのもよい）。

③ 課題について自由にブレインストーミングする。話し合いの内容は全てメモなどに残しておく。

④ 進行役はタイミングを見計らい、「〇色の帽子を被ってください。」と指示を出し、参加者はその色に応じた思考で考え、発言する。

⑤ 進行役は、適当なタイミングで違う色の帽子を被るように指示を出し、参加者は思考モードを切り替える。

⑥ 話し合われた内容をもとに、今後の進め方を決める。

【シックスハット法のルール】

・出てきたアイデアを批判しない。

・自由に発言する。

・質よりも量を重視する。

・アイデア同士を結合する。

【留意点】

各色は5分程度の時間制限で行う（本ワークショップでは10分程度で実施）。どの色から始めてどんな順番で進めるのかは、自由に行ってよい。また、全ての色を必ず使う必要はなく、3色でもいいし、1色だけでもよい。

また、その色の思考モードで検討するときには、無理にでも同じ視点で意見を出し合う。これが遵守できるかどうかが、話し合いの質を左右する。色とは違う視点の意見が出たときは、進行役が指摘する。意見への指摘ではなく、色の確認を行う。

【白〜情報の帽子】

= シックスハット 白 = 10分

客観的思考（事実 客観的視点）
数字、情報、データに基づいた発想

【思考・発言内容】
・何が事実だろう？
・どうやったらデータが手に入るだろう？
・しばらく基礎データを見てみよう。
【留意点】
・客観的な事実・データの確認
・長所や短所の議論はしない。

客観的な事実を確認したり、検討に必要なデータを求めたりする。アイデアや提案、議論に対する長所や短所については議論をしない。

【赤～感情や気分の帽子】

= シックスハット 赤 =　10分

直感的思考（感情的な視点）
感情、直感に基づいた発想

【思考・発言内容】
・どう感じるか？
・直感に正直になろう。
・ロジックにこだわらないようにしよう。
【留意点】
・気持ちを表現
・合理的な意見は言わない

アイデアや提案、議題に対して感情的にどういう印象をもったか、気持ちを言葉に出す。合理的な意見は言わない（「好き」「わくわく」「びっくり」「嫌だ」「うれしい」など）。

【黄～楽観の帽子】

= シックスハット 黄 =　15分

肯定的思考（評価　積極的な視点）
前向きな姿勢に基づいた発想

【思考・発言内容】
・いいポイントは何だろう？
・最高のケースはどうなるか？
【留意点】
・長所を見つける。
・利益や恩恵をリスト化。

自分の考えや感情にかかわらず、何らかの良い面を見つけ出し、アイデアや提案、長所を全員が述べる。その案がうまくいったときに得られる利益や恩恵を書き出したり、優先順位をつけたりする。

【黒～悲観の帽子】

= シックスハット 黒 =　10分

否定的思考（批判　消極的な視点）
後ろ向きな姿勢に基づいた発想

【思考・発言内容】
・最悪のケースはどうなるか？
・何に注意しなければいけないだろう。
・すべて論理的になっているか？
【留意点】
・欠点を見つける。
・リスクや危険を見つける。

自分の考えや感情にかかわらず、何らかの欠点を見つけ、あらゆる失敗のシナリオを描き、あらゆるリスクや危険を予想する。出そろった欠点を比較して、それらを重要な順にならべる。

【緑～発展と想像と可能性の帽子】

= シックスハット 緑 =　15分

創造的思考（発展、創造、可能性　革新的な視点）
刷新・創造に基づいた発想

【思考・発言内容】
・新しい発想をしてみよう。
・（例）子どもだったらどう考えるだろう。
・（例）常識にとらわれない発想をしてみよう。
【留意点】
・アイディアや提案、議題の長所について賛成しても反対してもかまわない。

案をどのように実行したり、修正したりすれば、よりよい結果が得られるか議論する。

アイデアや提案、議題の長所について賛成しても反対してもかまわないし、根本的に異なる案が出されて、白の帽子からやり直すこともありえる。

【青～プロセスの帽子】

```
= シックスハット 青 = (10分)
プロセス管理的思考（管理的　分析的視点）
プロセス的思考に基づいた発想
【思考・発言内容】
・私たちは何を解決しようとしているのだろう。
・議論の進め方そのものを見直そう。
【留意点】
・話し合いの方法について話し合う。
・話し合いがうまくいっていなければ、何がいけ
　ないのかを話し合う。
```

会議全体の流れを俯瞰してみる。会議の最初に被って話し合いの段取りを決めてもいいし、あとに被って反省をしてもよい。

青の帽子の時間は短い。白と赤の帽子はある程度の時間が、黄、黒、緑の帽子が最も長くなると言われている。

いつ変えてもいいが、全員が同じ色の帽子を被ることが鉄則である。

2．ワークショップの実際

（1）テーマについて

「キャリア発達を促す教育を推進する上で『アクティブ・ラーニング』にはどのような意義があるか」

キャリア発達推進の課題性を踏まえて、多角的な検討（クリティカルシンキング）を成立させるために、テーマ自体にいろいろな論点が存在しているような課題として設定した（物事を全く反対側から見ると何を発見できるか）。

（2）段取り

人数分の帽子を準備する代わりに、色画用紙を筒状に丸め、外側から1つずつ取り去ることにした。参加者がそれぞれの職場で活用できるように、できる限り簡易に準備できることを大切にした。視覚的に変化すること、取り去るという動作を伴うことにも留意した。

また、シックスハットを体験してもらうことに重きをおいたため、全員が参加できるよう、進行は全て、本ワークショップの企画者が行った。

さらに、話し合いを視覚化するために、模造紙を配布した。模造紙は、折り目だけを付けてグループに渡すことで、グループの独自性を出せるようにした。

道内外からこの研究会に参加し、複数あるワークショップからシックスハットを選ぶということから、ブレインストーミング等、基本的なワークショップの方法は理解していると予測した。そのため、話し合い方、グラフィック化については、ある程度の自由度をもたせた。

（3）話し合いの概要

【白＝客観的思考】

この色では、自分自身の取組や方法、他校での取組の紹介、キャリア発達を促す上での「アクティブ・ラーニング」についての実際について意見交流を行った。

数値的なデータを提示することは難しかったが、参加者は白の思考に沿って「アクティブ・ラーニング」の趣旨について確認を行った。

【赤＝直感的思考】

この色では、直感的思考（感情の視点）から個々の心情を感じたまま表現し合った。各自がどのように感じたかを素直に、周りから否定されず表現できる思考モードであり、同時に、直感や本音で話すことには難しさがあるという意見もあった。各グループの記入内容を見ると個々様々に感じ方があり、各自の感情的側面を共通理解するための大切な場面となっていたように思われた。実際に言葉に出すことで「賛成」や「反対」という意見の中に隠れた感情的な要因を見ることもできた。

【黄＝肯定的思考】

肯定的思考モードでは、活発に意見交換・意見共有が行われた。したがって、他の思考モードよりも長い時間を要することとなった。この思考では、アクティブ・ラーニングを肯定的に捉え、キャリア発達を促す上での「長所の側面」が出されていた。このような思考は他のワークショップでも経験するモードであり、教師にとっては得意な思考モードであることがうかがわれた。児童生徒にとっての効果や教師側にも有効なことなど様々な意見が出された。意見やアイデアの全体量が最も多い思考モードであった。

【黒＝否定的思考】

ここでは、否定的思考（批判や消極的な視点）による発想を出し合った。

この思考モードも大変活発な意見交換がなされた。相手（事象等）の欠点を見つけることについては、人間はよく気が付くものであることが指摘されるが、実際に失敗のイメージからあらゆるリスクや危険を予測する思考であり、一つ前の黄色＝肯定的思考とは正反対の思考である。各グループで確認された内容は、主に、テーマを進めるに当たって「課題」となる部分に関連づけられる事項であった。このような否定的思考を出し合うことによって、これから進めるテーマの「課題」を予測し、予防的に準備することが可能になる。否定的思考は、肯定的思考と共に参加者が課題解決の方向性を導き出す上で極めて重要な機能を有すると確認することができた。

【ＰＯＩＮＴ】

ここで、今までの議論の振り返りを行った。

・重要な事実とデータの確認
・みんなの最初の気持ちの振り返り
・メリットの書き出しと優先順位付け
・デメリットの書き出しと重要度の比較

この振り返りを通して、ここまでのプロセスで議論や言い合いはまだ一言もしていないということへの気付きを促した。

【緑＝創造的思考】

創造的思考のモードでは、これまでの４つの思考モードを振り返りつつ、本テーマへの提言、または解決策をダイレクトに「協議」するモードである。これまでの４つのモードでは、実質的には「協議」ではなく意見の交換や交流（思考の拡散）が中心であったが、創造的思考のモードでは、思考の「収束」へと向かう。

創造的思考のモードでは、「発展、創造、可能性、アイデア」等、ありとあらゆる発想の可能性が存在するため、どのような論議になってもかまわないこととされている。むしろ、これまでの思考モードを関連づけつつも、既成概念にとらわれることなく、自由かつ創造的な思考

が期待される。

ワークショップとしての「盛り上がり」という点では、この思考モードが最も活性化したと言えるであろう。どのようなことができるか、どのように行うことが大切か、どのような広がりがあり、力を身に付けることができるか、併せてどういうことに留意すればよいのか、などの解決策が出された。この思考モードの段階では、既にテーマそのものに対する悲観的・否定的意見などは出てきておらず、チームメンバーが建設的な論議・検討ができるような方向性が生まれていることを実感できる段階でもあった。

【青＝プロセス管理的思考】

プロセス管理的思考は、①創造的思考で検討された解決策を成功させるための条件づくりとして何が必要かを検討する、②自分たちが行ってきた話し合いを分析的な視点で振り返り、確かめていく、という2つの思考モードとしての意義がある。

今回のワークショップでは、②に関して言うと、各グループにおける話し合いの経過について、どのようなところがまとめにくかったのか、どのモードの話し合いが重要であったかなど、話し合いの中での方向性や改善点を共有することが期待されたが、時間の関係で十分な話し合い（リフレクション）には至らなかった。テーマを事前に知っておくとより論議が深まった、何を話し合うのかがわかっていればよかった、などの意見が出された。

シックスハットは、運営する側にとってもいろいろな気付きを得ることができ、また、参加者が普段行っている話し合いの振り返り（日常同僚と会話する際の自他の思考の傾向の理解）にもつながったという意見をもあった。

（4）成果

今回、運営者側もこの「シックスハット」の実施経験があまりなかった（実質的には2回目の運営）ことから試行的に実施した部分が少なくなかったが、ワークショップ経験の豊かな参加者が多く、参加者の関心度、主体的な参加度がかなり高かったことから、運営の未熟さを補う経験・論議ができたことは、本研究会の質の高さを物語る一つの側面であろう。

実施・運営する側から今回のワークショップの振り返りを行うと、テーマにより深くアクセスするための思考モードを行うには、どういう順序がより効果的か、個々の思考モードでの意見交換をさらに広げ深めるためのファシリテートの在り方、テーマ設定自体の在り方（具体性の確保）などについて考えさせられた。

ただし、ここで確認しておきたいことは、このワークショップは各地の研修センター等で行う「研修プログラム」としての実施ではなく、研究会としての「論議」「検討」の場であり、その作用を高めるための「方法論」としてのワークショップ開発であることは再度確認しておきたい。

なお、以下の記述は参加者アンケートの一部である。今回のワークショップの目的や特長、成果を的確に捉えた見方であり、代表的意見として紹介しておきたい。

（参加者アンケート：Ａ氏）

「とても新鮮。違った立場の視点で問題の本質について 360 度から見つめ、論点の死角を一切感じさせないグループ会議といった印象を受けた。従来なら、白の客観的思考や赤の直感的思考等は良く取り出され、良いことだけで「議論は、はい終了」になりがちですが、とりわけ黒の否定的思考を取り入れることにより、一層議論が盛り上がり、グループとして新たな改善案を見いだせる糸口になって、緑の創造的思考へ的を射た論議の活性化に直結しているようにも思いました。また、論点のズレが生じぬよう、青のプロセス管理的思考というのは、まさに私自身へ新風を吹かせる思考であり、このシックスハットの締めの場に相応しく、これぞ『ネオ討論技法』だとも痛感させられたのも事実です。最初に『これは（グループとしての）結論を出していくものではない』との説明がありましたが、今回の「アクティブ・ラーニング」の意識がさらに自分の中で高まり、常に意識して、今現在の授業展開も考えるようになりました。」

３．まとめ〜教育分野でシックスハット法を使うことの成果と課題〜

この度の新学習指導要領改訂に向けた中教審の論議の中で、著しく変化するであろうこれからの時代において、個々に自分の考えをもち、他者と協働しながら最適解を導きだしていくた

めの資質・能力の育成が大きく取り上げられた。

本研究会は、まさしくそのような教師の在り方を追求するための研究の場であり、キャリア発達を支援する教育の充実を目指す仲間と共に新たな方向性と実践を築いていくことを指向するにあたって、この度の全国大会におけるワークショップは、北海道 CEF がこれまで大切にしてきた「開発型」の学びへの一つの「提案」でもあったとも考えている。

【成果】
・自分の思考の枠、クセがわかる
・相手の思考の枠、クセがわかる
・チームの状態がわかる
・結論、結果を見つけるのではなく、いつもメンバーのマンネリ化を防ぐ→多様性
・初めてのメンバーとでも話し合いができる→一定の制限
・鮮度の高いアイデアを出す
・自分の発言に責任をもたないゲーム感覚

【課題】
・テーマ設定の難しさ（話し合いに必要な情報を事前にどのくらい提示できるか）
・進行係がシックスハットにどのくらい精通しているか（話し合いの状況を見ながら、ハットを変える）
・ロジカルな教育を受け、その経験をもとに教育を行っている職員の思考を変えることの難しさ

【参考文献】
独立行政法人教員研修センター（2016）教員研修の手引き

2　ワークショップスタイルによるグループ研究【ワークショップ I 】

【シックスハットワークショップ記入内容（抜粋）】

【白＝客観的思考】実践例
やってみた感想～難しい
- 国語でグループワークに取り組んでいる（詩を自分なりにアレンジして発表）
- 英語、家庭科でも取り組んでいる
- 教職員研修での導入、研究会で研修している
- 感想を言い合うという形式はどこの学校でも行っている
- 重症児では、自分でポーズを考える

【赤＝直感的思考】
やってみた感想～難しい（直感、本音は難しい）
- 今までやってきたことじゃん
　（今までやってないって言われてるみたい）
- 実践者によって違うじゃん
- 堅い！
- カタカナへの抵抗感
- 子どもが活発なのは良い
- 背景は？言うほど普及していない

【黄＝肯定的思考】 やってみた感想～盛り上がる
- 自分から学ぶ姿勢が身に付く
- 主体性を育む　受動態→能動態
- みんなで参加できる、互いに学び合う
- 知識、覚えるだけでなく「社会」に出てから大切になることを学べる
- 教科の枠をこえる→生活・生き方につながる
- 問題解決、対話する力が身に付く
- 総合的な学習の振り返りにもなっている
- 数値、エビデンス
　　→本人の気づきを促す（障がいが重い場合）
- 障がいの重い子の意欲、自発性、信頼関係、情緒の発達
- 自分に向き合える→・引出を増やすチャンス

【黒＝否定的思考】 やってみた感想～盛り上がる
- 障がいの重い子は「できない？」
- アクティブラーニングはほったらかし、指導してないと言われる。待つ指導をしているのに
- 親からのプレッシャー、理解を得にくい
- 成果の判断（今までは成果主義）
- 教師のスキル、発想力が大きい
- グループ内での役割
- 特別支援～集団内での実態の開きがある
- 「障がいの重い子の評価」するスキルをもっと上げてからでないとアクティブラーニングは逆効果？
- 社会に出てから必要なことをアクティブ・ラーニングは担っている

【緑＝創造的思考】　やってみた感想～盛り上がる
- 参加できない子→＋αでアクティブラーニングを考えているかもしれない。それぞれの形の参加、学びになっているかもしれない（書き物で判断することもできる）
- それぞれの形の参加、学びになっている
- 終わりに感想、アンケートなど、先生と1対1で別の形で学びを確認
- 一つの教材の中で学びの内容、目標が複数見出せる、その設定をする
- 障がい種に応じた「振り返り」を設定する
- 障がいの重い子の微細な変化を見る力、評価のスキル
- 通知表の活用ができていない。家庭へのフィードバックが弱い（写真の学校もある）
- 「学校」の人だけの発想だと偏り、行き詰まりがある→いろんな人を入れていく
- 流れ、文脈のある展開を行うのが良い。市営バス清掃など実践例もある
- 実践に向けて（先生、親への啓発→ここのアクティブラーニングが必要）の機会を設ける
- アクティブの範囲を広げる（家、地域、学校周辺に限らなくても良い）

【青＝プロセス管理的思考】　やってみた感想～シックスハットのゴールがわからなくてとまどった
- この話し合いのゴールはないのか？　結論は出さない話し合いがシックスハット
- シックスハットはテーマ次第で使えそう
- 多面的に見るために、順番に話すので議論がちらからない
- 思考整理のツールとして、枠組みにとらわれがちだけど、シックスハットは自由度が高い
- ねらいが思考練習になった（これの目的ゴールを参加者が知った上で行うと良いのかな）
- 深めのアイスブレーク

ワークショップスタイルによるグループ研究
【ワークショップⅠ】
SWOT分析ワークショップ
『経営戦略分析の視点から「職業的自立」を探求する』

北海道小樽高等支援学校長　松浦　孝寿
北海道稚内養護学校教頭　高木　美穂
北海道今金高等養護学校教頭　業天　誉久

1. はじめに

　当研究大会のワークショップは、ワークショップ技法を習得するためではなく、物事を考えるうえでの枠組み（フレームワーク）を体験しながら、大会テーマである「『関係』によって気付くキャリア発達、『対話』によって築くキャリア教育」を目指し、今後のキャリア教育及び特別支援教育の充実・改善に資する情報を得ることを目的としている。

2. SWOT分析とは

(1) SWOTとは

　SWOTとは、「強み（Strengths）」・「弱み（Weaknesses）」・「機会（Opportunities）」・「脅威（Threats）」の略語である。この「強み（S）」と「弱み（W）」は、学校等の組織が保有する資源で内部環境と言える。一方、「機会（O）」と「脅威（T）」は、組織を取り巻く外部環境と言える。これらの「強み・弱み・機会・脅威」の環境要因を分析して経営戦略を導き出す手法のことをSWOT分析と称されている。
　「機会」とは、その組織にとっての追い風、「脅威」を向かい風と解釈すると理解しやすい。（図1）

図1　内部環境と外部環境

(2) クロスSWOTで

　実際に戦略を導き出すには、クロスSWOTを行う。例えば「強み」と「機会」の組合せから経営課題への解決策を探索する。同様に、「弱み」と「機会」、「弱み」と「脅威」、「強み」と「脅威」から、打つ手を創造する。
　このクロスSWOTからは、次の戦略が想定される。「強み（S）と機会（O）」の組合せでは、機会を逃さずに強みを遺憾なく発揮して取組を拡大する「積極攻勢」型の戦略である。「弱み（W）と機会（O）」の組合せでは、弱みを克服しながら機会を逃さない等の「弱点強化」型の戦略となる。また、「強み（S）と脅威（W）」の取組は、強みを活かして脅威を機会に変えてしまう「差別化」型の戦略とも言える。さらに、

「弱み（W）と脅威（T）」の組合せは、最も不利な要因を条件として検討することから、アイディアを創出するうえで最も難解な思考が求められる。その意図には、次の2つのねらいがあり、①取組が最悪の状況にならないためのリスク対策に万全を期す「防衛」型の戦略を考える、②「弱み（W）」は、見方を変えると「強み（S）」の反作用的な意味があったり、「脅威（T）」に見える外部環境には、見方を変えると別の側面に「強み（S）」を有していたりするなど、それを発見したりクロス思考させることで、考え方のタイプを逆転させた思考モード、つまり「逆転発想」型の戦略を考える、の2つの戦略を導き出すことを目指すものである。（図2）

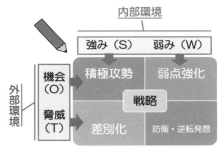

図2　クロス分析

3．分析のテーマ

（1）ワークショップのテーマ

このSWOT分析を使って、「学校等の職業的自立に向けた戦略を、大胆に見直してみよう！」というのが、本ワークショップのテーマである。

具体的には、次のようなワークとなる。キャリア教育とは、「一人一人の社会的・職業的自立に向け、必要な基盤となる能力や態度を育てることを通して、キャリア発達を促す教育」（平成23年1月中教審答申）と定義されている。その中の'職業的自立'に焦点化して、学校等における組織内外の環境を活かした戦略について検討（グループワーク）することになる。

（2）テーマ設定の理由

平成28年8月の中教審による「次期学習指導要領に向けての審議のまとめ」では、キャリア教育の充実として、「特別支援学校高等部の卒業生の一般企業等への就労が年々増加している状況を踏まえ、障害のある生徒が自立し社会参加を図るために、幼稚部段階から高等部卒業までを見据えた一貫性のある指導や支援の下、子供たち一人一人のキャリア発達の充実を確実に促すことのできる教育を一層充実させていくことが必要である。」と指摘されている。先のキャリア教育の定義とこの指摘から、「職業的自立」と「社会的自立」のバランスを大切にしながら、自分らしい生き方を実現していく過程であるキャリア発達を促すことが求められていると考え、本テーマを設定した。（図3）

ワークショップのテーマ

学校等での職業的自立に向けた戦略を、大胆に見直してみよう！

テーマ設定の理由

「職業的自立」と「社会的自立」のバランスを大切に自分らしい生き方を実現していく過程であるキャリア発達を促す

図3　ワークショップのテーマ

（3）テーマに迫る環境要因として

このテーマのキーワードである「職業的自立」に迫る環境要因を、SWOT分析での内部環境と外部環境の視点で、参考までに列挙しておく。（表1）

表1　内部環境と外部環境の例

内部環境
- 児童生徒（構成、実態、増減等々）
- 保護者（居住地、家庭環境、ＰＴＡ活動等々）
- 職員（構成、経験年数、専門性等々）
- 学校（実績、歴史、校舎等々）
- 予算　等々

外部環境（多様な「資源」）
- 「物的」資源
- 「自然」資源
- 「人的」資源
- 「生活」資源
- 「財政」資源
- 「情報」資源
- 「関係」資源

4．分析の進め方

（1）ワークショップのプログラム

アイスブレイク

全体①

グループワーク

仮想学校をイメージ

発表交流

全体②

図4　プログラムの流れ

ワークショップのプログラムでは、構成を「全体①→グループワーク→全体②」の3部構成とした。全体①では、導入として、アイスブレイクでのメンバー紹介とSWOT分析のフレームワークの共有化をした。次のグループワークでは、3つのグループを編成した。グループごとにファシリテーター（進行役）のもと、「学校等の職業的自立に向けた戦略を、大胆に見直してみよう！」をテーマに、仮想学校をイメージしながらSWOT分析をとおして、学校経営・教育の戦略を考えた（詳細は、次の（2）を参照）。そして、全体②では、各グループの戦略立案を交流した。（図4）

（2）グループワークのステップ

グループワークでは、5つのステップを設けた。（表2）

表2　グループワークのステップ

＜ステップ1＞
「職業的自立」の定義
＜ステップ2＞
「強み・弱み・機会・脅威」の拡散思考
＜ステップ3＞
「仮想学校」をイメージして、内部・外部環境を書く
＜ステップ4＞
「4つの窓」に戦略を書く
「仮想学校」のビジョンは？
＜ステップ5＞
「強み」と「弱み」の入れ替え
「機会」と「脅威」の入れ替え

＜ステップ1＞では、グループメンバーで「職業的自立」の定義を確認し、ワークショップのテーマを再確認した。このことによって、ワークショップのテーマ（目標）が共有化され、メンバーそれぞれの発言がしっかりと焦点化された。加えて、ここでは大会テーマ「『関係』によって気付くキャリア発達、『対話』によって築くキャリア教育」についても再確認した。このことによって、このワークショップでは、各メンバーの学校等現場の実態に「気付き」、その実

態の「気付き」をもとにSWOT分析をとおして、各学校現場に反映できる「築き（解決策）」を得るというミッションについてもメンバー間で相互に自覚することになった。それは、仮想学校をイメージしながら進める当ワークショップの盛り上がりにもつながった。

＜ステップ２＞では、まずは、SWOT分析の枠（フレーム）（図5）をホワイトボードに書いた。そして、メンバーが各自の学校等の実態を振り返って、内部環境（「強み」「弱み」）と外部環境（「機会」「脅威」）をホワイトボードに書き出した。ここでの書き出しのポイントには数点ある。まず、徹底的に拡散思考で各メンバーが臨むことである。相互の発言を否定することなく、相互に情報を加えて膨らせるくらいの姿勢が有効であった。また、客観的情報が実効性ある戦略を導き出すことになった。さらに、斬新な情報ほど、ユニークな戦略が導き出される可能性が上がった。

＜ステップ３＞では、仮想学校「○○○○スクール」をイメージして、その仮想学校の内部環境（「強み」と「弱み」）と外部環境（「機会」と「脅威」）を選び出した。「どんな状況に置かれている学校なのか？」とイメージを膨らませた。現実感を保つために、あえて内部環境の「強み」と「弱み」の枠に同じ環境要因が入れることもあった。また、外部環境の「機会」と「脅威」の枠で相互に環境要因を入れ替えることもあった。（図6）

ここでの仮想学校をイメージするワークをとおして、戦略につながる学校の経営姿勢には2つあることを学ぶことができた。一つは、外部環境を見ること（立地条件等々）から学校内部のあり方を考える経営姿勢である。もう一つは、内部環境（職員構成等々）を見ることから地域との関わりを考える経営姿勢である。どちらに重きをおくことで経営戦略は変わるし、SWOT分析では、この2つの経営姿勢のバランスを大切にしていることを確認した。

＜ステップ４＞では、SWOT分析の4つの窓（枠）に、メンバーでアイディアを出し合いながら、戦略を書き出した。（図7）

この4つの窓（枠）の戦略を組み合わせて、仮想学校の経営・教育ビジョンを考えた。さらに、ビジョンから仮想学校のキャッチフレーズを考えたり、仮想学校のネーミングを変えてみ

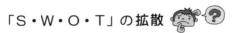

図5　SWOTの枠（フレーム）

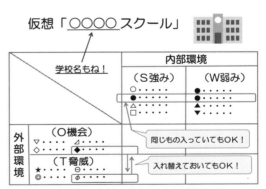

図6　仮想学校の内部環境と外部環境

図7　4つの窓の戦略

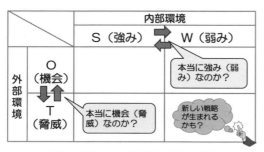

図8　「強み」と「弱み」の入れ替え

ると、前向きな経営プランの立案とつながり、変化する学校が実現できた。

＜ステップ5＞は、応用である。これまでのステップ1から4までは、SWOT分析の基本型であった。実は、この基本型ではユニークな戦略が創造できない場合があった。その時は、内部環境の「強み」と「弱み」を入れ替えてみる方法があった。そのことによって、新しい戦略が生まれることがあった。この入れ替えるという方法は、SWOT分析による思考に揺さぶりをかけて戦略の発想に柔軟性を与えてくれた。また、ここからは、「弱み」を「強み」に変えるプロセスを学ぶことができた。

同様なことが、「脅威」と「機会」にも言えた。（図8）

5．分析の実際

実際のグループワークでSWOT分析の枠（フレーム）に書き出された内部環境・外部環境、4つの戦略ゾーンを紹介（抜粋）する。

紹介するグループワークでは、メンバーで出し合った内部環境・外部環境を整理して、仮想学校をイメージしながら、「納税者を育て、職業的自立を目指す」学校づくりの経営戦略を探求した。

（1）内部環境

```
強み
□学校
・学校間連携しての情報共有がある。
・進路協議会が開催されている。
・キャリア教育の推進が進んでいる。
□職員
・企業就労経験のある職員（教員）がいる。
・教育課程の改善意識が職員にある。
□生徒
・就労モデルとなる生徒がいる。
□保護者
・保護者の情報量が増加している。　等々
```

```
弱み
■学校
・職業学科での本物教材が少ない。
■職員
・育成したした教員が異動してしまう。
・ベテラン教員の活躍が十分でない。
■生徒
・耐性が十分でない生徒が多い。
■保護者
・就職を希望しない生徒・保護者がいる。
```

（2）外部環境

機会
□関係資源
・在学中からの関係機関との連携がある。
・同じ事業所で、卒業生に継ぐ雇用がある。
□生活資源
・地域社会とのイベント交流がある。
□物的資源
・都市部なので企業が多い。　等々

脅威
■関係資源
・現場実習の回数が限られる。
■生活資源
・生徒の居住地が広域化している。
■物的資源
・企業就労の競合がある。
■情報資源
・進路指導の実績が求められる。　等々

（3）戦略ゾーン

積極攻勢
・企業と連携した数値目標を設定する。
・教員がジョブコーチスキルを獲得する。
・福祉労働施策等の事業を活用したキャリアガイダンスの開催を試行する。

弱点強化
・関係機関との連携を活かしながら、教員育成を効果的に行う。
・保護者を対象にした就労に関する学習機会を、企業と連携して設ける。
・卒業生の企業内成長の姿を、学校と生徒と保護者で共有する。

差別化
・広域就労を見据えた就労支援について、企業と共に、行政に対して新しい提案を行う。
・モデルとなる就労実績を累積する。

防衛・逆転発想
・自分らしいキャリア発達を実現できるように、キャリアカウンセリングを充実させる。
・生涯学習の視点で、メンタルヘルスも含めての学び続ける能力を育成する。

6．おわりにかえて

　ワークショップを終えて、「自分が強みと感じていたことが弱みかも。発想の転換が大事。」「多様さにどう対応するかが大切と感じた。」「当ワークショップを体験して、発想の転換の過程を実感できた。」「このようなワークショップを学校でも実践したい。」「学校に戻ったら、戦略を管理職に提案してみたい。」等々の感想（振り返り）があった。

　これらの振り返りをもとに、次のような成果を確認しあった。学校等の組織でキャリア教育を担う私たちが、内外の環境を関係付けながら、生徒のキャリア発達を促す教育現場の実態に改めて「気付く」ことができた。そして、その実態の情報をもとに、SWOT分析というフレームワークによる対話によって、今後のキャリア教育につながる組織的戦略を「構築する」ことができた。よって、当ワークショップが、当大会テーマ「『関係』によって気付くキャリア発達、『対話』によって築くキャリア教育」を体感する機会となった。

【参考・引用文献】
堀　公俊（2013）ビジネス・フレームワーク，日本経済新聞社.

堀　公俊（2016）フレームワークの失敗学，PHPビジネス新書.

中央教育審議会（2011）今後の学校におけるキャリア教育・職業教育の在り方について（答申）.

中央教育審議会（2016）幼稚園、小学校、中学校、高等学校及び特別支援学校の学習指導要領の改善及び必要な方策等について（答申）.

教員研修センター（2016）教員研修の手引き－効果的な運営のための知識・技術－.

対話型ポスターセッション【ワークショップⅡ】

第1グループ① 「自分を見つめ、自己実現に向けた進路学習」
～生徒一人一人が自己理解を深め、アクティブな思考で自己実現に向けた実践～

静岡大学教育学部附属特別支援学校教諭　鈴木　雅義

1．ポスターの概要
生徒が、将来に対してのイメージが持てず、何のために学習を積み上げてきているのか明確ではない状態で進路学習に臨む姿があり、自己実現に対して消極的であることが多い。このことから、自己理解を促進し、自らの考えで進路決定に向き合えるようになることを目標として、自己実現に迫るために、STEP1～STEP4のプログラムを設定し、自己の内面に迫り、発信力を高められるよう段階的な取組を計画的に行った。

2．指導者の願い
他者との対話から気付いたことを基に自己分析を行い、その内容を他者に伝えることで、自己理解を深めてほしい。

人前で発表することを通し、肯定的な意見やアドバイスを受けることによって、自信を持ち、自己実現に対して積極的な姿を示してほしい。

3．実践
STEP1では、自分自身の特徴に気づく機会を設定し、他者（友達、教員）評価による自己紹介シートの作成・発表を行った。

STEP2では、進路先（職種等）についての情報をグループでまとめ、ポスター発表を行った。

STEP3では、進路決定に向けて、仲間と悩んでいることなど話し合う機会を設定した。

STEP4では、職場実習報告会で1ブースを担当し下級生に対してポスター報告を行った。

4．成果
生徒が自己理解を深め、進路決定に向け、自分で考えられるようになった姿を発表の様子から見ることができた。「知る、考える、聞く、まとめる、伝える」活動を計画的に取り入れたことにより、自分の考えなどを工夫して伝える姿から成長が感じられた。

進路学習を、何のために行うのか、どんな力が身に付いたのかを、感想シートによる振り返りから、生徒が実感していることを伺うことができた。

5．実践上の困難
生徒の実態に差がある場合は、「内容の理解が難しかった」、「質問が浮かばないことがあった」等の意見が出された。今後の学習形態を確立させていくためにも、全員に分かる発表が行えるような仕掛けづくりが課題であり、今後の改善点としたい。また、障がいの程度が重度といわれる生徒の自己理解や、進路学習の在り方などを模索していきたい。

―――― フロアとのやりとり ――――
生徒の内面の変化について、生徒自身の気付きや、思考が深まった状態をどのように捉え、次の段階へと導いたのか、その過程を知るためにも、成長した状態像などがあると良いという意見が出された。また、生徒の変容が見られた実践であるが、評価の方法や内容について整理されるとよいという意見が出された。

障がいの程度が重度といわれる生徒に対する取組については、多くの学校でも課題に挙がっており、今後取り組んでいく中で進路指導の在り方等を見出していきたいと意見があった。

―――― セッションを振り返って ――――
生徒が自己理解を深め、将来の自己実現に向けて積極的に日々の学習に向き合えるようにするために、段階的で丁寧な指導場面を設定していくことの大切さを再認識した。

また、友達や教師との「対話」の場面を意図的に取り入れ、その場でのやり取りの積み重ねが自己に対する気付きを促し、個々の生徒のキャリア発達につながることをフロア全体で共有できた。

（北海道教育庁特別支援教育課指導主事　三瓶　聡）

3 対話型ポスターセッション【ワークショップⅡ】

自分を見つめ、自己実現に向けた進路学習

～生徒一人一人が自己理解を深め、アクティブな思考で自己実現に向けた実践～

静岡県立清水特別支援学校　教諭　鈴木雅義

成功体験が少なかったり、自尊感情が極端に低かったりする。

↓

自分理解を促進し、自らの考えを持って進路決定に向かえるように

↓

アクティブな思考に迫るために、自己実現プログラムを組み、『自分を見つめ、自己実現に向けた進路学習』をテーマに取り組むこととした。

---

(1) 自己実現に向けて自己実現プログラムを設定する。

＜自己実現プログラム＞

- STEP1：他者評価による自己紹介シートの作成・発表
- STEP2：進路先（職種等）についての情報収集をグループでまとめポスター発表する。
- STEP3：進路決定に向けて、仲間と悩んでいることなど話し合う。
- STEP4：職場実習報告会で1ブースを担当し下級生に対してポスター報告する。

STEP1で行った、自己紹介シートに記入する場面では、なかなか自分の言葉で自分自身のことについて書くことが難しかった。

→　他者評価

「私って優しいところがあるんだ。」「僕は、挨拶の声が大きいと思われていたんだ。」等、自分では気づくことのできなかった良い点を知ることができ、埋まらなかったスペースにも記入することができるようになった。また、たくさんの「いいねシール」を得たり、肯定的な意見で書かれたシートを見たりして、うれしい表情や、「良かった。」という言葉から、安心した気持ちになっている様子を見ることができた。

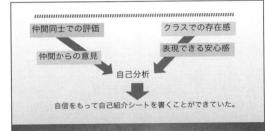

仲間同士での評価／クラスでの存在感／仲間からの意見／表現できる安心感 → 自己分析

自信をもって自己紹介シートを書くことができていた。

STEP2で行った、グループでのポスター発表に向けての取り組みで、一人一人の生徒が役割を意識し、皆で話し合いをしながら進めた。

グループでの結束力が高まり、所属感を感じられるようになっていった。

ポスター発表では、ギャラリーのいる前で調べたことについて発表した。

↓

仲間に支えられたり、支えたりしながら何回か繰り返し行ううちに、堂々と説明できるようになっていった。

STEP3では、課題や悩みの共有を行ったが、信頼関係が育っていたこともあり、生徒同士で「○○はこうすればいいんだよ。」「○○の時には自分はこうしたよ。」等、積極的に意見の交換がされていた。進路先についても、それぞれが違う道に進むことになるが、「Aさんだったら器用だからうまくいくよ。」「B君は優しいから続けられるよ。」と仲間の進路先を考えた発言も聞くことができるようになった。肯定的な意見をルールとして設定してあったこともあり、日常的にプラスの発言が目立つようになってきた。こうしたことから、さらに自信をつけてきたことが伝わってきた。

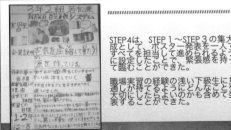

STEP4は、STEP1～STEP3の集大成として、ポスター発表を一人ですべてを担当して進められるように設定したことで、緊張感を持って臨むことができた。

職場実習の経験の浅い下級生に見通しがもてるようにどんなことを大切にしたらよいのかも含めて発表することができた。

発表を繰り返し行ったことで、自分の話したいことの整理をすることができた。

一人1ブース1ポスターを担当したことで、一人で全部やり遂げたという達成感が生まれた。発表を聞く下級生の真剣に聞く様子や、数回報告を発表し、緊張しながらも少しずつ修正を行い、思うような報告ができた。

今まで感じることのなかった成功体験を感じることができたのではないかと考える。実習の報告を繰り返し行ったことで、課題と成果、頑張っていくことが何度も確認され、自己実現に向けての方策が生徒自身に芽生えた。

実習での課題について、日々の生活の中で意識することができるようになった。

アクティブな思考で臨んだことにより、生徒自身で自分のことを理解し、分析した結果、進路決定に向けて自分なりに解釈をし、やらなければならないことや、守らなければならないことなど自分で考えられるようになっていった。知る、考える、聞く、まとめる、伝えるということを主体的に行動できるような授業展開をしたことによって、多くの成長を見ることができた。

※本実践は、ポスター発表者の前任校における取組をまとめたものです。

第1グループ②	「食堂清掃から高める自尊感情」
	～主役は僕たち私たち～

広島県立福山北特別支援学校教諭　沖　龍一

1．ポスターの概要

本校では「主体的な学び」のポイントとして以下の5つの観点を重視している。

① 「何のために」を意識している

② 学んだことを生活の中に生かそうとしている

③ 次はこうしたいという思いが表れている

④ 自分のことを知り、こうなりたい、こうしようと思えている

⑤ 友だち同士で教え合い、学び合おうとしている

本実践は、生徒が「何のために」を意識しながら「気持ちの良い快適な食の空間」をつくることを目標とした、作業学習における校内の食堂清掃を題材とした授業実践事例の紹介である。

2．実践のねらい

校内の食堂清掃作業を通して生徒の卒業後の生活の中で必要となる力（作業能力・問題解決能力）を高め、自らが役に立っているといった自尊感情も合わせて育みたい。

3．実践

清掃作業の基本操作など、教え込みではなく、生徒自らが主体的に学ぶことができるよう、様々な視点からの提案やアドバイス、前向きに取り組めるような言葉掛けを意識して指導を展開した。

更には報告・連絡・相談を常に意識できるようにし、効率的な動きのフォーメーション等も自分たちで考え、作業終了後にはバディ（二人一組）による自己評価と他者評価、自らの反省点に気付くことができるような場面を重視した。

また、生徒主導での話合いの場を設定し、伝え方に気を配りながら、互いに気付いたことを生徒同士で指摘し合える集団作りにも努めた。

4．成果

「待つ」、「見守る」といった教え込みからの脱却というスタンスで、生徒たちが自ら考える実践を重ねることで、次第に作業自体へ応用性が見られてきた。

効率よく作業を進めていく生徒同士のやりとりの中で、お互いを尊重する姿勢が確立され、他の作業等の場面でも見られるようになってきている。それゆえ、自分たちの向上心につながり、清掃の技術や清掃に取り組む意味を下級生に伝えるなど、生徒の更なるキャリア発達への礎となった。

5．実践上の課題

リーダーの生徒や教員の指示を頼り、指示待ちになってしまう生徒や、清掃の基本操作が未習得な生徒も若干名見られた。この生徒たちの振り返りシートからは、自己評価が高く、次の作業時に改善すべき内容が深まりにくい傾向がある。その生徒ができていることや改善すべき点に気付けるような的確な指導・支援が必要である。

また、作業時の生徒同士の連携不足や清掃を終了させることに意識が偏ることで作業が煩雑になることもある。

─── フロアとのやりとり ───

生徒の意欲が継続することや活動への意識が高まる指導・支援の在り方について意見が出された。そこでは、タブレット等を活用し、生徒が自分たちの清掃活動の様子を動画で振り返ることで、よさや改善点等に気付きやすくなり、意欲向上につながるのではないかという意見も出された。

─── セッションを振り返って ───

生徒の卒業後の生活を見据え、生徒が自ら考え、主体的に行動ができるよう、授業を行う上で5つの「主体的な学び」の観点を教職員間で共有することが、効果的な指導に結び付くことをフロアと共有することができた。

また、校内清掃という日常生活に根付いた活動に着目し、生徒たちがその活動への「意味」を見出し、生徒同士で協働し、考えながら作業に向き合える環境等の工夫が、生徒のキャリア発達を促すことにつながると再確認ができた。

（北海道教育庁特別支援教育課指導主事　三瓶　聡）

3 対話型ポスターセッション【ワークショップⅡ】

食堂清掃から高める自尊感情
~主役は僕たち私たち~
KEY WORD：主体的な学び，自尊感情

平成28年12月10日（土）
広島県立福山北特別支援学校
高等部教諭 沖 龍一

本校版「主体的な学び」のポイント
① 「何のために」を意識している
② 学んだことを生活の中にいかそうとしている
③ 次はこうしたいという思いが表れている
④ 自分のことを知り，こうなりたい，こうしようとおもえている
⑤ 友だち同士で教え合い，学び合おうとしている

きっかけ：
・「何のために」の意識が明確にしやすい
・「気持ちの良い快適な食の空間」をつくる

そこで選んだのが
↓
食堂清掃

展開方法①
高めの目標設定
密な報告・連絡・相談
教師は常に「見守り」役

展開方法②
ペアワークによる活動
バディによる他者評価
"バディ"を尊重

本校栄養士からのダイレクトメッセージ
一番身近な本物を学べる"外部講師"
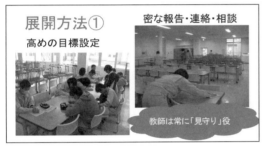
厳しい講評の中で「上昇ベクトル」向上へ

トップダウン式 → ボトムアップ式 指導へ
お互いの作業を尊重する姿勢
提案・アドバイス・勇気付け
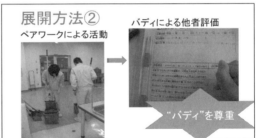
教え込みからの脱却

成果
自分たちで気付く取組
「ゴミがあった」「残してたまるか」
場に対しても感謝する心

社会性の深化

これからの改善策として
・生徒主導で更なる話し合いの場の設定
→ 厳しいこともきちんと言える集団づくり

技術力・自尊感情のバトンを下級生へ

更なる「キャリア発達」へ

第2グループ①	「英語の授業は何のため？」

～キャリア教育の視点で教科別の指導を考える～

横浜わかば学園教諭　中野　嘉樹

1．ポスターの概要

　英語の授業を「なぜ」「何のために」の視点で問い直し、「教科でつけるべき力」とは何かを明らかにし、教科別の指導の充実を目指している。授業実践を振り返ることで得た気付き、意味づけを言語化し、組織的な取組になる方策を探求したい。

2．教師が最も願うこと

　英語の授業を通して、間違いを恐れずに発言できる。わからなくてもあきらめずに、自分で意味や内容を推測できるようになってほしい。

3．実践

　授業実践の中で、「何か特別に新しいことを始める必要はない」「全てがキャリア教育の視点で意味づけできるわけではない」ことに気付き、意図的に未習の英単語や表現などを用い、できるだけ日本語を介さない授業に取り組んでいる。

4．成果

　生徒の授業アンケート結果から、「わからなくても自分で予想しようと思う」41％、その他、自身でなんらかの解決方法をもつことができる生徒が7割を占めた。挫折や困難に直面した時でも逃げることなく、立ち向かえる力の基礎になると考える。研究テーマ「将来の自立生活に結びついた教科別の指導」を基に、教科会の発足やシラバスの見直しなど、組織的な取組になりつつある。

5．実践上の困難

　「授業見学ディ」を実施し、キャリア教育の視点を明記した指導案を一覧にしている。組織的に具体的方策を基に授業改善を行い、さらに各教科で「つけたい力」の明確化を図りたい。

　キャリア教育の理解を通して、教職員の意識改革を図り、生徒が学ぶ意味がわかる「将来の自立生活に結びついた教科別の指導」の充実を図りたい。

─── フロアとのやりとり ───

【学ぶ意味を学ぶ】

　重要となるのは「この教科で学ぶことで何が身に付くのか」という、各教科を学ぶ本質的な意義である。やはり教科の目標が大切であり、一つ一つの授業において目標達成に向けて迫ることの重要性が話された。

　「教科会議」を研究と連動させ、「キャリア発達を促す教科の授業」など、設定テーマを基に話し合い、各教科会議の内容を全体で共有することで、教科別の指導の充実と、教科横断的な学びにつながることが協議された。また、授業で学んだ英語を実際に活用する場を設定すると、生徒自身が「なぜ、何のために学ぶのか」学ぶ意義を実感し、「主体的・対話的で深い学び」につながることが確認された。

─── セッションを振り返って ───

【各教科の意義や目標の重要性】

　各校の教科別の指導の実践例を知り、学習の在り方や組織的な取組の方策を得ることができた。キャリア教育の視点で授業を考えることは大切であるが、その指導の根幹となる学習指導要領の各教科の意義、目標や内容に立ち返り、見直していくことの重要性を再認識できた。

【セッションの有効性】

　通常のポスターセッションと異なり、ファシリテーターをおくことにより、発表者がフロア間の対話を客観的に聞くことができ、思考を広げ深められていた。

（北海道函館五稜郭支援学校教頭　松岡　志穂）

3 対話型ポスターセッション【ワークショップⅡ】

英語の授業は何のため？
～キャリア教育の視点で教科別指導を考える～

2016キャリア発達支援研究会ポスターセッション

横浜わかば学園（知的障害教育部門高等部）英語科　中野嘉樹　　Email: ty-nak11@edu.city.yokohama.jp

●学校紹介
- 軽い知的障害のある生徒（高等部）が企業就労を目指す
- 横浜初の肢知併置
- 地域に展開する校内実習
- 自己選択・自己決定する力を育むキャリア教育
- 開校4年目

●今年の研究テーマ
教科別の指導・・・
① 「将来の自立生活」に結びついてる？
↓
② ねらい、指導内容に意味づけ・価値づけを
↓
③ 自分の授業を語ってみよう！

●自分自身の授業のふり返り

- 何か新しいことを始める必要はない
- すべてをキャリアの視点で意味づけできない

目標　初歩的な英語を使って自分のことを表現する
- 会話中心
- Student Teacher
- 外国語活動
- ALL ENGLISH！
- 未習の単語や表現で刺激

あえて？？？の状況にする！

- 変化のある繰り返し
- 会話活動やゲーム

●意味づけ（つけたい力）

- 間違いを恐れずに発言する
- 緊張感を乗り越える
- 互いの頑張りを称えあえる
- わからなくてもあきらめずに、自分で意味内容を推測
- 助け合い、協力
- 異文化理解
- 言いたいけど言えない体験→意欲へつなげる
- 伝えあうことの楽しさ（たとえ限られた表現でも）

など

●生徒アンケートより

●組織的な取組へ
- 教科会の発足（月1回）
- シラバス見直し→キャリア発達を促す視点を記入
- 「つけたい力」→教科担当へのアンケート調査
- 外部講師による研修
- 授業見学デイ　※指導案の工夫
　　　　　　　→極力負担感なく授業研を！
- 公開研究会

※授業見学デイ　見どころシート

●今後の課題
- 「つけたい力」を各教科で明確化
- 組織的な授業改善の具体的方策
- 校内実習と一般教科の関連
- 教員の意識改革
- 生徒自身が「学ぶ意味」をわかること

キャリア発達支援研究　Vol.4

第2グループ② 「主体的な対話から育む自己表出と他者理解」
～コミュニケーションツールとしての付箋の活用～

横浜市立日野中央高等特別支援学校教諭　菊地　亜紀

1．ポスターの概要

　3学年国語科では、「主体性や協働性・調整力を向上させ、仲間とともにキャリアアップを図る」「将来を見据えた適切な選択と具体的な自らの取組」を重点化している。卒業後の就労、自立した社会生活の観点から、とくに人間関係形成・社会形成能力を育みたいと考え、主体的な対話によって育まれる自己表出と他者理解をねらいとした授業実践の報告をする。

2．教師が最も願うこと

　コミュニケーションツールの選択肢を増やし、語感を磨き、語彙を豊かにすることで、自分の言葉で自らの思いを伝える力を育んでほしい。

3．実践

　読書活動に対して意欲的に取り組む生徒が多いことから、自分の好きな本を紹介し合う「読書感想会」を設定した。色画用紙やパソコンを用いて好きな本を紹介し、互いの発表を聞いた後で感想を付箋に書き、意見の交換を行った。

4．成果

　発表する際、言葉だけではなく、色画用紙を用いて自分の思いや感情を「色」や「形」で表現することで、多様な自己表出が見られた。

　互いの発表を聞き合うことで、自分とは異なる意見にも、受け入れて興味を示すなど、他者への同調・共感する場面が見られた。

　付箋の活用により、対話のきっかけが生まれた。以前より活発な発言が生まれ、笑顔で他者と向き合えるようになってきた。

5．実践上の困難

　付箋に多くの事柄を記入する生徒がいるが、本授業のねらいとは異なるため、記入の時間を長くとることができない。

　高等部の3年間で、国語科のみの実践では、語彙を増やすことも語感の豊かさを促すことにも限界があると感じている。

――――――　フロアとのやりとり　――――――

【付箋の活用】

　最後に付箋を交換するのではなく、一人ずつ付箋を受け取った後に感想を述べ、全体で感想を共有することにより、豊かな語彙力の育みや、双方のフィードバックにもつながる。また、付箋を感想のカテゴリーで色分けし、色に意味を持たせることによって、より主体的で、素直な感想を引き出すことにつながることが話された。

【語彙を豊かに】

　あらかじめ「ほめ言葉」を一覧にすることで、良いパターンを学び、型やパターンを覚えることにより、生徒自身のツールになることが話された。

――――――　セッションを振り返って　――――――

【生徒の学びの意欲】

　学習の継続により、生徒が見通しをもち、主体的に学習に取り組み、深い学びへとつながっている。良きサイクルの原動力となる学習意欲を引き出すことの大切さを再確認した。

【柔軟な授業改善】

　セッション後、菊地教諭は、ピンク色の付箋は「素敵」、黄色は「いいね」、緑色は「おもしろい」、水色は「その他」と、感想を視覚的にとらえ、対話を生みやすいよう授業改善を行った。柔軟な授業改善の重要性を再認識し、授業における付箋の活用性、発展性を感じた。

（北海道函館五稜郭支援学校教頭　松岡　志穂）

3 対話型ポスターセッション【ワークショップⅡ】

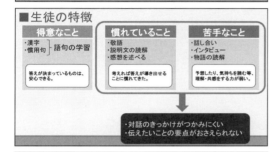

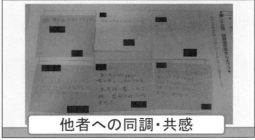

第3グループ①	「大学院での学びと実際について」

～三木安正の教育理念に着目して～

横浜わかば学園　教諭　岩﨑　優

1．ポスターの概要

　三木安正は、生活教育の実践を提唱した人物であり、戦後の知的障害教育の基礎を築きあげた人物の一人である。

　今回、ポスター発表を通して、今まで大学院で学んできた三木安正の理念が、実際の教育の現場でどのように実践されているのか、また、生活教育と教科教育の結びつきについて日頃悩んでいることを言語化することにより、自分自身の実践を振り返るとともに、三木安正を多くの人に知ってもらう契機としたい。

2．三木安正の教育理念と横浜わかば学園での教育実践の比較

　発表者から以下の説明があった。

（1）横浜わかば学園（B部門）における校内実習や現場実習を中心とする職業教育では、生活に根付いたキャリア教育を実践しており、三木安正の言う「職業教育を技能訓練ではなく職業的生活教育」という理念とのつながりを感じている。例えば、校内実習における「パン工房」では、パン職人になるための技能やスキルを身に付けるのではなく、働くことを通して、働く力、働き続ける力の育成や一人一人が自分の役割を果たすことに重点をおいている点などが共通していると言える。

（2）自分が担当している保健体育では、実際に生活に役立つ内容を選択し、生徒にわかりやすく指導することを意識して授業を組み立てている。

フロアとのやりとり

　生活教育と教科教育の関連について、発表者から「日々の実践の中で、生活教育と教科教育の結びつきをどのようにもたせていくべきなのか悩んでいる。フロアから意見をもらいたい」との投げかけがあった。フロアからは、「どのような学びも底辺でつながっているため、一つひとつ生徒に教える際に、イメージをもち、具体的に計画していくことが大切」との意見が出された。

セッションを振り返って

【成果①】

　生活教育と教科教育のつながりについては、知的障害教育の本質的課題であり、上記の意見を含めその重要性が話題となった。一つのテーマを生徒に伝える際に、生活に結びつくのはどのような点なのか、教科に結びつくのはどのような点なのかということを常に考え続け、日々の教育実践を行っていくことが重要であることが話された。

【成果②】

　発表者から、多くの人の前でポスター発表をしたことが自分自身のキャリア発達につながったこと、フロアから感想や意見をもらったことで自身の考えが深まっていく感覚を得ることができたとの報告があり、賛同を得た。特定のテーマに関して多くの方々とディスカッションを行う中で学び合うことの大切さが確認された。

（北海道稚内養護学校教頭　高木　美穂）

大学院での学びと実際について
―三木安正の教育理念に着目して―

岩﨑優（横浜わかば学園）

【目的】1．三木安正の人物研究を通して学んだことと、実際の教育現場でのつながりを明らかにする。
2．自身の事例を通し、教員のキャリア発達が教育実践に与える影響を明らかにする。

1．三木安正の教育理念と横浜わかば学園での教育実践の比較

三木安正の教育理念

<生活教育>
- 生活させる教育、生活させることによって、生活のできる者にする教育
- 具体的、実際的な社会生活
- 集団生活を重視するもの

<職業教育>
- 職業的生活教育
- 生活教育の一部ととらえる
- 職業的社会的生活に耐え得るか否かによって、将来の生活が規定される

相違
教科教育と生活教育が分断されている状況であり、三木のいう「互いに関連して考えられるべき」という視点がまだ薄いように感じる点。

つながり
- 三木安正の教育理念として掲げられている、生活をさせることによって生活のできる者にする教育との理念が共通している点。
- 校内実習や現場実習を中心とする職業教育を本校の教育実践の主軸に据え、職業教育を技能訓練ではなく職業的生活教育と捉えている点。

先進的な点
現場実習の機会が十分に保障されていることで、学校内で身につけた力が社会の中で通用するのか確認できる点。

横浜わかば学園での教育実践

<校内実習>
- 生活に根づいたキャリア教育
- 具体的、実際的な経験を多く積む
- 相談力、責任感、判断力、地域とのつながり

<一般教科学習>
- 社会自立のために必要な内容を学ぶ
- ライフキャリアの確立

<現場実習>
- 働く力、働き続ける力の育成
- 校内実習での学びが社会的に通用するかどうかのアセスメントの機能

2．教員としてのキャリア発達に向けて

過去
三木安正の人物研究を経て学んだ知的障害教育の理念（職業教育、生活教育）

現在
職業教育と一般教科を中心として、知的障害教育に携わる

未来
職業教育のみならず一般教科の中での生活教育をいかに保障していくか

教員としてのキャリア発達

【まとめ】
本校においては、現場実習後、キャリア相談会を実施し、ふり返りの機会を重視している。
教員としてのキャリア発達を進めていくためにも、自身の過去の学びをふり返る機会を持ち、未来へと志向していくことが必要なのではないだろうか。

第3グループ②	「生活単元学習における『話し合い活動』の展開」 ~自分の思いの実現へ　修学旅行を見据えた指導計画と取組~ アクティブ・ラーニングの視点を取り入れた授業改善

宮城県立石巻支援学校教諭　今野　由紀子

１．ポスター作成の意図

　普段から、どの子供も（思いの表出が難しい児童生徒こそ、見落とすことなく）大切に思いを汲み取って学習に取り組めるようにと意識している。「アクティブ・ラーニングの視点」が文科省から示されたときに、「どの子供も必要なこと」と考え、授業づくりにおいて意識して取り組んだことをポスターとしてまとめた。

２．ポスターの内容

（１）中学部第３学年における授業実践

◆生活単元学習「校外学習○○ランドへ行こう」
◆小単元名　「グループの乗り物を決めよう」

　15名が３つの学習グループにわかれ、それぞれのグループで「話し合い活動」に取り組んだ。

（２）授業を通した生徒の変容

① 「伝える・伝わることで思いを実現する」ことにより成功体験が得られた。
② 生徒の「自分の思いが変化する体験」を通しての気付きが得られた。
→対話的な学びを通して、深い学びへ深化した。

（３）教師の変化

① 授業スタイルに変化が出てきた。
→学習の見通し、目標の提示、対話を引き出す教師の投げかけ、よりわかりやすい視覚的支援、他の生徒の発表後に相互に認め合う場の設定
⇒修学旅行に向けての授業改善につながった。

────── フロアとのやりとり ──────

　フロアから「障がいが重い子供の『話し合い活動』についてどう考えているのか」との質問があった。発表者から「日頃から、いわゆる障がいが重いと言われる児童生徒の『思い』の言語化を大切に取り組んでいる。発語の有無にかかわらず、教師が児童生徒の『思い』を丁寧に汲み取って代弁すること、本人なりの表出の方法を見出していくことで『伝える』ことができるようにすることが大切」との説明があった。

　最後に、発表者がポスターを指しながら、「どの生徒の『言語活動』も大事にしていきたい」との言葉に対してフロアから共感が得られた。

　また、自身がポスター発表をすることについて、「ポスター発表は『学びの深化』であり、得られた『学びの価値』であると思っている」とのやりとりがあった。

────── セッションを振り返って ──────

【成果】

　実践報告の趣旨と同様にポスター発表で自分自身の思いや考えを発表することが「主体的・対話的で深い学び」に結びつくことを実感することができたとの話題が交わされた。

　児童生徒の諸活動における話し合い活動の意義を深める上で、教師の経験が重要であることが確かめられた。

　ファシリテーターの立場から、論議や意見交換を行う上での進め方の更なる工夫の必要性を課題として感じた。

（北海道稚内養護学校教頭　高木　美穂）

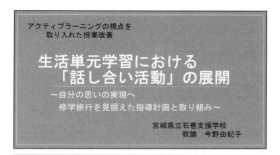
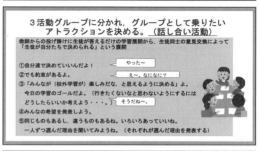
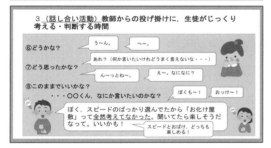

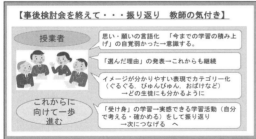
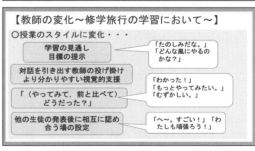
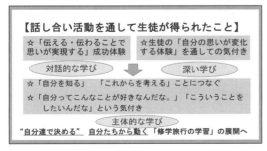
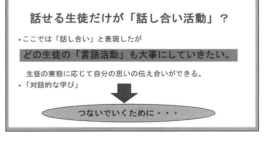

北海道ＣＥＦの活動から

北海道札幌養護学校教諭　鈴木　雄也　　北海道小樽高等支援学校長　松浦　孝寿
北海道室蘭養護学校教頭　川口　毅　　　北海道平取養護学校教諭　　鈴木　淳也

1．研究会の設立及び年間の活動

（1）北海道ＣＥＦの成り立ち

　北海道キャリア発達支援研究会（北海道ＣＥＦ）の「ＣＥＦ」とは Career Education and Facilitation を略したもので、キャリア教育の推進について研究・研修を行う研究会として、平成22年度に木村宣孝・松浦孝寿ら有志によって設立された。

　以後、現在に至るまで特別支援教育における、キャリア発達を促す教育の在り方を考える機会を設け、様々なワークショップ技法を試行的に実施することを通して各学校で活用可能な効果的な研修の在り方を模索してきた。

（2）北海道ＣＥＦの事務局体制

　北海道ＣＥＦの平成29年度時点での事務局体制については、表1のとおりである。

表1　北海道ＣＥＦ事務局体制

□代表1名　　　□フェロー1名
□顧問2名　　　□スーパーバイザー16名
□事務局長1名　□事務局次長3名
※事務局長・次長で、
　①学習会参加者集約担当
　②学習会経費管理担当　　などを分担
□事務局員22名
　　　　　　　　　　　　　　計　46名
【H 29．3．4「北海道ＣＥＦ総会」より】

　有志により平成22年度に発足した北海道ＣＥＦが、本格的に事務局体制を整えたのは、平成24年度からである。以来大きな体制の変更はないが、事務局次長の人数や細かな役割分担などについては、年度ごとの事務局員の構成や各々の勤務地・校内業務の役割等に応じて柔軟に変更を加えながら運営を行ってきている。

　事務局は希望する教職員によって運営しており、平成28年度末の時点で26名であるが、管理職や指導主事に昇任した場合はスーパーバイザーとしての位置付けをしている。事務局におけるスーパーバイザーは現在16名にまで増えているが、本道は極めて広域のため、企画・運営や学習会に参加できる機会は少なくなりがちである。しかし、その経験等をもとに事務局内においてはリーダー的役割を果たしている。

（3）年間の活動

　北海道ＣＥＦの、一年間の活動スケジュールについて表したものが表2である。

　事務局員の構成や事務局運営体制はその年によって変更することはあるが、「開発と創造性」「コンテンツとマネジメントの一体化」の方針は変えずに運営を進めてきた。具体的には、
① 前年度総会でのワークショップや5月のコンテンツ開発会議にて、キャリア発達を支

援する教育の今日的課題、各学校現場での現状等を総合的に把握・検討し、研究及び研修の方向性や内容を立案する。
② 開発したコンテンツに基づき、学習会各回マネジメントグループが魅力的かつ効果的な学習会の企画・運営を進める。

という流れである。これを経年的に継続することにより過去志向的かつ前年度踏襲をしない、「新しい学び」を探求・開発してきた。

表2　一年間の活動スケジュール

□5月　　　　　コンテンツ開発会議
　（コンテンツ開発グループ）
□7〜8月　　　第1回学習会
　（学習会各回マネジメントグループ）
□10〜11月　　第2回学習会
□12月　　　　全国大会参加
□1〜2月　　　第3回学習会
□3月　　　　　年次総会
　（次年度の方向性を探求するワークショップを含む）
※ 学習会の時期や回数については、年次総会やコンテンツ開発会議の結果を受けて変動することがある。

2．取り上げた研究課題と学習会の企画

(1) 設立から平成25年度まで

平成22年度の設立から平成25年度末まで、計10回の学習会を企画・運営してきた。そのテーマを一覧にしたのが表3である。

各回の講師や、ワークショップを含めたプログラム等の詳細は、『キャリア発達支援研究1』の第Ⅱ部第2章15「北海道キャリア発達支援研究会（北海道ＣＥＦ）の歩みと目指す姿　〜北海道ＣＥＦ事務局〜【松浦寄稿】」に記載されているので参照してほしい。

表3　平成25年度までの学習会テーマ

□平成22年度
第1回「キャリア教育の理念と課題①」
第2回「キャリアカウンセリング」
□平成23年度
第1回「キャリアプランニング・マトリックス」
第2回「キャリア教育の視点」
□平成24年度
第1回「キャリア教育の実践事例」
第2回「キャリア教育の組織的取組①」
□平成25年度
第1回「キャリア発達①」
第2回「キャリア教育の理念と課題②」
第3回「キャリア教育と授業づくり」
第4回「キャリア教育の組織的取組②」

この時期の学習会テーマやプログラム構成から、事務局員が重視してきた目的・課題を考察すると、次の3点が挙げられる。
① キャリア教育の本質的理解を深めること
② キャリア教育の組織的推進を促すための個々の在り方に関すること
③ 様々なワークショップ技法の試行的実施

まず①については、現在のＣＥＦにとっても当然重要な目的・課題であることは間違いないが、キャリア教育の本質的理解を深めることは発足当初からの根源的な目的であったことから、平成25年度までの学習会では、「キャリア教育の理念」に関するテーマを重点的に取り上げた。

次に②については、キャリア教育の推進には組織的な取組が欠かせないという課題意識から、組織づくりにおけるファシリテーションの役割に関することや、ミドルリーダーの役割に関することを、プログラムに多く盛り込んだ。

最後に③であるが、②の組織的取組の推進とも関連して、ファシリテーション・スキルの

向上や、各学校におけるより効果的な研修の在り方を模索することを目指して、多くの学習会において様々なワークショップ技法を試行的に取り入れ、プログラムを構成してきた。「参加型」「対話型」「トレーニング型」としての北海道ＣＥＦの学びのスタイルを確立していった時期でもある。

(2) 平成 26 年度

平成 26 年度の北海道ＣＥＦの学習会の概要が表 4-1、4-2、4-3 である。

第 1 回学習会で招いた就労移行支援事業所あるば所長の吉岡俊史氏は北海道ＣＥＦ学習会として初めて福祉分野から招いた講師である。以後、北海道ＣＥＦは福祉分野の職員と共に学習会を行うなど、吉岡氏との出会いをきっかけにつながりを強めていくこととなった。

また、この年度のコンテンツ開発会議では「発達」について学ぶことや、「レジリエンス」に関する学習の必要性などが事務局員の中心課題としてあげられた。そこで第 2 回学習会ではキャリアカウンセリングによるキャリア発達支援について学ぶべく、前年度に引き続き筑波大学名誉教授であり顧問でもある渡辺三枝子氏を講師とし、第 3 回学習会では、「心の発達」をテーマに宮城教育大学准教授の植木田潤氏を招聘して学習会を行った。

平成 26 年度の取組としてもう一つ紹介したいのが、事務局員を対象としたトレーニングキャンプの企画・実施である。（表5）

このトレーニングキャンプでは、「北海道ＣＥＦの過去・現在・未来」をテーマとした。渡辺三枝子氏を講師とし、ワークショップ形式での「キャリアアンカー・インタビューの体験」

表4-1 平成 26 年度第 1 回学習会

テーマ「成人期のキャリア発達」
日時：平成 26 年 7 月 19 日（土）13:00 ～ 17:00
場所：北海道札幌稲穂高等支援学校（札幌市）
プログラム
◆講演：「就労移行支援事業所の役割と就労移行段階におけるキャリア発達支援」
　講師：就労移行支援事業所あるば
　　　　所長　吉岡　俊史　氏
◆ワークショップ：「卒後支援として、私たちは卒業生のために何ができるだろう」
　→「ノミナル・グループプロセス」による

表4-2 平成 26 年度第 2 回学習会

「キャリアカウンセリングセミナー」
日時：平成 26 年 11 月 1 日（土）10:30 ～ 16:00
場所：札幌市教育文化会館（札幌市）
プログラム
◆ワークショップⅠ
　　「キャリアカウンセリングの実践」
◆講演：「キャリアカウンセリングの基礎としての対話力の向上」
　講師：筑波大学名誉教授　渡辺　三枝子　氏
◆ワークショップⅡ
　　「気付きの振り返りとまとめ」

表4-3 平成 26 年度第 3 回学習会

テーマ「学びを支える『心の発達』とは」
日時：平成 27 年 2 月 21 日（土）14:00 ～ 17:40
場所：札幌市教育文化会館（札幌市）
プログラム
◆ワークショップⅠ
　　「自らの課題認識を知るためのワーク」
◆講演：「学びを支える『心の発達』とは」
　　～「関係性をベースに発達していく『自己』について学ぶ」～
　講師：宮城教育大学准教授　植木田　潤　氏
◆ワークショップⅡ
　　「講演を振り返り、質問力を高めるためのワーク」

表5　CEFトレーニングキャンプ

テーマ「北海道ＣＥＦの過去・現在・未来」
日時：平成 26 年 9 月 13 日（土）・14 日（日）
場所：定山渓ホテル（札幌市）
◆「キャリアアンカー・インタビュー」
◆「キャリアカウンセリングの基礎」
◆「北海道ＣＥＦの未来を描こう！」
講師：筑波大学名誉教授　渡辺　三枝子　氏

「キャリアカウンセリングの基礎」「北海道ＣＥＦの未来を描こう！」といったプログラムを実施した。

　「宿泊型」の研究・研修企画は、通常の学習会とは異なった時間の流れの中での「学び・対話」を生み出す上で貴重な経験となった。

（3）平成 27 年度

　平成 27 年度の学習会概要を表 6 -1、6-2、6-3 に表した。

　第 1 回学習会では、肢体不自由の学校や重度の知的障害の児童生徒が在籍している学校で課題となっていた、重度重複障害と言われる人たちのキャリア発達支援に焦点を絞った学習会を開催した。

表6-1　平成 27 年度第 1 回学習会

テーマ「重度重複障害教育におけるキャリア発達支援を考える」
日時：平成 27 年 7 月 18 日（土）13:15 ～ 16:45
場所：ＮＴＴ北海道セミナーセンタ（札幌市）
プログラム
◆ワークショップⅠ
　　「グループ内のチームワーク向上と思考を促すワークショップ」
◆講演：「重度重複障害教育におけるキャリア発達支援を考える」
　講師：国立特別支援教育総合研究所教育研修・事業部主任研究員　大崎　博史　氏
◆ワークショップⅡ
　　「重度重複障害と言われる人たちの『真の社会参加・貢献』を考える」

表6-2　平成 27 年度第 2 回学習会

テーマ「福祉と教育が真に連携した移行支援・就労支援を考える」
日時：平成 27 年 10 月 31 日（土）13:00 ～ 16:45
場所：札幌市生涯学習センターちえりあ（札幌市）
プログラム
◆ワークショップⅠ
　　「対話の関係を築くためのアイスブレイク」
◆対談：「福祉及び教育の立場から『移行支援・就労支援』を考える」
　　就労移行支援事業所あるば
　　　　　　　所長　吉岡　俊史　氏
　　北海道立特別支援教育センター
　　　　　　　所長　木村　宣孝
◆ワークショップⅡ
　　「福祉と教育の新たな連携の形を考える」

表6-3　平成 27 年度第 3 回学習会

「キャリアカウンセリングセミナー」
日時：平成 28 年 2 月 27 日（土）13:00 ～ 16:45
場所：札幌市産業振興センター（札幌市）
プログラム
◆ワークショップ及び講義
　「事例から学ぶキャリアカウンセリング」
　講師：筑波大学名誉教授　渡辺　三枝子　氏
◆鼎談　筑波大学名誉教授　渡辺　三枝子　氏
　　就労移行支援事業所あるば
　　　　　　　所長　吉岡　俊史　氏
　　北海道立特別支援教育センター
　　　　　　　所長　木村　宣孝

　第 2 回・第 3 回は前年度築いた福祉分野の人たちとのつながりを生かし、教育・福祉の職員が共に参加し、学ぶ機会とした。それぞれの分野の行政施策・情勢等を知ることから始まり、双方の立場から建設的なアイディアを出し合いながら新たな連携の形を模索したり、渡辺三枝子氏の指導のもと、同じ事例を前にしてキャリアカウンセリングの在り方を考えたりするな

ど、学校の教職員同士の研究協議とは異なった視野・発想の広がりが生まれ、ある意味画期的な学習会となった。

この経験によって、今後のキャリア教育の推進を展望するにあたり、他分野の人々、専門家とのコラボレーション、協働協議・検討の必要性を強く感じたところである。

平成 27 年度になると、すべての学習会において課題にアプローチするための「対話を促す」仕掛けをどのように組むか、という観点を重視してワークショップ等のプログラムを開発することに一層力点を置くこととした。これは、平成 25 年度までのファシリテーション・スキルやワークショップ技法そのものを課題解決に向けて取り入れるべく学んでいた頃から比較すると、これらを特に「対話を促す」ことに活用し、正解のない大きなテーマに近づくべく参加者相互の学びにどのように結びつけるか、という発展的な思考へと変化してきたと言うことができる。

キャリア発達支援研究会第 4 回北海道大会の大会テーマのキーワードに「対話」を掲げたのは、このような経過によるものである。

(4) 平成 28 年度

平成 28 年度は、キャリア発達支援研究会第 4 回北海道大会の企画立案事業と平行する形で、7 月に一度学習会を開催した。（表 7）

平成 27 年度の学習会コンテンツ開発時点から、教育課程改善とキャリア発達支援とを関連付けた学習会の企画については従来から取り組むべき話題と捉えていたところであり、同年の 8 月に文部科学省からいわゆる「論点整理」が出されて以降、ＣＥＦ事務局員の間では一層カ

表 7　平成 28 年度第 1 回学習会

> **テーマ「『カリキュラム・マネジメント』について考える」**
> 日時：平成 28 年 7 月 16 日（土）13:00 ～ 16:50
> 場所：札幌市産業振興センター（札幌市）
> プログラム
> ◆ワークショップ I
> 　　「アイスブレイク＆学習会参加目的の共有」
> ◆講演：「中教審『論点整理』の意義と『カリキュラム・マネジメント』について」
> 　講師：国立特別支援教育総合研究所教育支援部　主任研究員　武富　博文　氏
> ◆ワークショップ II
> 　　「自分にとっての『カリキュラム・マネジメント』の視点を考える」

リキュラム・マネジメントへの関心が高まり、学習会を開催するに至った。

(5) 平成 29 年度

平成 28 年 12 月、キャリア発達支援研究会第 4 回北海道大会を無事終えられたことは、我々にとって重要な礎となり大きな自信にもなった。この大会を契機として、今後の北海道ＣＥＦの歩みをどのように方向づけていく必要があるのか、この点は、現在の本グループの大きな課題である。

現在、事務局としては 29 年度からのコンセプトを「『異分野とつながるＣＥＦ』『異分野をつなぐＣＥＦ』、そして『広げる』⇔『深める』」を仮説として設定したところである。

福祉の分野とつながり、新たな学びを開発してきたＣＥＦが、より様々な分野の人たちとつながり、新たな価値を創造するような学びを模索するということである。

そのコンセプトのもと、札幌市を拠点にキャ

表8　平成29年度第1回学習会

> **テーマ「学校における組織の活性化と
> 指導的教員の役割」**
> 日時：平成29年8月19日（土）13:20～16:50
> 場所：札幌市手稲区民センター（札幌市）
> プログラム
> ◆講義：「学校における組織の活性化と指導
> 　　　　的教員の役割」
> 　講師：株式会社ユニバーサル・ジョブズ・イ
> 　　　　ンク代表取締役　宇治　由美子　氏
> ◆ワークショップ
> 　　　　「問題解決コミュニケーション」

リア・コンサルタントとして各種講演・研修等で活躍している、株式会社ユニバーサル・ジョブズ・インク代表取締役の宇治由美子氏を講師に迎え、8月に事務局員を対象とした学習会を試行的に開催した。（表8）

3．研究活動の成果と課題

（1）キャリア発達支援研究会第4回北海道大会の企画・運営

北海道ＣＥＦは平成22年度の発足以降、「参加型」「対話型」「トレーニング型」をキーワードに開発性と創造性を重視した学習会の企画・運営をし、そのノウハウを蓄積してきた。

そのノウハウを活用し、キャリア発達支援研究会第4回北海道大会は、北海道ＣＥＦがこれまでの「集大成」と位置づけ、主体となってその企画・運営に携わることで、全国の各学校の人たちとキャリア発達を支援する教育の充実に向けて「対話」を深めることができたことは、大きな成果と言うことができる。

また、北海道ＣＥＦが発足以来培ってきた「チームビルディング」の精神が目的に向かって取り組もうとする強い「協働体制」となり、

各々が役割意識を持って運営にあたることができたのではないかと考える。

（2）多様な業種との学びの創造

平成26年度以降、北海道ＣＥＦは発足以来の重要な目的であるキャリア教育の本質的理解についてその学びを進めながら、新たな学びの形を開発するというもう一つの目的に向かって、福祉をはじめとする異業種・異分野との結びつきを強め、同じテーマに対して同じ学びの場を共有することで、相互（キャリア）発達を促すことができたということは、大きな成果である。

共生社会を目指す特別支援教育の理念や、多様性を認め合いながら変化の激しい時代を生き抜く児童生徒を育てる教育を実現するためにも、今後も他分野と連携し新たな価値の創造を促すような新しい学びの開発を続けていかなければならないと考える。

（3）教職員の各ニーズ・各年代をつなぐ必要性

一方、教育関係の方に目を向けると、これからキャリア発達を促す教育の理念について本格的に学びたいと（潜在的な願いも含め）思っている教職員のニーズに応えていくようなコンテンツの開発が今後の課題である。

それは単純に基本的な部分を学ぶための学習会を開くということではなく、キャリア発達を促す教育を学ぶための様々なニーズや教職員の各世代を、対話を促すことによって相互に学び、相互に自己のキャリア開発していけるようなコンテンツである。

実際、北海道ＣＥＦの事務局員構成は平成29年度現在、管理職（スーパーバイザー）や

ミドルリーダー的な役割を担う教職員が多くを占めるようになった。今後、様々な立場・年代の教職員のニーズに応え、事務局にも参加してもらえるような仲間を増やすことで、多様な学習会のコンテンツ開発を促進し、北海道ＣＥＦの継続と発展にもつながるのではないかと考える。

４．おわりに

　本稿執筆の機会をいただき８年間にわたる北海道ＣＥＦの活動の変遷及び記録を改めてまとめることができたことは我々にとって幸いであった。

　北海道大会の機会を与えてくださったことに心より感謝申し上げたい。

第Ⅲ部 実践

第 2 章

キャリア発達を促す実践の追求

キャリア発達を促す小学部の授業づくり
～自ら活動しようとする姿・言葉や身振りで表現する力を育てる生活単元学習の授業づくり～

東京都立高島特別支援学校教諭　加嶋　みずほ

　10数年後、現在小学部に在籍する児童が高等部を卒業する。今後、児童を取りまく環境はめまぐるしく変化していくことが予測されている。小学部での学びは、子どもたちが将来、進展していく社会に自ら参加し、自分らしい生き方を実現するために、キャリア発達の基盤となる非常に重要なものである。豊かな未来を切り開き、「願い」や「思い」を実現していくためには、様々な活動に自ら参加しようとする姿勢や、やりたいことなど「思い」を他者に伝え、表現する力が必要となる。

　そこで、今回、知的障害特別支援学校に在籍する小学部6名の児童に対して、「自ら活動しようとする姿」を引き出すこと、「言葉や身振りで表現する力」を育てることをねらいとして、生活単元学習「カレンダーを作ろう　1・2・3月みーつけた」の授業を行った。本稿では、授業実践を通して、小学部段階の児童のキャリア発達を促す授業づくりについて考える。

◆キーワード◆　キャリア発達支援、授業づくり、小学部での学び

1．主題設定の理由

　知的障害特別支援学校の小学部に在籍する児童の中には経験不足や障害の特性から、興味関心の幅が狭く、意欲的に活動に参加することが難しい児童や気持ちを上手く表現することができず、適切でない行動で伝えてしまう児童がいる。例えば、感覚過敏により、造形の素材や楽器の音に不快感があり、活動に参加できなかったり、授業内容が新しく、知らないから怖い、怖い気持ちを上手く伝えられないために、その場から離脱してしまったりするなどの困難さを抱えている。困難さを抱えている児童の本来持っている学びに向かう姿勢を引き出すきっかけとなるのが授業でありたいと願っている。

　そのため、小学部段階では、児童の実態を踏まえ、児童が意欲的に参加しやすい活動の設定により、「人と関わる楽しさ」や「学ぶ面白さ」を経験し、「様々な活動に自ら参加しようとする姿」や「やりたいことなど思いを他者に伝え表現する力」を育てることを重視して授業を行うことで、児童のキャリア発達を促すことができるのではないかと考えた。

　そこで、知的障害のある小学部3年、児童6名を対象に、生活単元学習において、**「音楽や具体物など、様々な物を手掛かりとして活動に見通しをもち自ら活動しようとする姿」**を引き出すこと、また、児童が意欲的に参加することのできる音楽を使用した遊びや活動を通して、言語活動の充実を図り、**「言葉や身振りで表現**

する力」を育てることをねらいとして定め、単元の活動内容を構成した。

2．対象児童の実態について

個々の発達の課題に応じた指導を実現するため、既習事項の達成度の把握や日々の行動観察に加え、フォーマルアセスメントを実施した。

フォーマルアセスメントは、太田ステージ及び遠城寺式・乳幼児分析的発達検査の項目の一部を活用した。フォーマルアセスメントの活用により、認知発達・運動発達・社会性の発達など多様な面から重点課題を把握することができ、また、自己の実態把握の妥当性を確認することもできた。

| 障害種 | ●知的障害　3名 ●（知的障害を伴う）自閉症及び自閉傾向のある児童　2名 ●ダウン症　1名　　　　　　　　　　計6名 |

太田式\遠城寺式	Ⅰ-3	Ⅱ	Ⅲ-1	Ⅲ-2	Ⅳ
0	▲0歳9ヶ月				
1	●1歳2ヶ月	●1歳2ヶ月 ▲1歳2ヶ月	●1歳9ヶ月 ▲1歳9ヶ月 ※サイン2語文 D児　E児		
2	●2歳0ヶ月 ▲2歳0ヶ月	●2歳0ヶ月 ▲2歳3ヶ月	●2歳0ヶ月 ▲2歳0ヶ月	●2歳6ヶ月 ▲2歳6ヶ月 ▲2歳6ヶ月	F児
3	A児　B児　C児			●3歳4ヶ月 ▲3歳4ヶ月	▲3歳8ヶ月 ▲3歳8ヶ月
4				●4歳4ヶ月 ▲4歳4ヶ月	●4歳4ヶ月 ▲4歳4ヶ月

遠城寺式： ●言語理解　▲発語　◆対人関係　◯手の運動

「言語」面について
　日常生活で聞き慣れている言葉と状況、具体物、身振りなどを手掛かりに行動できる児童、簡単な言葉の指導で行動できる児童がいる。

「発語」面について
　身振りやサイン、カードを介して思いを伝えようとする児童から、単語と身振りを介して伝えようとする児童、TVアニメやゲームなどで覚えた言葉を使って表現する児童、自分なりの言葉で伝えようとする児童がいる。どの児童も他者に伝えようとする姿は見られるが、手段が少ないため、適切でない方法や行動で伝えようとしたり、使用する言葉の選択が間違っていたりすることがある。

「対人関係」面について
　友達の様子に合わせてやりとりしながら遊ぶことができる児童、友達が楽しそうに遊んでいると関心をもち、覗きに行ったり、真似て同じことをしたりする児童がいる。一人遊びの多い児童も、好きな遊びを介して、楽しい思いを共有し、自ら関わろうとする姿が増えてきつつある。

「手の運動」面について
　当初はどの児童も個別的な支援がないと進めることができなかったが、1学期からの積み重ねにより、少しずつ分かる作業について道具や素材を手掛かりに、自ら進めようとする姿が見られつつある。

3．単元計画及び学習内容について

本単元「カレンダーを作ろう　1・2・3月みーつけた」（以下　本単元）は、3学期に実施した単元である。学級集団で行う生活単元学習では、1学期は、児童の興味関心の高い、曲に合わせて身体を動かす活動を中心に学習した。2学期は、「桃太郎」の劇遊びと絵本作りを学習した。2学期までの生活単元学習や、各教科及び各教科等を合わせた指導における既習の学習内容を参考にできる活動やわかる活動を軸に活動内容を構成し、授業を通して、これまで身に付いた力や伸びてきている力を発揮できるように意図した。

写真1　「桃太郎」劇遊び

全17時間	単元計画
第1次 (5時間)	・手遊び「○月はなんだーろ？」 ・身体表現「冬の活動　さむいときにはともだちと」 ・1月と関連するゲーム「年賀状お届けゲーム」 ・カレンダー制作（台紙）
第2次 (6時間)	・手遊び「○月はなんだーろ？」 ・身体表現「冬の活動　さむいときにはともだちと」 ・1月と関連するゲーム「年賀状お届けゲーム」 ・2月と関連する劇遊び「鬼退治」 ・カレンダー制作
第3次 (6時間)	・手遊び「○月はなんだーろ？」 ・身体表現「冬の活動　さむいときにはともだちと」 ・1月と関連するゲーム「年賀状お届けゲーム」 ・2月と関連する劇遊び「鬼退治」 ・3年生の振り返りと4年生に向けた活動 ・カレンダー制作

	学習活動（11時間目/全17時間）
導入	(1)手遊び♪「○月はなんだーろ？」 (2)身体表現♪「さむいときにはともだちと」
展開①	(3)1月の活動と関連したゲーム 「年賀状お届けゲーム」 (4)2月の活動と関連した劇遊び 「鬼退治」
展開②	(5)制作活動「2017年カレンダーづくり」
まとめ	振り返り

4．具体的な学習活動と各教科との関連

本単元の具体的な学習活動と、各教科との関連について示す。

（1）手遊び「○月はなんだろ？」

12カ月の行事や季節をテーマにした曲に合わせて、関連する事物の写真やイラストが載っているカードをめくりながら、身振りや言葉で「あめ」「おもち」など関連する言葉を表現する活動である。児童が楽しみながら季節と関連する言葉を覚えたり、身振りで表現したりできるようになること、暦に関心をもつことをねらいとした。

写真2　活動の様子「○月はなんだろ」

> **各教科等との関連**
> 国語　●教師の話しかけに応じ、音声や簡単な言葉で表現する。
> 　　　●教師や友達の身振りや言葉を模倣しようとする。
> 音楽　●歌に合わせて簡単なハンドプレイや動作模倣をする。

（2）身体表現　遊び歌「さむいときには…」

曲に合わせて教員や友達と手をつないだり、その場で回ったりする活動である。曲に合わせて身体を動かす活動は、すべての児童が楽しんで参加できる活動である。導入時に行うことで楽しい気分で学習に臨むことをねらった。

> **各教科等との関連**
> 国語　●「くるくる」「手をつなぐ」などの言葉を聞いて、動きで示す。
> 音楽　●曲の変化に気づいて体の動きで反応する。
> 体育　●教師や友達と手をつないで歩く。
> 　　　●その場でくるくる回る。

（3）1月の行事と関連したゲーム：「年賀状お届けゲーム」

「おせち」「おぞうに」「かがみもち」のイラストが貼られたポストに、写真やイラスト、文字が書かれた年賀状をマッチングして入れる活動である。曲に合わせてポストの周りを回り、曲が止まったら投函するゲーム的な要素を加えている。年賀状の枚数や手掛かりとなる文字・イラスト・写真は、児童の実態に合わせ、一人一人異なるものにした。ゲームを通じて、お正月と関連する言葉を意識することをねらった。

写真3　活動の様子「どのポストに入るかな？」

> **各教科等との関連**
> 国語　●平仮名で書かれた語句を読む。
> 　　　●文字と絵カードをマッチングする。
> 　　　●絵カードと写真カードをマッチングする。
> 　　　●絵カードと絵カードをマッチングする。
> 算数　●対応させてポストに入れる。
> 音楽　●曲の変化に気づいて体の動きで反応する。

（4）2月の行事と関連した活動：劇遊び「鬼退治」

劇遊びを通して、節分の由来をおおまかに知ることができるよう構成した活動である。児童が自ら鬼役や子供役を決め、役に合わせた活動

を行った。子供役が鬼役の児童にボールを投げ、鬼役が落とさないように受け止める活動と、子供役が鬼役の児童が持つ鬼の顔のパネルに、いわしの写真カードを貼る活動を行った。劇遊びを通して、友達同士のやりとりが必然的に生まれるように設定した。

貼る」である。

写真6

写真4　活動の様子

写真5　活動の様子「まいったダンス」

各教科等との関連
国語　●簡単なごっこ遊びをしながら、やりとりを楽しむ。
　　　●言葉や発声、身振りを模倣して、表現する。
　　　●「せーの　ポーン」「ぺた」などの言葉を聞いて動作で示す。
音楽　●歌に合わせて歌ったり、簡単な動作で表現したりする。
体育　●ボールを相手に向かって投げる。
　　　●ボールを受ける。

（5）カレンダー制作

単元を通して、次年度のカレンダーを制作した。国語・算数や図画工作の授業を通して身に付けた力を生かし、自ら制作活動を進められるように配慮した。そのため、手順表や使用素材・道具は一人一人の実態に応じて、かごに入れて提示した。写真6は、「切る・貼る」工程で使用する素材・道具の提示の仕方であり、工程は「①写真の切り取り線に沿ってはさみで切る」「②写真の裏面に貼った両面テープの剥離紙をはがす」「③はがした剥離紙をカップに入れる」「④文字を手掛かりに切り取った写真を

各教科等との関連
国語　●平仮名で書かれた語句を読む。
　　　●文字と絵カードをマッチングする。
　　　●絵と写真カードをマッチングする。
　　　●絵カードと絵カードをマッチングする。
算数　●使用した道具を分類して片づける。
図画工作●両面テープをはがして、台紙に貼る。
　　　●線に沿ってはさみで切る。

5．学習評価及び授業改善

授業1時間ごとに到達可能な具体的な目標を設定し、授業を行いながら、目標が達成できたかを確認した。授業後、目標が達成できた場合には、次の目標設定を考え、目標が達成できなかった場合には、目標や手立ての妥当性について、再度検討し、最低1授業1改善できるように心がけた。

（1）達成可能な具体的な授業目標の例

3名の具体的な授業目標　事例 （活動　手遊び「○月はなんだーろ？」に対する目標）		
A児 (太田ステージ1)	C児 (太田ステージ2)	F児 (太田ステージ4)
めくりカードに目を向けたり、促しを受けて身振りの一部を大まかに模倣して表現したりすることができる。	めくりカードを見て、身振りで表現したり、歌詞の一部を覚えて動きを予測して自ら表現したりすることができる。	月と関連する言葉を覚えて、身振りや歌詞を表現したり、新しい振付けを考えて表現したりすることができる。

（2）D児に対する目標及び手立ての改善事例

D児に対して行った、目標や手立ての改善について事例を示す。

① 実態

D児		
障害種	自閉症	
太田ステージ	ステージⅢ－1	
遠城寺式乳幼児分析的発達検査	手の運動	4歳4ヶ月
	対人関係	2歳0ヶ月
	発語	2歳9ヶ月
	言語理解	4歳4ヶ月

② 手立ての改善例

授業目標を達成するための、手立ての改善

活動（1）手遊びに対する目標	★「○月はなんだろ？」の歌を歌いながら身振りで表現したり、タブレットPCに目を向け、季節の事物の名称を発言したりして興味をもつことができる。
目標に対する改善前の評価	当初、めくりカードに興味を示し、目を向けたり、めくりカードに書かれている文字は読んだりする様子はあったが、歌に合わせて歌う姿や、身振りを模倣しようする姿は見られなかった。
手立て改善の根拠	音楽や体育などでは自分の番と明確に分かる時には前に出ていきいきと表現することができる。
手立ての改善	表現する必要性をもたせるため、A児が手本役になるようにする。

手立て改善後の授業目標①に対する評価

◎曲に合わせて歌いながら、身振りで季節と関連する言葉を表現することができた。タブレットPCに目を向け、自ら季節の事物について、写真を見て発言したり、文字を読んで発言したりすることができた。

③ 目標の見直し事例

目標の検討及び見直し

活動（5）制作活動に対する目標	★手順表や、使用道具、素材を手掛かりにして活動に見通しをもち、線に合わせて切ったり、文字を手がかりに貼ったりして制作活動を進めることができる。
目標に対する改善前の評価	手順表により、活動に見通しをもつことはできるが、手順表だけの手掛かりではどのように進めたらよいか分からず、教師に助けを求める様子があった。
目標見直しの根拠	日常場面では、手順表を自ら確認して流れを把握している。しかし、1つ1つの活動は、友達の動きを確認しながら、「着替え」や次の授業の準備などについて、1番先に終わるように急いで行動していることが多い。
新しく設定した目標	★友達の動きや手順表、使用道具、素材を手掛かりにして活動に見通しをもち、線に合わせて切ったり、文字を手がかりに貼ったりして制作活動を進めることができる。

目標見直し後の評価

目標②に対して	◎友達が同じ工程で作業を進めていることで、安心して自ら、線に合わせて切り取ったり、文字を手がかりに切った物を貼ったり、自ら制作活動を行うことができた。

6．成果

本単元では、当初、アセスメントの結果や既習学習での達成度などから「できる」「わかる」活動を中心に、学習内容を構成することで、自ら活動に取り組もうとする姿を引き出すことをねらった。しかし、教員が主導する授業になってしまい、進んで楽しみながら活動に参加できる児童と、進んで学びに向かうことが難しい児童とに分かれてしまった。これに対して、児童が意欲的に参加しやすい音楽を活用した活動や身体表現を積極的に取り入れ、実態に応じて、児童が活躍できる場面を設定したり、活動に見通しをもち進んで取り組めるように、制作活動の提示方法など手立てを吟味したりしたことで、少しずつ児童自ら一つ一つの学習に取り組む姿や、教員や友達に自ら関わり、思いを表現しようとする姿が増えていった。さらに、授業以外の場面でも、他者に伝える表現方法の広がりや使用した教材を使って遊ぶなど余暇の広がりが見られた。

【授業の変化・児童の変化】

教師主導型：
　教員の指示が多い・教員の活動が多い・児童に対する静止が多い・やらせたい思いがつまりすぎている　など・・・

児童主体型：
　少ない支援や指示で児童が自ら活動しようとする・児童の活動時間が長い・児童のやりたい活動がつまっている・児童からの発信が多い　など・・・。

授業を通して見られた児童の変化

◎個々の目標を達成できた。
◎進んでひとつひとつの活動に取り組もうとする姿が増えた。
◎活動を通して児童同士で表情や身振りで意思を伝え合う姿が見られた。
◎教員の働きかけに対しても、積極的に応えようとする姿が増えた。

授業外で見られた児童の変化

A児	●友達がめくりカードをめくって遊んでいる様子を見て、遊びを中断して覗きに行く様子があった。その後、休み時間にめくりカードを自ら取り出し、めくって見る様子があった。 ●友達が歌う手遊び歌に合わせて、友達の示す身振りの一部をおおまかに模倣しようとする様子があった。 ●ちょっとした待ち時間（式が開始前、検診など…）が苦手だったが、めくりカードを見て待つことで落ち着いて待てるようになった。 ●家庭や放課後等児童デイサービスでもめくりカードを利用することで、待ち時間を落ち着いて過ごすことができつつある。
F児	●カレンダーを見ながら、関連する行事の日程を確認したり、経験したことのある行事について、「お正月おもちを食べた。」「7月になったらまた大きいプールに入れるかな。」などと話す様子があった。 ●四季の変化に興味をもつようになり、「こうようを見たい」「うみに行きたい」など家庭で話すようになった。

7．今後に向けて

　小学部段階では、意欲的に参加しやすい活動を構成し、人と関わる楽しさや学ぶ面白さを経験し、「こうなりたい」「こうありたい」という「思い」や「願い」を広げることで、豊かな未来に向けたキャリア発達の基盤を作ることができるのではないかと考える。

　これまでは、授業内で見られた目標に対する達成成度のみで評価を行っていた。しかし、「キャリア発達を促す授業づくりを実現するためにはどうしたらよいのか」という視点で授業を振り返り、児童の行動や発言に秘められた思いを探ることで、今まで見えなかった児童の内面が見えてきつつある。今回の実践では、児童の学びに向かう姿勢や言葉や身振りで表現する力を引き出すことはできたが、児童の内面の変化について詳細に捉えることは難しかった。

　そのため、今後は、行動を引き出している児童の内面に秘められている「思い」や「願い」をみとり、働きかける授業づくりを追及するとともに、児童の豊かな未来を見据え、児童にとっての学びの意義や妥当性について長期的な視点で評価していくことも必要であると感じた。

　まずは、児童が授業や日々の教育活動を通して、「できた！」「授業って面白い」「もっと学びたい」と思える授業づくりを目指して、実践を積み重ねていきたい。

写真7　休み時間「友達同士でまいったダンス」

【参考文献】
1）尾崎祐三・菊地一文監修　全国特別支援学校知的障害教育校長会（2013）知的障害特別支援学校のキャリア教育の手引き　実践編，ジアース教育新社
2）菊地一文編者（2012）特別支援教育充実のためのキャリア教育ケースブック－事例から学ぶキャリア教育の考え方－，ジアース教育新社
3）キャリア発達支援研究会編著（2016）キャリア発達支援研究3　新たな教育への展望を踏まえたキャリア教育の役割と推進，ジアース教育新社
4）文部科学省（2015）特別支援学校学習指導要領
5）中央教育審議会（2011）今後の学校におけるキャリア教育・職業教育の在り方について（答申）
6）武富博文・松見和樹（2017）知的障害教育におけるアクティブ・ラーニング，東洋館出版社
7）遠城寺宗徳（1960）遠城寺式乳幼児分析的発達検査法

Comments

　丁寧なアセスメントや既習事項の習得状況の把握のもと、各教科等を合わせた指導においても各教科の目標・内容等との関連が図られている。児童が様々な知識や技能を身に付け、感じたり・触れたり・考えたりする活動を通して、自ら主体的に活動に取り組む力や人と関わる力といった基礎的・汎用的能力へと結び付け、キャリア発達を促す授業改善が展開されている。

特別支援学校小学部における
キャリア教育の実践

千葉県立船橋特別支援学校長　國井　光男

　平成27年度、本校は小学部のみの学校となった。過密化解消にあたって、中学部と高等部が新設の特別支援学校（船橋夏見特別支援学校）に移転したためである。開校以来36年間、学校の諸行事や全校活動は生徒会が担当し、その主体は高等部が担っていたが、小学部と中学部・高等部の分離により、否が応でも小学部の子どもたちが学校づくりの主体となっていかざるを得ない状況となった。開校以来、初めて直面する状況にどのように対応していけばよいのか、大きな試練を迎えていた。
　この状況に道を拓いたのが『ピンチをチャンスに』及び『新生』との発想である。それまでは中学部・高等部の先輩方についていけばよかった、言い換えれば、活躍する場が限られていた小学部の子どもたちが、学校づくりの主役としていろいろな場で力を発揮し、活躍していく機会を得たのである。児童会及び各学級でのその取組と、それらを通して成長してきた子どもたちの様子をここで紹介する。

◆キーワード◆　小学部、学校づくりの主役、体験・経験が力、日々の積み重ね

1．学校の概要

（1）はじめに

　本校は、昭和53年9月に千葉県南西部の葛南地区5市（船橋・習志野・市川・浦安・八千代）を学区として開校した肢体不自由教育校である。以来、40年間、地区の肢体不自由教育の拠点としての役割を担ってきている。併せて、教育相談や通級による指導の推進など、地域支援にも積極的に取り組んできており、地区のセンター校としての実績を積み重ねてきている。
　平成27年度、県教育委員会による過密化解消の対策として、中学部と高等部が本校から新設の船橋夏見特別支援学校へ移転することとなり、本校は小学部のみの学校として再出発することになった。この分離により、170名を超す児童生徒たちで活気づいていた本校は、児童数64名と一気に規模が縮小した。小学部のみの小さな学校になったことで、学校力の低下や「子ども主体の学校づくり」の気運衰退の懸念も生じてきた。この状況を打破したのは『ピンチをチャンスに』の発想であり、学校の主役である子どもたちの底力である。
　小学部のみの学校になったことを『新生』と捉え、それまで本校の愛称であった『県船＝けんふな』を生かして『新生県船』と位置づけて、教職員と子どもたち、そして保護者が一体となって新たな学校づくりに懸命に取り組んできている。全校による総選挙で選んだ合言葉『元気いっぱい　笑顔いっぱい』のもとに、子ども

たちが『今日に満足し、明日を楽しみに待つ』学校生活づくりを目指して、今年度で3年目を迎えている。

（2）本校の教育目標

それまで本校が継続してきた教育目標を、分離した27年度に『新生県船』としてふさわしいものに変えていこうと検討し、小学部の子どもたちにとってわかりやすいものとした。

```
☆教育目標
　より、元気に　豊かに　主体的に
○元気に
・健康で安全な学校生活づくり
・日常生活の指導・支援を主として
・自立活動及び体育活動の充実とともに
・自然や季節に応じた環境づくり
・医療的ケアの実施の充実
○豊かに
・豊かな心を育む（感激・感動・感謝・笑顔・
　友だちや大人への思いなど）
・コミュニケーション力の向上とその実践
・日常からの道徳的な行動を大切にする
○主体的に
・自ら成長しようとする力を育む
・自分から自分で、受け止め、感じ取り、思
　い考え、表し伝え、取り組む気持ち・思い
　と実践する力を身につける

☆めざす子ども像
　元気で豊かな心をもち、主体的に学び取り
組み、たくましく生きる子ども

☆努力目標　　※抜粋
・子どもたちがより生き生きのびのびとした
　豊かな教育活動及び学校生活づくりの推進
・健康な「からだ」づくり及び摂食指導の充
　実
・児童一人ひとりのよさと力を生かし、成長
　への期待を込めた丁寧な指導・支援の充実
・魅力ある授業づくり・教育活動の推進
　他
```

2．本校のキャリア教育

本校では中学部・高等部がないことから、教職員及び保護者間で、より一層、小学部段階からのキャリア教育を意識していこうと努めてきている。将来へ向けてのキャリアアップと、人としての成長においてのキャリアップの双方向の2つの視点から捉えている。

将来へ向けての視点からは、中学部・高等部への進学及び卒業後の社会生活にあたって、どのような力や経験が必要か、それを身につけていくためにはどのような学習活動及び教育活動を計画すべきか、どのようなことを考慮して指導・支援にあたっていくべきか、指導計画を作成する際に教師間で検討し合うとともに、保護者とも十分に話し合う機会をもつようにしている。保護者にとっても大変関心があることから、今年度新たにPTAの活動として、進路指導の研修及び高等部卒業後の進路先の見学等を計画し、秋に実施する予定である。

人としての成長においての視点からは、学校生活の活動全般において、様々な経験や体験を積み重ね、その中で生きる力・働く力・人とかかわる力等々を子どもたち一人ひとりが培い、身につけていけるように努めてきている。小学部のみの学校となったことで、本校はこの視点からのキャリア教育実践が格段に推進しやすくなった。学級や学年の活動はもとより、学校全体においての活動にあたっての役割をも、小学部の子どもたちが務めていく状況になったからである。

学校生活における子どもたちの活動の取組の状況と、人として成長してきている様子を、次

の項で具体的に紹介していく。

3．子どもたちの取組と成長

（1）学校行事での取組

本校での大きな学校行事は、春の「運動会」と秋の「ふなっこ発表会」（分離前までは文化祭を開催していたが、小学部のみの『新生県船』になってからは学習発表に内容を変更した）である。

『新生県船』としての初めての運動会

分離前までは、当たり前のように高等部の生徒を中心に実行委員会が組織され、計画段階から当日の進行・運営まで、そのほとんどを担っていたのが、分離後は否が応でも小学部の子どもたちが担当しなければならず、『新生県船』初年度は暗中模索の状態の中での取組となった。

1年生から6年生までの学級・学年から選出された実行委員の子どもたちが一堂に会しても、何をどのように進めていけばよいのかがさっぱりわからず、しばらくは担当教員が懇切丁寧に説明し、それでもまだ不十分な子どもたちに対しては何度も繰り返して具体的に活動内容や取り組み方を指導・支援していく、という現状だった。これまでまったくと言っていいほど何も知らない、経験もしてこなかった子どもたちにとっては、見通しももてず、何にどのように頑張ればよいのか、見当もつかずに苦労している状況にあった。

それでも、学校で一番大きな掲示板に貼られた実行委員紹介コーナーの自分の写真を見る度に、また、廊下ですれ違う度に声をかけてくる教職員の励ましに、子どもたちは力を得て、「しっかりと頑張って成し遂げていくんだ」との気持ち＝意欲をもち続けながら、何度も実行委員会を開き、当日に向けての準備に頑張った。

当日までの準備として取り組んだ主な活動は以下のとおりである。　※順不同

・テーマ、スローガンの募集、投票、決定等
・当日までの日程計画づくり
・近隣及び自治会長へのあいさつ
・チラシ・ポスターの作成と配付
・『ふなっこ集会』の計画・準備・進行運営
・各学級・学年の準備活動の割振りと依頼
・お願いやお知らせ等の掲示物の作成と貼付
・児童会役員会との連携及び各係との連絡・調整　　　　　　　　　　　　　等々
※「ふなっこ発表会」においては、船橋夏見特別支援学校生徒会との連携（相互訪問してのＰＲ活動）及び「ふなっこ作品展」開催に向けての準備活動も。

とりわけ、これらの活動の中で特筆したいのは、自治会長さん及び近隣の家々へのあいさつ回りでの様子である。はじめは恥ずかしさと自信のなさから教員の後ろに隠れるようにしていたが、次第に各家の方々が応対してくださることに臆することがなくなり、しっかりと対面しながら、「こんにちは」とあいさつをし、訪ねた目的と合わせて当日についての紹介と案内を

2 特別支援学校小学部におけるキャリア教育の実践

伝えるようになったのである。その姿に感動するとともに頼もしさを感じた。子どもたちは、経験の中で学び、経験を重ねていく中で首尾よく成し遂げて自信を得ていくことを改めて思い知ることとなった。

　活躍してきたのは実行委員会だけでなく、児童会役員会もまた同様である。児童会は年間を通して委員会ごとに活動に取り組んでいるが、役員会はそのリード役・とりまとめ役として、日頃から忙しく活動している。併せて、「運動会」「ふなっこ発表会」では、当日の開会式・閉会式の進行・運営の役割も担っている。児童会の会長は児童代表のあいさつも行う。まさしく、当日の『扇の要』となって、大事な役割を担っている。まだ小学部の子どもでありながら、多くの来賓・来場者・保護者が一堂に会する中で開閉会式を執り行っていくことは並大抵のことではないが、事前に何度もリハーサルをしたり、家族の協力を得て家で練習したり、役員会の仲間同士が励まし合ったりして、これまで、見事に首尾よく成し遂げてきた。

　その頑張りと真剣に気合を込めて取り組む姿に来場した多くの方々（来賓や地域の方々、関係施設・機関の方々など）から、万雷の拍手と盛大な賛辞が子どもたちに贈られてくる。子どもたちもまた、笑顔いっぱいに成し遂げたことを仲間と一緒に喜び合う。とてもいい情景で、教職員や保護者も胸が熱くなる瞬間である。

　「運動会」は子どもたちの力強さとたくましさを、そして成長を心底から実感する一日である。

（２）学級・学年の活動から

　小学部だけの学校になったことは、子どもたちにとって、「お兄ちゃん」「お姉ちゃん」（中学部・高等部の生徒たち）がいなくなった淋しさとは裏腹に、自分たち自身で学校の役割を果たしていかなくてはとの思いを強くするとともに、自分自身のよさや力をのびのびと発揮していける状況がつくられていくことになった。子どもたち一人ひとりが様々な活動に存分に取り組み、日々、それらを積み重ねていくことで責任感が育ち、成し遂げていくことで「やればできる」との自信ももてるようになってきたのである。

　そのよりよい変化・変容は、児童会役員会や実行委員会という一部の子どもたちに限ることではなく、１年生から６年生までの子どもたち全員に見られるようになっていった。学級生活や学年活動をはじめとして、各授業での取組や特別活動においても、子どもたちの主体的な姿が多くなってきたのである。それらの一端を活動ごとに紹介する。

【係の仕事】

　学級ごとに工夫しながら『一人一役』の役割を設け、それを仕事と称して毎日繰り返し取り組むようにしている。出欠席状況や健康状態を

「ふなっこ発表会」のスローガンを
けんふな集会で発表する児童会役員会

記した保健カードを保健室まで届けに行く係や下校方法を校内に掲示されているボードに記入する係、その日の日付をカレンダーで明示する係、お天気を見て適する絵カードを掲示する係、朝の会や帰りの会を進行する係、音楽（ＢＧＭ）を得意なタブレット操作で担当する係、等々である。毎日繰り返していく中で、どの係の子どもも見通しがもてるようになり、自分から自分でとりかかり、首尾よく成し遂げられるようになってきている。

【畑の活動＝畑仕事】

中学部・高等部が使っていた校内にあるいくつもの畑（本来は花壇として作られたレンガ囲いの小規模な「畑」が校内に10か所程）が空いたことから、それらを学級・学年ごとに活用しようと年度始めに割り振りを行い、それぞれに畑の活動に取り組むことになった。

どんな野菜をいつ、どのように作付けていくかは、学級・学年で相談して決めていった。夏野菜やサツマイモをはじめとして、学年によっては紙の材料となるケナフを育てたり、理科の学習として稲を植えたりするなど、それぞれの願いや目標に向けて作付から収穫までの活動に取り組んだ。

計画（学級・学年での話し合い）は順調だったが、畑仕事は初めてという子どもも少なくなく、実際に取り組み始めると大変な状況が続出した。車いすから降りて畑に敷いたシートに座ったり横になったり動きやすい姿勢を見つけることから始まり、土が手足に付いて泣きそうな顔をしている子どももいれば、種を風に飛ばして遊んでいる子どもも。それでも、教員が一緒になって声をかけながら根気よく支援してい

くうちに、一人ひとりそれぞれのやり方で畑仕事に取り組み、みんなで力を合わせて苗植え・種まきを成し遂げて喜び合った。それからも、水やりをしたり、成長していく野菜を観察したりしながら野菜を育てていった。その努力の甲斐あってたくさんの実りがあり、笑顔いっぱいに収穫に取り組んだ。

春・夏・秋と畑仕事に取り組んだことは子どもたちにとって楽しみながら働くという貴重な経験となり、保護者からも「思いもしなかった畑仕事でのわが子の頑張りを大いに褒め称えました」と連絡帳に喜びが記してあった。

【調理学習の取組】

中学部・高等部と分離する前までは、過密化によって調理室が学級の部屋として使われていたために調理学習を実施する機会がなかったが、分離によって調理室が復活し、高学年を中心に各学級が実施計画を立案してきた。

これまでに、学校でも家庭でも一度も経験してこなかった子どもたちにとっては未知の調理学習に、教員間でも期待とともにどのような状況になるのか不安が募ったり、保護者からも心配する声が届いたりした。それでも、「本校の子どもたちにとっては何より実際に経験すること・体験することが一番！」との担当教員の熱い思いから、5年生・6年生の各学級が取り組むことになった。

畑仕事の成果が、この調理学習においても生かされた。畑でそれぞれに育て収穫した野菜を食材にしたことで、子どもたちは関心を寄せ、その食材でおいしいものを作りたいとの意欲が高まったのである。教員が作り方（調理方法等）や道具の活用を工夫したこともあって、か

ぼちゃでスープを作ったり、サツマイモをふかした後に加工してスイーツに仕上げたり、初めての活動とは思えないほどの頑張りようであった。

　友だちや担任と一緒に楽しみながらの調理活動は、子どもたちにとって良き経験となり、「私にも・僕にもおいしいものが作れるんだ」との自信にもつながっていった。その思いは家庭生活にも広がり、中には休日に母親と一緒に台所で料理をするようになったとのうれしい報告も届いてきた。一つの経験、しかも首尾よく成し遂げた経験・体験は、教員が思う以上に子どもたちをたくましく成長させてくれるものである。

（3）多様な活動の取組から

　経験・体験・実感そしてかかわり＝コミュニケーション等を大切にしていこうとの目標・方針を明確にしたことで、授業や学級・学年の活動等において、様々な活動が計画され、実践されてきた。

☆校外学習で、コンビニに出かけて必要物品を買ったり、郵便局に出かけてお世話になった人への礼状を出したり、近くの公園に遊びに行ったり、公民館にある図書コーナーに行って好きな本を読んだり借りてきたり・・・等々。

☆校外学習では、みんなで電車に乗ってショッピングモールに出かけて買い物したり食事を摂ってきたり、隣の市にある産業科学館や動植物園に出かけて学習で学んだことを実体験してきたり、広々とした公園で楽しく遊んだり・・・等々。

☆電子黒板やパソコン、タブレット等のＩＣＴ機器を活用して、自分の力で好きなことや国内外のいろんなことを学んだり、訪問学級の友だちと回線を繋いでテレビ会話をしたり、スイッチを工夫して多種多様な自動装置を動かしたり・・・等々。

☆近隣の小学校との交流（年に4回）では、相手校に出向いて車いす操作や介助者としての留意点を説明したり、本校が会場の時には代表が歓迎のあいさつをした後に各学級で用意したゲームをしたり、本校独自の踊りをみんなで披露して一緒に楽しんだり。この交流を通して、同世代の子どもたちと友情が芽生え育まれてきていることもうれしいことである。

4．おわりに

　本校が小学部のみの学校になって2年半…。環境の変化に伴い、学校が小規模になったデメリットがあることは否めない事実ではあるが、しかし、それらをはるかに凌ぐ想定外の「良さ」も数多く生み出されてきた。

○ 子どもたちの頑張りや活躍する姿が、学校に活気と豊かな空気を生み出してきたこと。

○ 教職員の子どもたちに対する見方・捉え方、期待感が変わってきたこと。子どもたちを頼りにすることの意味と意義を体感し得たこと。

○ 保護者の方々もまた同様に、わが子を肯定的にみていくようになったこと。期待する気持ちが膨らんできたこと。

○ 子どもたちの活動に精一杯に取り組み、活躍する姿を見て、確認できて、家族のみんなが喜び、家庭においても話題に挙がり、子ども本人もまた気持ちが明るく豊かに

第3部 ｜実践｜ 第2章 キャリア発達を促す実践の追求

なってくること。

　何より、子どもたち自身が多様な活動を経験し体験し、成し遂げてきた達成感・成就感を味わい、その中で自信もつけてきていること。人として成長してきていること…。このことこそ、

キャリアアップの何よりの証である。

　子どもたち自身が主体的に取り組み、その積み重ねの中で豊かな学校生活を築いていくことこそが、子どもたちから学んだ特別支援学校においてのキャリア教育の本質である。

Comments

　学校づくりの主役として活躍していく機会を得たことで、目標の達成を目指して工夫し努力することの大切さを学び、自信や有用感を高めている。自分たちの力で学校をつくるという経験は、自分の力で自分の人生をつくるという意識や仕事に対する責任感、学習全般に対する「学習意欲」の向上につながり、将来設計の基盤となる「夢や希望」を育んでいく。

3 子供たちの可能性を追求する
~教科専科制とオリンピック・パラリンピック教育の取組を通して~

東京都立光明学園主任教諭　逹　直美

　東京都立光明学園は、平成29年4月1日に肢体不自由教育部門と病弱教育部門の2部門を併置する特別支援学校として開校した。母体校である旧光明特別支援学校は、日本で肢体不自由教育を初めて行った公立学校として肢体不自由教育85年の伝統を積み上げ、旧久留米特別支援学校は、都内における病弱教育の一大拠点として80年の伝統を積み上げてきた。こうした歴史ある両校の教育的蓄積と伝統・文化を継承し、さらに発展させることが本学園に求められている。
　ここでは、肢体部門の主に中学部の実践に焦点をあて、年々重度化する児童生徒の可能性をどのように引き出していくのか、家庭科の専科制と学校のプロジェクト事業であるオリンピック・パラリンピック教育活動(自国の文化・他国の文化)の取組の概要と、子供たちのキャリア発達を促すためのキーワードについて紹介する。

◆キーワード◆　障害の重い子供のキャリア発達、可能性の追求、教科専科制、学びの連鎖（教科連鎖）

1. はじめに

(1) 学校の目指す姿と学校目標

　本校では校訓を可能性の追求として「学園生一人一人は、自分の可能性を信じて努力する」ことと「教職員及び専門家等は総力を結集し、学園生一人一人の可能性を徹底的に追求する」ことを目指し、以下の学校目標を掲げて実践している。

○ 自らの夢の実現に向けて、確かな学力を身に付ける。
○ 健康で心豊かに、安全に生活する力を身に付ける。
○ 互いの人格を尊重し、豊かな人間関係を築く力を身に付ける。
○ 自己の役割を担い、協力・協働して主体的に自立・社会参加する力を身に付ける。

(2) キャリアとの関連

　子供たちのキャリア発達を支援する上で学校の目指す姿や教育目標との関連づけは、教育実践をする上での根幹の部分であると考える。キャリアの文言は入っていないが目標に掲げている「夢の実現」「確かな学力」「生活する力」「人間関係」「役割」「協力・協働」「主体的」「社会参加」は、キャリア教育推進における必須のキーワードである。また「可能性の追求」という校訓は、教職員が、学齢期の12年間を通して、子供たちのキャリア発達を培い、同じベクトルで将来を見通しながら可能性を引き出すという指針になる。

2. 教科の専科制を通して、子供たちのキャリア発達を支援する

(1) 教科の専科制

平成26年度から高等部における教科の専科制がはじまり、専科の教員は、生徒の学習編成グループすべての授業を受け持つことになった。

教科の専科制を導入した理由としては、第一に教科の専門性を高め、教科の特性を生かした指導をすることにより、授業の質向上を目指すことにある。また、生徒の学習集団編成であるグループに複数の専科教科の視点が入ることで、生徒の実態を多面的にみることができ、子供たちの可能性を伸ばすことにある。

(2) 中学部の家庭科専科の実践
① 家庭科とキャリア教育との関連

家庭科では「生徒の生活の基盤となる家庭や家族の機能を理解し、衣食住などの生活にかかわる基礎的・基本的な知識及び技術を習得する」こと、「生活の自立を目指し、家庭生活をよりよく豊かに創造しようとする能力と態度を育成する」ことをねらいとしている。

自己の在り方や生き方を生活の視点から総合的に捉え、主体的に創造するのが家庭科である。中学生の時期は、生徒が生活の自立を目指す中で、人々に支えられて生活していることに気付くことや、自分も家庭生活を支える一員としての自覚をもち、生活をよりよくしようとする態度を育成することが大切である。体験的な学習活動を通して、充実感や成就感を実感させるとともに、自分の将来の生活をイメージできるように支援することで個々のキャリア発達が促されると考える。

② 「私のプロフィール」の作成

家庭科専科として自立活動を主とする課程から準ずる課程まで中学部6グループの学習編成集団を指導している。中学部では、医療的ケアを実施する生徒も多く、自ら意思を表出することが難しい生徒がいる。そこで、子供たちの将来の生活をイメージするために「私のプロフィール」を作成した。保護者に生徒の得意なことをアンケートで聞き取った。さらにそのプロフィールを基に教員間で意見交換しながら生徒の夢・願いを見いだした。このことで障害の重い子供たちの願いや保護者の願いを教員間で共有することができると考えた。また、様々な体験や授業実践後に、生徒の興味・関心が拡がることでプロフィールが変容することにも期待した。

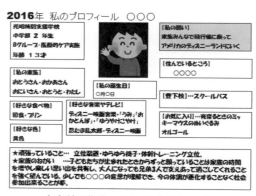

家庭科で作成した私のプロフィール

③ 同じテーマで学ぶ意義

どんなに障害が重くても子供たちは、学びたいという気持ちを持っている。12年間の学齢期の中で多様な興味や関心を促し、一人一人の実態に応じて授業で学んだ力を卒業後の生きる力につなげていくことが大切だと考える。「障害が重いから○○することは難しい」ではなく、潜在する子供たちの可能性に言及しながら、「ど

うしたら〇〇できるのか」を考えて取り組むことが必要である。

　そこで、オリンピック・パラリンピック教育の一環として自国の文化・他国の文化をテーマに、中学部の全課程の生徒が人・物・事に出会う機会を意図的に設け、実態に応じたねらいを明確化して取り組んだ。

（3）プロジェクト事業の推進

　オリンピック・パラリンピック教育のプロジェクト事業は、2020年の開催に向け、東京都が平成26年度から推進している事業である。障害者スポーツの取組に加え、平成27年度から高等部の知的代替の課程の職業・家庭で取り組み、平成28年度は、家庭科専科を中心に、各教科と連携し、中学部全課程の生徒が取り組んだ。職業・家庭では「自分の役割を理解し、他の者と協力して作業や実習をする」「家庭生活における余暇の過ごし方が分かる」という目標がキャリア発達支援につながる。新たな学園となった平成29年度は、東京都教育委員会より、「オリンピック・パラリンピック教育アワード校」に選出され、学校の取組として、肢体・病弱部門全学部全学年で実践することになった。

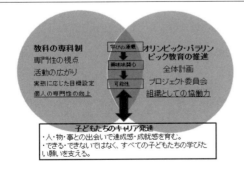

3．オリンピック・パラリンピック教育を通して子供たちのキャリア発達を支援する

（1）オリンピック・パラリンピック教育基本方針

　本事業では「4×4の取組」…オリンピック・パラリンピックの精神とオリンピック・ムーブメントの3つの柱を併せた4つのテーマと4つのアクションで教育活動を推進している。

＜4つのテーマ＞
■オリンピック・パラリンピックの精神
■スポーツ■文化■環境

＜4つのアクション＞
● 学ぶ…子供たちが主体的に基礎的な技能や知識を身に付ける。
● 観る…子供たちが興味や関心をもち自ら抱いた疑問や課題を解決するために実際に観る。
● する…経験したり体験したり交流する。
● 支える…多くの子供たちが活動を支える役割を担い、ボランティアマインドや社会貢献の心の熟成を目指す。

（2）身に付けたい5つの資質と活動内容

　平成29年度の当学園の重点テーマは「日本人としての自覚と誇り」である。

① ボランティアマインド

　少子高齢化が一層進むこれからの時代にあっては、社会に貢献しようとする意欲や他者を思いやる心などのボランティアマインドを育むことは、共生社会を目指す中で不可欠な要素である。障害のある当校の子供たちにとっては、自尊感情を高める上でも、ボランティア活動は非常に効果がある。「支える」活動を通じて、発

達段階に応じたボランティアに関わる取組を意図的に推進することで、自分もできるという自尊感情を高めていくことをねらいとする。

＜具体的な活動内容＞

・障害者スポーツ大会でのデモンストレーション（ボッチャ）

・小・中学校・高等学校との交流会の運営

・地域行事でのボランティア体験

② 障害者理解

　障害の有無にかかわらず、全ての人々が、同じ社会に生きる人間として、互いを正しく理解し、共に助け合い、支え合って生きていく力を身に付けることは、真の「共生社会」を実現する上で非常に重要である。障害者スポーツの体験を通して様々な交流を行い、多様性を尊重し、障害を理解する心のバリアフリーを浸透させる。

＜具体的な活動内容＞

・小学校・中学校・高等学校と障害者スポーツ「ボッチャ」を通した交流

・障害のある社会人や先輩から、大学進学や就職などや自立生活について学ぶ

・光明オリパラニュースの発行及び掲示

③ スポーツ志向

　スポーツは、心と体の健全な発達を促し、人生をより充実したものとする。障害があることで身体を自由に動かしにくい子供たちにとって、スポーツに親しむことは重要である。子供たちが、様々なスポーツを体験することにより、フェアプレーやチームワークの精神を身に付けるとともに、体力の向上や健康づくりに自ら意欲的に取り組む態度を養い、心身ともに健全な人間へと成長させる。

＜具体的な活動内容＞

・授業内外における障害者スポーツの取組と各種大会参加及び生涯学習での啓発

・オリンピック・パラリンピックの学習教材を活用し、知識を深める

④ 日本人としての自覚と誇り＝自国の文化

　子供たちが、世界各国の文化を尊重しつつ、外国の人と積極的にコミュニケーションをとるためには、まず、子供たち自身が日本の良さを十分理解することが重要である。また、我が国には礼節を重んじ、他者を思いやり、マナーを守り、助け合って生活する国民性がある。こうした規範意識、公正・公平な態度や公共の精神などを改めてしっかりと身に付けることにより、自分を見つめ直し、日本人としての自覚と誇りを持てるような教育を進める。

＜光明学園の具体的活動内容＞自国の文化

・茶道・書道・華道・邦楽の外部専門家の招聘

・地域の行事の中でお茶会の開催

・邦楽演奏者による鑑賞会

・光明書き初め大会の開催

・伝統文化と作業学習の連携

・オリパラ応援メッセージの作成

⑤ 豊かな国際感覚＝他国の文化

　東京 2020 大会に向け、東京に世界中から多様な人々が集まり、子供たちが世界の方々と交流する機会も増える。このため、子供たちが英語力を身に付けることはもとより、相手の意図・考え方を的確に理解し、世界各国の人々と臆せず積極的にコミュニケーションを図ろうとする態度を育成するとともに、世界の多様性を受け入れる力を身に付ける。

＜具体的な活動内容＞他国の文化

- アメリカ人など外国の講師を招聘し外国の文化や外国の歌で英語を学ぶ
- オリンピック・パラリンピック給食…世界の国の料理をテーマにした献立を給食で紹介
- 世界のみなさんこんにち輪…全学習グループで学校に割り振られた国について興味・関心のあることを調べ掲示する

4．教科の専科制とオリンピック・パラリンピック教育とのコラボレーション

本校におけるこれまでの取組からキャリア発達を促すキーワードについて紹介する。

（1）オリパラ授業のねらい

オリパラ授業においては、「すべての子供が同じテーマで学ぶ」「体験や活動を通じて学ぶことを重視する」「計画的・継続的に教育を展開する」の3点を大切にし、次の4つのねらいを設定した。

① 日本の伝統文化「茶道学習」を基軸に自国の伝統文化や他国の文化を学ぶ。
② 自ら学んだ事を発表することを目指し、主体的に学ぶ意欲や態度を育む。
③ 地域の外部講師を招聘し、人・物・事との出会いの中で役割を担い、自分でもできるという自己肯定感を育む。
④ 学ぶ意味を理解し、さらに各教科への興味・関心を促し主体的に学ぶ力を育む。

（2）日本の伝統文化を学ぶ（自国の文化）

平成28・29年度は、茶道・書道・華道・邦楽の外部講師を招聘し、自国の文化に親しみ、興味・関心を拡げるようにした。

① なぜ茶道を学ぶのか

「お茶を点てる作法により精神を修養する」千利休の言葉である。社会経験の機会の少ない肢体不自由の子供たちにとって、「お菓子をどうぞ」「お先に頂戴します」というやり取りを通して相手への心配りに気付くことができる場面がある。単に作法を学ぶだけでなく、おもてなしの心や互いを尊重し合うことを学ぶねらいがある。また「一期一会」今この時の出会いは二度と同じものはなく、かけがえのないものであるということや「和敬静寂」の一字一字の意味を伝え、日常生活の中で茶道の精神が活かされるように取り組む。

本物を感じる…茶道教授と茶室のしつらえ

② 多様な感覚を刺激する

茶道教授には、毎回着物を着て来校していただき、教室を茶室にしつらえ、できる限り本物を感じることができるように環境を整えた。このことで非日常的な空間ができ、子供たちは五感への刺激を受けることができると考えた。

抹茶の香り、お湯の沸く音、茶道具の感触、

抹茶を点てて、いい表情を見せる

流れる琴の曲など障害の重い子供たちもそれぞれの力で五感をとぎすませ楽しむことができると考えた。参観された自立活動を主とする課程の保護者からは、「普段見られない表情が見られた」という感想が寄せられた。書道や華道でも同様に五感への刺激が期待できる。

③　教材教具の工夫と操作性の向上

上肢に障害のある子供たちにとって茶道の茶筅を握ったり、書道の筆を持ったりすることは難しいことである。しかし、茶筅を持ちやすくする補助具や指筆など教材教具を工夫することですべての子供たちが参加できると考えた。また、学習への意欲が高まることで、自ら上肢を動かすなど操作性が向上することにも期待でき、自立活動との取組を活かすことができると考えた。

茶筅の補助具

書き初め大会での様子

④　感謝の気持ちを表す

華道や邦楽を取り入れた理由の一つに、外部講師への感謝の気持ちを表すために何ができるかを考えることが挙げられる。自立活動を主とする課程に学ぶ生徒も花をオアシスにさすことはできる。みんなで協力して作ったアレンジを「おもてなしの花」として紹介する場面を設定した。取組内容とねらいを明確にすることで、全課程の子供たちが感謝の気持ちを表すことができると考えた。同じ目的で、音楽専科と連携し、学んだ邦楽の演奏を外国人講師に紹介する取組を行った。

感謝の気持ち＝おもてなしの花

⑤　学びの連鎖

茶道は、衣（和服）、食（抹茶・お茶・お菓子）、住（床の間・畳・建具）、歴史、季節感、日本人の精神文化など、様々な要素を授業に取り入れることができる。さらに「国語」「地理歴史」「家庭」「外国語」「理科」「特別活動」等、関連する教科や学習活動と効果的に組み合わせることで学びの連鎖が生まれる。様々な学習の機会は、生徒の豊かな感性や創造力を引き出すことに期待でき、「学びの連鎖」は、生徒の新たな学習意欲につながると考える。

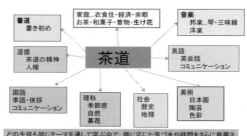
伝統文化：茶道から広がる学びの連鎖

⑥　実態に応じて目的を明確にする

中学部全課程で同じテーマで学ぶために各グループの実態に応じた目的を明確にすることが必要であると捉えた。

各教育課程における学習の目的
（一例：茶道学習）

自立活動	知的代替	準ずる課程
【目的】 ・伝統文化である茶道に親しむことができる。 ・支援者と一緒に茶筅をもち、抹茶を点てることができる。 ・茶道を通じて、季節を感じ取ることができる。 ・★味覚・触覚・視覚・聴覚・嗅覚を活かして取り組む	【目的】 ・伝統文化である茶道に親しむことができる。 ・茶道の道具に関心をもつことができる。 ・支援者と一緒に茶筅をもち、抹茶を点てることができる。 ・茶道を通じて、季節や自然を感じることができる。 ・冬の季語を考えることができる。	【目的】 ・茶道の歴史や茶道におけるいろいろな作法に関心を持ち、茶道に親しむことができる。 ・相手を思いやる気持ちや敬う気持ち、感謝する気持ちを大切にしながら取り組む。 ・「和敬清寂」「一期一会」利休七則」などの言葉から茶道の精神を学ぶ。

各グループの実態に応じて目標を明確にする

（3）外国の文化を学ぶ（他国の文化）

　平成 27 年度は、高等部の知的代替と準ずる課程で取り組み、ペルー・中国・アメリカの方を招聘し、その国の言語・自然・文化の紹介や食文化交流を行った。平成 28 年度は、中学部全課程で取り組み、アメリカの方を招聘し、言語・自然・文化の紹介と音楽を通して交流を深め、平成 29 年度も継続している。

① なぜ外国の方との交流を取り入れたか

　生徒たちの日常には外国語に親しむ機会も多い。また TV やインターネットを通じて外国の情報が得られ興味関心をもつ子供たちがいる。

アメリカの紹介

　しかし、実際に外国の方とふれ合う機会は少ない。外国人の講師に来校いただき、一連のやり取りを通してコミュニケーション力の向上や外国への興味・関心をさらに拡げ、学習意欲の向上をねらいとした。

② 学んだ事を活かす～自国の文化の紹介～

　高等部の知的代替の課程の生徒は、茶道の学びを外国人講師に紹介する活動を行った。茶道の心得である一期一会や和敬静寂の言葉の意味や茶道具の説明を紹介した。自分の役割を自覚し、担当する道具の紹介する文章を考えるなど主体的に学ぶ姿が見られた。「外国人講師から教えてもらう」という受動的な授業から「外国の人に伝統文化を伝える」能動的な授業を行うことができた。自分でもできたという成就感が達成感につながり、その自信が自己効力感を育むことになると考えた。

茶道の説明をする生徒（平成 27 年度）

③ 授業を公開する

　自国の文化・他国の文化を学ぶ授業は、すべて公開として自由に保護者に参観してもらった。生徒にとって

学習発表会の様子

は、保護者に自分の姿を見ていただくことで意欲を持って取り組むこができ、保護者にとっては、普段見られない子供の姿に気付くことができる。保護者にとっても子供たちの可能性に言及する機会になると考えた。

④ 学習発表会

　自国の文化・他国の文化の授業のゴールとして、各グループ興味・関心をもった学習内容を発表する機会を設けた。当日は外部講師や保護者も来校して学びの集大成の場とした。中学部全課程の生徒が参加し、各グループそれぞれパ

ネル1枚に学んだ生徒の様子を掲示し、各生徒が「茶道」「書道」「華道」「邦楽」の中から主体的にパフォーマンスすることを選び体験の様子を発表した。

5．成果と課題

　自立活動を主とする課程に学ぶ子供たちが、様々な活動に取り組む中で　学習への期待感や興味を表す豊かな表情を見せる場面が見られた。障害の重い子供たちの内面の成長を見いだす力が私たち支える側に求められていると考える。また、外部講師からの一方向の授業ではなく、子供たちの能動的な学習の場面を意図的に設定したことは主体的な学びとなった。

　取組を推進するために、中学部では生活単元担当者会議を行い、授業が円滑に進むように情報共有しながら進めることができた。今後も推進するための組織編成が必要であり、今後学校全体で取り組むためには、取組内容と各教科等の教育内容との関連を整理し、効果的に組み合わせるなどカリキュラム・マネジメントが必要である。

6．おわりに

　オリンピック・パラリンピックのプロジェクト授業は、できる・できないで捉えず、「やってみよう」「できない部分は外の人の協力を得よう」「難しい場合には軌道道修正する」など柔軟で前向きな考え方を共有しながら課題を解決し、以下のことを大切にして取り組んできた。
1　学校全体で組織的に取り組む
2　学習のねらいを明確にする
3　各教科との関連を考える
4　体験学習を重視する
5　学習したことを生活の中で般化する

　意図的な人・事・物などの出会いは、子供たちに新たな刺激を与え、様々な学びを生じさせることができる。自分でもできた体験が自信につながり、チャレンジする勇気を育む。そこで得られた力が生きる力となり、子供たちが学齢期を終え社会に巣立つとき、各自の人生の中で活かせることに期待している。平成29年度は、オリパラ教育の学校全体計画が作成でき、肢体部門・病弱部の両部門全学部の生徒が取り組む体制が整い、すべての子供たちが学ぶ体制がとれるようになった。今後も各教員の得意な部分や各自の専門性を活かしながら外部の人と繋がり合い、学びの連鎖を学校全体で拡げながら、子供たちの可能性を引き出していきたい。

【参考文献】
・光明学園学校要覧
・東京都オリンピック・パラリンピック教育実施方針（平成28年1月東京都教育庁）

> **Comments**
>
> 　学校目標や校訓等を踏まえて、教科専科制というシステムを生かしながら学部全体や学校全体を俯瞰したキャリア発達支援の取組が推進されている。東京オリンピック・パラリンピックの開催を見通した「学ぶ・する・観る・支える」という社会参加の在り方を、外部専門家の活用を通して「本物」に触れる体験とともに現在や将来の学習・生活と意図的に関連付けている。

4 生徒の「内面」の変化を捉え、キャリア発達を支援する教育活動の展開

金沢大学人間社会学域学校教育学類附属特別支援学校教諭　三宅　和憲

　本校では、平成20年度から平成24年度までの5年間、ICF（国際生活機能分類）の理念に学び、教育実践研究を通して、児童生徒の思いや願い、強みに着目すること、児童生徒の行動の変容だけでなく、「内面」の変化を捉えることの大切さを学んだ。また、平成25年度から平成28年度までの4年間、児童生徒のキャリア発達を支援する教育実践研究に取り組んできた。
　本稿では、中学部の実践事例として、2年間の取組と女子生徒A子の変容を紹介する。中学生として向き合う現実的な課題があり、仲間と協力しながら物事を達成し、自己効力感を得ながら次の活動への意欲を高められる教育活動について、A子の内面に焦点を当てる。

◆キーワード◆　ＩＣＦの理念、生徒の内面、自己効力感、中学部

1．本校の概要

　本校は、金沢大学人間社会学域学校教育学類に附属する特別支援学校であり、知的障害のある児童生徒が在籍している。定員は小学部18名、中学部18名、高等部24名である。
　金沢市中心部に位置し、日本三名園の一つである兼六園や、金沢城公園に近接している。平成25年度に創立50周年を迎えた。
　過去5年間の高等部卒業生の進路状況は、卒業生42名の内、企業就労12名、就労移行支援事業利用3名、就労継続A型事業利用2名、就労継続B型事業利用15名、生活介護事業利用9名、職業訓練等1名である。

2．本校のキャリア教育の概要

　本校では、平成20年度から平成24年度までの5年間、ICF（国際生活機能分類）の理念に学び、研究主題を「一人一人のニーズを読み取り育てる取り組み」（平成20～22年度）、「一人一人の自己実現につながる学校生活の再考」（平成23・24年度）とし、教育実践研究を行った。
　この間の研究の中で、児童生徒の思いや願い、強みに着目すること、児童生徒の行動の変容だけではなく、「内面」の変化を捉えることの大切さを学んだ。
　学習活動においては、児童生徒に問いかけや働きかけを行いながら、活動中の発言等、振り返りの発表や記述、エピソード等から、児童生

徒の内面の変化を「要求」「既有知識」「自己認識」「自己効力感」の観点から捉えようと試みてきた。

> **要求**
> 　児童生徒の「やってみたい」という思いや願い
> **既有知識**
> 　児童生徒の現在持ち得ている知識
> **自己認識**
> 　何ができて何ができないか等、児童生徒の自分自身に関する知識
> **自己効力感**
> 　このことは確かにできるという、児童生徒の根拠のある自信

　この内面の変化を促す教育実践を、キャリア発達の視点から捉え直し、更なる深化と学校のあり方の改善を目指し、平成25年度に文部科学省「特別支援教育に関する実践研究充実事業」を、平成26年度から平成28年度までの3年間、同「キャリア教育・就労支援等の充実事業」を受託し、研究主題「キャリア発達支援の視点による小中高12年間を見通した学習活動の充実改善」を掲げ、児童生徒のキャリア発達を支援する教育実践研究に取り組んできた。

　本校では、「キャリア発達」を「**子どもたちが経験を通して、自分や自分に関係性がある全ての事象に対する知識や認識を、より現実に即して新たにしていくこと。その営みを繰り返しながら、自分らしい生き方を実現していくこと。**」と捉え、小学部、中学部、高等部で実践研究を行ってきた。

３．中学部における生徒の　キャリア形成を促す教育活動

　児童生徒がその子らしく精一杯生きる力を育むことを目指す本校の教育において、中学部の3年間を、「集団の中で、他者を認めつつ、自己理解を深める時期」と捉え、基礎的な知識や技能を高めるだけでなく、仲間と学び合いながら生活経験を広げ、自信を深め、社会の一員として自分らしく生きていくことを願っている。

　中学部段階の生徒たちが個々のキャリアを形成していく学習機会の一つとして、仲間たちと思い切り取り組める教育活動を計画・実施している。

　中学生として向き合う現実的な課題があり、仲間と協力しながら物事を達成し、自己効力感を得ながら次の活動への意欲を高められる学習活動である。以下に実践事例として、2年間のA子の取組と変容を紹介する。

４．作業製品の販売会に向け、　生徒の内面を捉えながら　展開した授業実践
〜２年間のＡ子の取組と変容〜

　中学部では、大学キャンパスの大きな畑でポップコーンを栽培している。総合的な学習の時間に位置付け、畑作りから栽培、収穫までの一連の活動に1年生から3年生までの全生徒が力を合わせて取り組んでいる。

　また、縦割りの学習集団で構成された生徒たちが、作業学習の中でポップコーン（豆）を製品化し、販売活動を担っている。

　各教科等を合わせた指導における、これらの学習活動の関連は次の通りである。

4 生徒の「内面」の変化を捉え、キャリア発達を支援する教育活動の展開

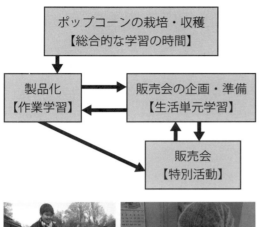

【左】耕耘機を操作しポップコーンの畑を耕す生徒
【右】ポップコーンの粒外しの工程を担当する生徒

(1) 平成27年度の実践
① 失敗したくないA子の変容

　平成27年度、生徒たちが、自分たちの作業製品を、自信を持って販売できるよう、また客に喜んでもらえるよう、接客についての学習活動に重点を置いた単元を計画・実施した。

　「失敗したくない...。」A子（当時1年生）が、他の授業場面でも失敗を避ける傾向にあることを、彼女の発言やエピソード等から推察していた。

　初めて経験する学習発表会での販売（11月）に向けた開店準備や接客等の事前学習では、失敗しないよう他の生徒の様子を見ながら活動に取り組んでいた。

　客に喜んでもらえるように、どのように接客するかを学ぶ事前学習では、当初、俯いて小声で話す姿が見られたが、校内で焼菓子と飲み物を販売している高等部のカフェで、実際に買い物を体験し、先輩たちの姿から接客を学んだ。

　「気づかなかった。」と呟いたA子。これまで持ち得ていた接客に関する既有知識を、この事前学習における学びを通して、新たなものにしていった。販売準備を進めていくにつれ、A子の笑顔も増えていった。

　販売会当日は飲み物の販売を担当し、笑顔で積極的に客に対応するA子の姿が見られた。販売会に向けた学習活動を重ね、接客することのイメージをより明確に持ち、実際の販売会の場では緊張しながらも、力を発揮している自分に自信が持てるようになったと捉えた。

初めての販売会で、客に笑顔で商品を手渡すA子
（1年時）

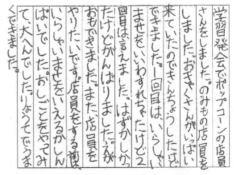

販売会後のA子の作文（1年時）

② 附属中文化祭で見られた A 子の自信
　　～他の場面への広がり～

　本校中学部は、附属中学校と交流活動を行っている。販売会前の 10 月、中学校の文化祭の場で本校の学習発表会を案内する生徒を募集したところ、A 子が手を挙げた。予想外であった。販売会に向けての学習活動を通して得た自信や、中学校の生徒たちに自分たちの店に来てほしいという思いが、このような形で現れたのだと推察した。

　附属中学校の文化祭当日、大勢の生徒の前で、友だちと 3 人で堂々と発表する A 子がいた。

（2）平成 28 年度の実践
① 1 年時の自信がもたらした A 子の新たな思い

　翌 28 年度の 9 月、生徒たちは、仲間と汗をかきながらポップコーンの収穫を行った。

　2 か月後に控えた学習発表会での販売について具体的に考え準備を進める単元を設定した。生徒たちが個々の活動性を向上させながら意欲的に取り組むことができるよう、種々の活動で構成した。

　本単元の目標、主な学習活動、期待する生徒の姿は次の通りである。

単元の目標
・ポップコーンの販売活動や準備に意欲的に取り組む。　　　　　　　　　　　　　【関心・意欲・態度】
・新しく商品化するポップコーンの味について、自分の意見を伝えたり友だちの意見を聞いたり、調べたりする。　　　　　　　　　【思考・判断・表現】
・喜んでもらえる接客の方法について知る。 　　　　　　　　　　　　　　　　　【知識・理解】
・店員となってポップコーンの調味をしたり盛付けをしたりする。　　　　　　　　　　　【技能】

主な学習活動
・集客を増やす方法について考える。
・自分たちで聞き取りして調べる。
・喜んでもらえる接客を知る。
・店員として調理したり接客したりする。

期待する生徒の姿
・課題達成のために、考えたり工夫したりしようとする。
・活動に思い切り取り組む。
・個々の目標に向かって意欲的に取り組む。
・他者の意見を聞いたり自分の意見を伝えたりする。
・友だちを意識したり、友だちと協力したりする。
・達成感を味わい自分に自信を持つ。
・自分や友だちの良さを知る。

　販売会について考える授業で、「昨年より多くのお客さんに来てほしい。」「商品をたくさん売りたい。」「（ポップコーンの）味を増やしたい。」と A 子から意欲的な意見が出された。A 子に続き、他の生徒たちも「チョコレート」「いちご」「しょうゆ」「カレー」…と自分の意見を伝えて同調する姿が見られた。

　生徒たちの新しい商品への期待の高まりに着目し、新しく商品化するポップコーンの味を決める活動を本単元の中核とした。

　ポップコーンの味 10 種の内、一つを商品化していく学習のプロセスの中で、自分の意見を伝えたり友だち（他者）の意見を聞いたりする活動や、他の作業種の生徒や教員に試食してもらい投票という形で人気の味を自分たちで調べる活動を盛り込んだ。自分たちのつくった新しい味のポップコーンを試食してもらうとき、友だちに投票してもらうとき、開票の結果、新しい商品がカレー味に決まったとき、この学びの

4 生徒の「内面」の変化を捉え、キャリア発達を支援する教育活動の展開

中での生徒たちの表情は印象的なものであった。

新しく商品化する味が決定し、生徒たちは気持ちをさらに高め、ポスターやチケット、各種表示の作成、商品の調味や接客の学習等、販売会に向けてさらに準備を進めていった。

期待しながら開票を進める女子生徒とＡ子（2年時）

店のポスター作りに意欲的に取り組む男子生徒

販売会当日、生徒たちのポップコーンの店は多くの客で賑わった。ポップコーンの調味をし、客に提供していく。商品を待つ客の列に目を配り、待たせないようにと配慮しながら調味を続けるＡ子。担当している調味の活動に疲れを感じながらも、他の生徒たちと協力しながら懸命に取り組む姿が見られた。

「大変だったけど、楽しかった。」ポップコーンの販売を終えた後のＡ子のやり切った表情から達成感や充実感をうかがい知ることができた。

販売会でポップコーンの調味を担当するＡ子（2年時）

5．実践を振り返って

失敗することを避け、自信がない様子のＡ子であったが、事前学習を通して接客することへの自信を持ち、一年目の販売会では笑顔を交えながら積極的に客に対応できるようになった。この経験は、「自分はできる」というＡ子の自己効力感を高め、二年目に「昨年より多くのお客さんに来てほしい。」「味を増やしたい。」という強い思いを生み出したと推察する。

「次は飲み物を考えたい。」販売会を終えた振り返りの場面でのＡ子の発言である。この言葉に、二年目の手応えとＡ子の新たな思いを知ることができた。

一つ一つの経験を重ねながら自信を深め、生徒たちから「〜したい」という新たな思いが芽生えてくる。この思いや願いは、生徒たちの活動性を向上させ、新たな目標に向けて自己の力を発揮させる原動力となっていく。仲間たちとの学び合いの中で、この営みを繰り返し「自分の良さ」を強く認識していくのではないかと考える。

「内面」の捉えについては、教師の推察の域ではあるが、生徒のキャリア形成は、その内面

で行われている。キャリアを形成していく過程へのアプローチとして、生徒の行動の変容だけではなく、「内面」の動きや変化に着目し、キャリア発達を支援していくことを今後も組織的に取り組んでいきたい。

6．おわりに

A子のエピソードを一つ紹介したい。

体育の学習活動を契機として、平成28年の5月、A子は県の障害者スポーツ大会に参加した。大会前にはあまり練習ができなかった。競技一つ目の種目はグループ内2位の好記録だったが、二つ目の種目では思うような記録を残すことができなかった。グループ内の他選手の記録を知り、目に涙を浮かべていた。力を発揮できず悔しかったのだろう。

翌29年度の同大会の参加を募集したところ、A子が再び参加の意思を示した。競技練習ができる機関を紹介してもらい、定期的に練習に参加し、腕を上げたようだ。29年度の県大会では練習の成果を発揮し、好記録を残した。すごく嬉しかったであろう。後日、A子は全校生徒の前で表彰された。

県の推薦を受け、A子は愛媛県で開催される全国障害者スポーツ大会への参加に意思表示をした。新しい目標に向かって挑戦しようとするA子の姿勢の現れである。

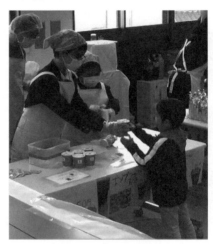

小さな子に優しく商品を手渡す生徒たち

【参考文献】
1) 金沢大学人間社会学域学校教育学類附属特別支援学校　平成26年度研究紀要
2) 金沢大学人間社会学域学校教育学類附属特別支援学校　平成27年度研究紀要
3) 金沢大学人間社会学域学校教育学類附属特別支援学校　平成28年度研究紀要

Comments

キャリア発達を促す教育課程の構造化が同校の特徴となっている。エピソードやポートフォリオ等をもとに、生徒の内面の育ちを丁寧に振り返る質的な事例研究に取り組んだ貴重な実践である。内面の育ちを4つの観点から捉えようとした試みが大変興味深く、生徒の確かな育ちを促した要因と捉えることができる。「拍車が掛かる学び」の在り方の基盤として参考となる。

5 知的障害特別支援学校における
キャリア教育の在り方
～中学部段階におけるキャリア発達を促すための取組～

茨城県立水戸飯富特別支援学校教諭　岡本　功

　本校中学部では、キャリア教育全体計画を作成し、キャリア教育目標を「自己の理解を深め、夢や希望をもって、将来の生き方や生活を考え、自ら学習に向かう生徒」と設定し、「自分の役割を理解し、かかわる力を育てる」「様々な教育活動、体験を通して働きたいという願いを抱くとともに、自己肯定感を育てる」「夢や希望・目標に向け、自分の課題を自主的に解決できる力を育む」ことを目指して実践を行っている。そのための取組として「教育課程の見直し・改善」「授業の見直し」を行った。中学部という時期は、人間関係も広がり、自分の役割や責任の自覚が芽生えてくる時期である。また、葛藤や経験の中で、生き方を模索し、夢や理想をもつ時期である。自らの役割や将来の生き方・働き方についてしっかり考えることができる教育課程、学習活動について生徒の発達段階に合わせて展開していくことが重要であると考えている。

◆キーワード◆　ワークキャリア、ライフキャリア、キャリア発達、職業体験

1．本校のキャリア教育

　本校は、茨城県水戸市にある知的障害教育特別支援学校である。小学部から高等部まで設置されており、児童生徒合わせて254名が在籍する。水戸市を中心に常陸大宮市、城里町、大洗町を通学区域としており、県央地区の知的障害教育を担っている。

　本校では、各部の経営目標について共通した5本の柱を設定し、その柱の一つとしてキャリア教育を中心に指導を行っている。さらに、キャリア教育全体計画を作成し、目標を「自分らしい生き方を実現する力」とおさえ、小中高一貫したキャリア発達を促す指導を目指し、普段の授業づくりを大切にしている。

　中学部では、自立と社会参加に向けて経験してほしいこととして、「夢や希望をもち働くことの大切さを知る」＝「はたらきたい」という気持ちがもてる経験ができることを大切にしている。自分のため、人のためなど「はたらく」動機は様々であるが、小学部で培った力を生かした主体的な気持ちがなければ、高等部でどんな専門的な知識も重なっていかないと考えている（図1）。

　そこで、本校における中学部のキャリア教育の経営目標を「夢や希望を見つけると共にその実現に向けて必要な基礎的スキルを育てる。」、具体的努力事項として、「キャリア発達を考慮

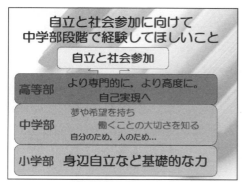

図1　各学部段階で経験してほしいこと

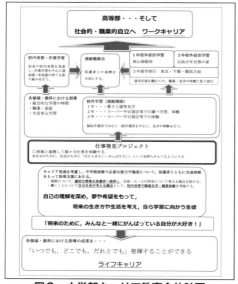

図2　中学部キャリア教育全体計画

し、働くことに関する授業実践、体験学習の機会を設定し、職業に関する知識や達成感・成就感を得るようにする。併せて夢や希望をもつことができるようにする。」「進路懇談会を設定し、保護者と進路に関する課題を共有し、進路についての意識を高められるようにする。」とした。

職員で共通理解ができるよう、中学部のキャリア全体計画を作成し（図2）、キャリア教育の目標を「自己の理解を深め、夢や希望をもって、将来の生き方や生活を考え、自ら学習に向かう生徒」と設定し、「将来のために、みんなと一緒にがんばっている自分が大好き！」を合言葉に日々の授業を実践している。生徒一人一人のキャリア発達を支援すべく「自分の役割を理解し、かかわる力を育てる」「様々な教育活動、体験を通して働きたいという願いを抱くとともに、自己肯定感を育てる」「夢や希望・目標に向け、自分の課題を自主的に解決できる力を育む」ことを目指して実践を行っている。

2．キャリア教育実践内容

（1）教育課程の見直し・改善
　　　（ワークキャリア）
① 校内実習、就労体験、作業学習

これまで、本校では中学部3年生を対象に、福祉施設での「就労体験」や福祉施設で行っている作業内容をもとに「校内実習」を行ってきた。しかし、「夢」や「希望」を重視した指導を進めていくことで、校内実習や就労体験に対し具体的に将来を考える生徒だけでなく、「私の将来はタオルたたみなの？」など学習した内容との矛盾からくる不安な気持ちをもつ生徒が増えてきた。そこで、中学部のキャリア発達段階を鑑み、就労体験を「仕事発見プロジェクト」として、近隣の一般企業などと連携をして、大工や花屋など様々な業種を体験できる学習活動を設定した。また、校内実習も作業学習を中心に行うこととし、見通しをもって作業に取り組み、達成感や充実感がもてるようにした（図3）。

生徒たちは、事前に体験したい3つの職業を選ぶことで、選んだ職業について調べたり、教師に何が大切か確認したりする様子が見られた。

当日は、初めての経験が多く、仕事の難しさや厳しさを実感するとともに、仕事をするために、そして仕事を続けるために大切なことを実感することができた。

図3　仕事発見プロジェクト

② 校外学習の系統性

就労体験などの見直しに伴い、校外学習における進路に関する見学等も、卒業生が働いている企業などを中心に実施するよう検討した。

1、2年生で生徒が働きたい地域の企業（菓子工場、ホテル等）を見学することで、仕事発見プロジェクトなどと関連付けて、具体的な夢や希望がもてるようになった（図4）。

3年生ではショッピングモール等で実際に仕事を体験することで、「自分でもこれならできそうだ」「あいさつをしても返事を返してもらえなかった…もっとはっきり言わなくちゃ」といった進路を考えていくうえで大切なことに気づいていけるようになった（図5）。

図4・5　校外学習における職業見学・体験

③ 各教科等における学習内容の整理

進路の学習を中心に「職業・家庭」「総合的な学習の時間」「生活単元学習」における学習内容の整理を行った。様々な仕事があることを「知る」ことを中心に「職業・家庭」で学び、どのような仕事か「調べる」ことやどんな仕事をしたいか「考える」ことを「総合的な学習の時間」で取り組むよう整理をした。そして「生活単元学習」の行事である校外学習として学んだことを生かせるような学習をしていくことを共通理解した。

（2）授業の見直し（ライフキャリア）

中学部としての共通理解として、様々な教科等で学習したことを日常生活に般化したり、応用したりできることが、キャリア教育であることを教職員間で再確認し、重要であることを共通理解して、日々の授業を大切にするようにした。

① 実践1「大人になる木」

総合的な学習の時間において、PATH

(Planning Alternative Tomorrows with Hope：希望に満ちたもう一つの未来の計画、以下PATHとする）の手法を取り入れた指導を行った。PATHは、「本人の願い」を受け、本人と関係の深い支援者が複数の目で検討して「支援目標」を検討する方法である。教員や保護者、友達と一緒に得意なことや苦手なこと、将来の夢や希望、そしてそれをかなえるための課題について考える学習を行った。

自分の夢・希望を実現するために、自分を理解し、何を今頑張らなければならないか、より具体的にイメージできるよう「木（夢・希望【果実】）（長所・短所【葉】）（努力すること【種】）」にたとえて表現できるようにした（図6）。

図6　各クラスの掲示された「大人になる木」

学習後には仕事について、「職業・家庭」や「校外学習」「仕事発見プロジェクト」で体験した学びを意識し、夢や希望をもって自分の目標や苦手なことに向かう姿が見られた。さらに、教師に指導されたり、苦手なことを克服したいと考えたりしたときに、生徒が主体的に種（＝努力すること）を増やしていき、常に意識することができた。年度末の反省では、種の内容が深まっていたり、葉（＝得意なこと）が増えていたりしたことで達成感を得ていた（図7）。

図7　学年で活用している「大人になる木」

② 実践2「わかる できる もっとやりたい」

本校が掲げるグランドデザインでは日々の教育活動を高めることを最も大切にし、テーマを「わかる　できる　もっとやりたい」として、実践に取り組んでいる。

A子は、アンジェルマン症候群（S-M社会生活能力検査　測定不能）で、足元が不安定、細かい動作が難しい等、活動が限られてしまっている。そのため、手をつないで歩く活動は友達に手伝ってもらうといった実態である。そこで、努力したことを正しく評価されることで自信をもち、活動がより主体的になり、自分のもっている力をさらに発揮できるようになると考え、指導を行った。「友達が活動をする」→「同じように決められた活動をする」→「教師に褒められたり、教師とかかわられたりすることができる」という流れで対応した。流れを理解し、頑張った分だけ、より教師とかかわることができることを理解することで、最初は手をつないで歩いていたが、ものを持って歩いたり、一人で段差をこえたりするといった様子が見られた。できることが自信につながり、さらに自分がもつ力を発揮しようと、友達が机を運んでいる姿を見て、同じように運ぼうとしたり、教

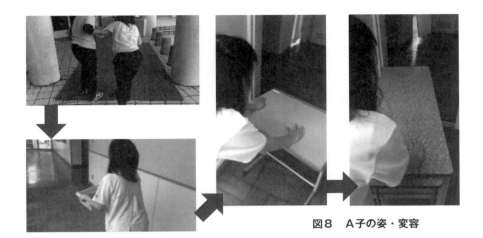

図8　A子の姿・変容

師が運んでいる机を代わりに押そうとしたりする様子が見られた（図8）。

③　実践3「係活動におけるキャリア発達」

　中学部の朝の会や帰りの会の場面において、発語のない生徒に対しタブレット端末を用いて、独力で会の進行に取り組むことを目指して指導した。

　生徒に学んでほしいのは、意思の伝達を声で伝えることは難しくても、タブレット端末等を用いることで、苦手なことを代替できるということを理解することである。自分の意思を伝えられるように支援を「つなげて」いくことは、キャリア教育における「基礎的・汎用的能力」として大事なことであると考える。

　そこで、第1段階として「帰りの会の進行を独力で行う」ことをねらいとして取り組み、生徒が達成感とともにタブレット端末の有効性を実感できることを目指した。第2段階の指導として、自分自身の達成感を認め、他者に伝えられるよう「今日がんばったことの発表」を伝えることができることをねらった。

　操作に関しては短時間で理解でき、教師の補助がなくても形式的な進行ではなく、話し手の様子に合わせて進行することができるようになった（課題対応能力）。「タブレット端末を使うのは楽しい」「なんだかみんなが反応してくれるのがうれしい」という様子が見られ、タブレット端末を活用して主体的に帰りの会に取り組むことができた（図9）。

図9　タブレット端末を使用している様子

　他者へのかかわりに対して、タブレット端末が有効だと生徒が実感してきたことから、より具体的に伝えられる場面として意思表出の場面を設定することにした。1日の中で一番頑張ったことを発表することで、タブレット端末が自分の考えを伝えられるツールでもあることを実感できるようにした（図10）。教師とやり取り

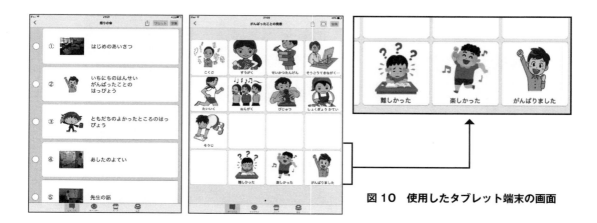

図10　使用したタブレット端末の画面

をしたうえでの自己選択であったことから、生徒も自信をもって発表する様子が見られた。慣れてくると頑張ったことのみでなく、楽しかったことや難しかったことなどを選んで表現することもあり、自分を見つめ、選択する活動としても成果が得られた（自己理解・自己管理能力）。コミュニケーション手段を得ることで、帰りの会の時間にも積極的に他者にかかわろうとする様子が見られた（人間関係形成・社会形成能力）。

3．成果と今後の課題

中学部という時期は、人間関係も広がり、自分の役割や責任への自覚が芽生えてくる時期である。また、様々な葛藤や経験の中で、自分の生き方を模索し、夢や理想をもつ時期でもあると捉えている。社会における自らの役割や将来の生き方・働き方等についてしっかり考え、あこがれをもつことのできる教育課程、学習活動について生徒の発達段階に合わせて展開していくことが重要であると考える。そして、自分の取り組むべきことや役割を理解し、主体的に取り組めるようになるのではないかと考える。このような試行を通して、中学部のキャリア教育目標である「自己の理解を深め、夢や希望をもって、将来の生き方や生活を考え、自ら学習に向かう生徒」の育成を目指したい。

Comments

中学部段階は、周囲の環境が変わるとともに心身も大きく成長する不安定な時期であるが、この時期の多様な経験が将来にあこがれをもち、「なりたい自分」像を描くことにつながる。「自分の木」の実践は、本人の「願い」や「気づき」を可視化していく点がとても興味深く、授業のみならず教育課程全体を視野に入れた取組としての効果が期待される。

6 高等部国語科の中で育ちあう自己表現

横浜わかば学園教諭　梁田　桃子

　本校は、肢体不自由教育部門と知的障害教育部門高等部併置の特別支援学校である。知的障害教育部門高等部の生徒は、職業人として社会の中で前向きに生きていくことを目指している。様々な授業や校内実習、現場実習、さらに肢体不自由教育部門の児童生徒や、地域の方々とのふれあい等を通して、自立と社会参加に必要な「生きる力」を身に付けられるようにしている。そのためにキャリア教育の考え方を踏まえて授業を展開している。どのような授業においても生徒たちが日常生活や、社会生活で活用できる「生きる力」を身に付けられるような授業内容を精選し、工夫している。本稿では私が担当している高等部国語科の様子を紹介する。生徒たちのキャリア発達を意識し、生徒たちが自分の気持ちを積極的に表現できることを中心に「高等部国語科の中で育ちあう自己表現」と題した実践を報告する。

◆キーワード◆　知的障害、高等部、国語

1．はじめに

書いた答えを消す生徒

　私が本校に着任して国語の授業を受け持つことになり、見えない不安と緊張があった。中学校での経験は多少あったが、特別支援学校で行うのは初めてだったからである。担当したのは高等部1年生。授業が始まってとても驚いたことは、生徒たちが自分の答えを消すことであった。授業の中で内容を提示し、「思ったことを自由に書いてごらん。その後、答え合わせをしよう。」と声をかけた。その時、生徒たちは考えたことを思い思いに書いていた。それがいざ、全体で答え合わせを始めると、赤ペンではなく、消しゴムを持ち始めるのだ。「どうしたの？」と聞くと「間違っていたから消します。」と答える。「正解は1つではないから消さなくていいよ。間違えてもいいんだよ。」と返したが、どうやら自信がないことや「正解を書きたい。」という気持ちがあることに気づいた。

　それからしばらく私の口癖は「答えは消さないでね。」自己肯定感の低い生徒たちが少しでも「自分の気持ちを楽しく表現してほしい。」それが私の授業の目指すところとなった。

2．生徒の様子

　「自分の気持ちを表現すること」が好きな生徒は自信があるため、楽しそうにバラエティに富んだ言葉を上手に使って創作する。自己表現が苦手な生徒は、国語での自己顕示欲が低い。

「どうせ私にはできない」と、考えるのを諦める生徒もいる。生徒Aは、体育では意見を活発に話し、リーダー性も発揮する。しかし、国語では考え込むことが多かった。Aには諦めないこと、格好良く書かなくてもいいこと、考えが行き詰まったら相談するように指導を続けた。3年生になった今は少しずつ自信がつき表現力が増してきている。

生徒の実態や本人たちとの対話の中から、様々な見本やヒントを出すように意識しているが、想いをつぶさないように、意識的にヒントの出し過ぎにも気をつけている。また、悩んだら自分から相談するように伝えている。

3．授業実践

（1）自己紹介

4月には自己紹介を行う。国語で「なぜ」「何のために」自己紹介をするのかの意識付けを目指した。自己紹介を通して、自分を知ってもらうこと。知ってもらうためには話し方を工夫すること。さらに話を聞く人の姿勢がとても重要になることを話した。発表を聞く際の座る姿勢や相手への拍手。表情や歓声などが「話し手」の安心感につながることを教え、逆に話をする

写真1

とき、どのように聞いてもらえると安心して話せるかを意識してもらいたいと思った。

学年が上がるにつれて様々なテーマを取り入れた。写真1は2年生が「わたしの好きなもの」を紹介している様子である。人前で話すことも多少慣れてきて、互いに好きなものを発表しあい盛り上がっていた。自己紹介こそ、生徒自身がお互いに興味関心をもてるチャンスだと思った。

（2）絵本　読み聞かせ

絵本の読み聞かせでは、部門の異なる肢体不自由教育部門の児童生徒に授業で聞いてもらうことを目的とした。

1年生から取り組んできた詩の朗読の授業で学んできたことを活かしてほしいと思った。そのため、絵本の読み聞かせの授業の前に詩の朗読を行った。ある2つの作品の中から、自分が朗読したい作品を選択し、読みたい者同士で班を作った。そしてどのような雰囲気で朗読するか話しあうことにした。そのとき、心がけていたことは私の実況中継である。「この班の工夫は面白いね。」「他の班にはない工夫だね。」と全体に聞こえる声で言うようにした。そして、発表会。その中で出てきた様々な工夫を確認した後、絵本の読み聞かせの授業に入った。

この授業は図書室で行い環境を変えた。まず、一緒に朗読する仲間を2～3人で作り、仲間と絵本を一緒に選ぶ。絵本を選ぶポイントは自分が面白いと思うこと。絵が見やすいもの。選べたら、とにかく本を読み込み、どの場面を朗読するか決める。発表時間は約10分。絵本を紹介するポイントは『私も読んでみたい』とわくわくしてもらうこと。全部読んでしまうと「今度読んでみよう」と思う人は減ってしまうから

場面を切り取ること。そして、発表するときには絵本を選んだ理由や「こんなところがいい」「こんな方にオススメ」なども紹介できるように伝えた。

　生徒たちは最初工夫があまり思いつかなかった。そのとき、肢体不自由教育部門の児童が図書室にやってきて担当教諭が児童に読んでいるのが聞こえてきた。これは偶然だった。その教諭はメロディーに乗せながら読んでいた。それを聞いたあるグループの生徒が『自分たちが選んだ絵本もメロディーに乗せたい』という話になった。何のメロディーにしようかとアイディアを出しあい、自信のない生徒も懸命に食らいついた。それを聞いた他のグループも影響された。声に抑揚がつき表情が豊かになった。あるグループは絵本に出てくるクジラを画用紙で作った。絵本から、クジラが飛び出してきたかのような演出をしてみんなをあっと驚かせていた。発表会で児童生徒たちから大絶賛！さらに、発表した生徒同士「面白かった」「耳から離れない」と言いあっており、生徒たちのほめ言葉の種類も増えていると感じた。

　人前で話したり、聞いたりすることを大事にする授業を重ねるごとに、お互いを思いやる気持ちも高まり一人ひとりの成長が見られる。ま

た「想い」を発表し、拍手などの称賛をあびた生徒の表情は達成感に満ち溢れていた。書くことや発言は苦手でも、朗読が好きな生徒はこのような場面でヒーロー、ヒロインになれる。

（3）アメニモマケズ

　1年生の授業で行った宮沢賢治の「アメニモマケズ」では特に主体的で対話的な学びを意識した。生徒たちは様々な場面で、社会人になるために乗り越えたい課題に気づき、日々取り組んでいる。きっとこの詩を読んで理想とする自分の姿があるのではないかと思い、「○○みたいな人にわたしもなりたい」という気持ちを表出してほしいと願った授業である。読む年齢が変わると、感じることも変化すると伝え、「今の自分を見つめてみよう」と話した。

　さらに朗読の教材としてリズムがよく読みやすい「アメニモマケズ」の全文を詩にするのではなく、途中の部分を模倣して取り入れた。

（　　　　　　）にも負けず
（　　　　　　）にも負けず
（　　　　　　　）して
（　　　　　　）みたいな人に
わたしはなりたい

　悩んでいたある生徒は「私は課題が多すぎてどれにすればよいかわからない」。またある生徒は「こんな自分は嫌だと思うけれど、これを書いたら頑張らなければいけない。それに向かう自信がない」。またある生徒は「イメージしていることはあるけれど、その言葉が見当たらない」。と悩むところから始まった。

　その中で2人の生徒の作品を紹介する。

■Bの作品『弟にもまけず　自分の心にもまけず　いつもニコニコして　やさしいクラスの

写真2

みんなのように　わたしはなりたい』

　Bは、普段自分が嫌な授業や辛いことがあると参加できないことがよくあった。その生徒は自分の弱さをよく知っており、苦手なことやイメージができないものから逃げる自分をよく見つめている作品を仕上げた。Bは一文一文、心を込めた。1行目の「弟」はケンカしてしまう弟のこと。2行目の「自分の心」は逃げてしまう自分の弱さ。そんな自分をいつも優しくしてくれるクラスメイトに感謝していると言った。「じゃあそのとおり書いたらどうかな？素直でいいよ」と伝えると「恥ずかしいからやめようかなあ」と答える。「でも、この素直な気持ちはとてもいいことだし、書いてもらえたらクラスの子も喜ぶと思うよ」と伝えると「みんなが喜んでくれるなら」と書き上げた。

　この作品づくりを通して自分を見つめるだけではなく周りの生徒のことをよく見つめ、憧れ、感謝の気持ちを出していることがわかる。

　また、現場実習後に書いたCは「今のままの自分ではまずい」と体験を通じて気づいたことを書いている。

■Cの作品『恥ずかしさにも負けず　緊張にもまけず　みんなと会話をして　みんなとコミュニケーションをとれる人に　わたしはなりたい』

　Cは普段口数が少なく、人前で話すことが苦手である。本人も自覚していた。やはり恥ずかしいし、自信がないと言う。実習前、少しでも頑張りたいと挑戦したが、実習先で案の定「働くためには、声が小さいですよ」とご指摘をいただき、その悔しさや変わりたい気持ちを、素直に書いた作品である。

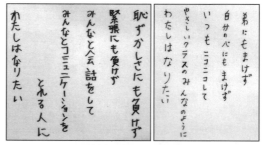

写真3（B、Cの作品）

　1年生の作品を廊下に掲示したところ、学年を越えて生徒たちがよく見ていた。「自分の課題を見つめられていて、すごい！」「この気持ち私もわかる！」「私も○○のようになりたいと言われたい」など様々な声が上がった。中でも面白い反応だったのは2年生だった。

　「先生、去年書いてないから私たちもやりたいよ！」そう言ってきた生徒が多くいた。中でも驚いたのは、去年本人自身が創作に頭を悩ませていた生徒が言ってきたことだ。

　「やりたい！」「書きたい！」という気持ちに感動した私は、生徒の期待に応えなくてはいけないと思った。2年生には①「アメニモマケズ」の題材を通して自分を見つめる詩と、②2年生の朗読で取り組んだ相田みつをの「その人」という題材から、「その人がいてよかった」と思う気持ちを書く詩のどちらかを本人たちに選ばせて、創作活動とした。

　面白かったのは生徒同士の様子であった。基本的に生徒同士が自ら見せ合うことはない。見せ合っていいと思っていないか、誰よりもいいものを作りたいからこっそり作りたいと考えているように見受けられる。それでも私が「○○さんすごいよ」とか、悩んでいる生徒に「○○さんに『いい言葉が思いつかないんだけどどう

すればいいかな？』と相談しておいで」と話すと、自分から行く。相談を受けた生徒も相手の気持ちに応えようと一緒に悩む。この一緒に悩むことがとても大切なことだと思う。生徒たちの作品が素晴らしいのは一緒に悩んでくれる仲間がいることも理由として含まれているだろう。「その人」を題材として書いた生徒の中には、クラスメイト全員のことを書いていた生徒もいる。自分のことを書かれた生徒はとても嬉しそうで自己肯定感が上がっていたようだ。「自分を見てくれている人がいる」という喜びは自分に自信がつくことだと思われる。

（4）夏休みの宿題　読書感想文

　私が感動したEの作文である。当時2年生だったEは、授業中は文章を書くのに上手く表現できず、時間内に終わらないことが多かった。

　普段見られない彼の内面が書かれていた。「じぷたは…（中略）自分にしか出来ない仕事があると気づきます。ぼくもついつい気にしてしまって○○さんはすごいとか○○さんのように出来たらいいなとか気にしてしまう所があります。でも、じぷたのように良いところや得意な所もあると思うので、自分に自信を持ちたいなと思いました」彼の想いがしっかりと書かれていた。2年生になると1年生のとき以上に「働くこと」が現実的になりシビアになる。校内実習では後輩に教える側となり、周りと比べなければいけないことも、課題も増えてくる。そんな生活の中で、この絵本を読んで感じたことから、壁を越えようとする姿が表現されていた。

　Eはその後「アメニモマケズ」の詩や、俳句に「F先生のようにおもしろい人になりたい」

というような内容を書いた。そのF先生に喜んでもらえて、さらに自信がついたようだった。Eは当校の公開研究会のときに「アドバイスをもらって身に付いたことの発表」で「自分が思い描いていたように創作できたこと」を話した。

（5）書き初め

　『なりたい』『やってみたい』などの想いや願い、頑張りたい決意などを新年に書いてもらおうと書き初めを行っている。言葉は冬休みに考えてくる。条件は、3文字から5文字で、平仮名、漢字、カタカナ、どの文字でもよい。テーマは「好きな言葉」か「新年の抱負」である。大事なことは、言葉の意味をしっかり調べ、選んだ理由も考えること。

　1年生のときは「一生懸命」「一期一会」「有言実行」など、冬休みの学習プリントから選ぶ生徒が多かった。しかし、3年生になると言葉のレパートリーが豊富になる。様々な壁にぶつかり乗り越えてきた自分を見つめて選んでいる。

　いろいろな物を駆使して調べ、選んだ想いも深い内容になる。

　2年生のとき「一人前」と書いたDは3年生では「友だち」と書いた。Dは私にこう言った。「友達だと二文字になってしまう。でも友達をどうしても書きたい。なぜなら私は若葉台に来て、友達ができないと思っていた。友達がいたから頑張れた。感謝の気持ちを書きたい」とのことだった。「じゃあ工夫しよう。どれかを平仮名にすれば条件の3文字になるよ」と言うと「だち」を平仮名で書くとのこと。Dの「書きたい」という気持ちに私は感銘を受けた。自分と向き合うことや他人との「つながり」を表

現したいという気持ちは、成長の証だと感じた。

4．作品の紹介

作品は完成後、廊下に掲示して他学年や教員が見られるようにしている。生徒たちは、自分の作品を見てもらえると嬉しそうである。

（1）枕草子

1年生の2月に行った。「枕草子」の学習の後に「私流枕草子」を書かせた。自分の思ったことを自由に書くことを、難しく考えずに創作を楽しめる良い題材ではないかと考えた。好きな季節、思ったこと自由に丁寧に仕上げた。

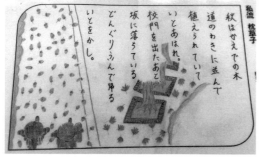

（2）俳句

2年生の2月に行った。Gはこの作品で仲間の関心をぐっと掴んだ。「目玉焼き」というテーマでGが作ったのは「真っ白な　キミを抱き寄せ　目玉焼き」。この作品の面白さは「卵の黄身」と「君」を掛詞にしているところである。

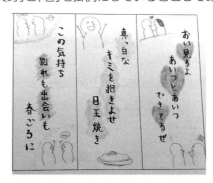

5．本取組の成果と課題

成果は、授業を通して生徒が自分の考えを積極的に表現するのが増えてきたことである。自分の書きたい気持ちを諦めずに楽しもうという意欲が、1年から3年にかけてステップアップしている。それは生徒同士が良いところに気づき、評価ができるようになってきたことが多分にある。また、投げかけがあったり、相談を通して共感してもらったりなどの対話を通して、自分の感情が「それが私の言いたかったことだ」と適した言葉となる。さらに、誰かに心を動かされることによって、自分も人の心を動かしたいという様子も見られた。

課題は、授業時間に限りがある中で、一人ひとりのスモールステップを意識していても、全員が授業内に目標に到達できないことである。それは、生徒が自分から相談に来るまで、できるだけ待つようにしているからだが、必要に応じて生徒とやり取りしながら、生徒のやる気や想いを引き出せるようにしたい。また、教材の精選や、生徒の実態把握などを含めて、全員が授業内にできるように考え続けていきたい。

6．おわりに

　授業内容を振り返って、自己表現を高めるためには生徒が自信をもつことや、周りから評価されることが大事だと思った。さらに、生活や現場実習などで様々な失敗や経験を乗り越え、悩んだ数だけ成長し、それによって表現される言葉が本物になっていると思った。今後も生徒の思いを引き出せる環境作りを目指したい。

Comments

　各教科の授業におけるキャリア発達支援をどのように構想するかで悩まれている教員が少なくない。本実践のよさは、表現を通して生徒の「ことば」を引き出すとともに、その背景にある自分の「思い」や「願い」に気づけるようにし、自己理解や将来展望につなげている点にある。鍵となるのは「問い」と「対話」であり、ぜひ参考にしていただきたい実践である。

自己の学びを振り返り、対話を通して主体性を育む授業実践の取組
~キャリア発達を促す各教科の授業実践と『じぶんMAPシステム』の開発~

横浜市立日野中央高等特別支援学校教務主任　坂本　征之

　キャリア教育を柱とした教育課程改善に取り組んで4年目を迎えた。教師主導から生徒主体に学習スタイルを変更した成果は、生徒の行動や言動の変化に表れている。特に作業学習においては、生徒同士のコミュニケーションが活発になり、自分たちで考え、主体的に動く場面が多くなっている。

　各教科の授業においても、見通しをもつことで主体的に取り組める授業の流れをつくってきた。

　また、作業学習及び各教科の授業から育まれる主体性をさらに伸ばしていくには、生徒自身が自己理解を深め、自己選択の機会を増やし、メタ認知能力を高めていくことが必要である。

　本稿では、生徒を主体とした対話的な学びの実践、メタ認知能力の高まりを目指し、本校で開発した「じぶんMAPシステム」と自立活動の充実を中心に紹介していく。

◆キーワード◆　キャリア発達を促す教育、生徒主体、個別の指導計画、自立活動

1．はじめに

　「卒業してからが大切なんです。今までは、教師や保護者が側にいて、相談に乗ったり、道筋を示したりしました。だけど、卒業したら、一人で決めて、歩んでいかないといけないんです。例えて言うならば、一人で車を運転できるようにならなくてはいけないんです、この3年間で。運転の仕方を覚えて、どこにでも、自分自身の力で進んでいけるようになってほしいんです。」と4年目の教員が熱く語ったことが忘れられない。

　本校は、昭和56年開校の知的障害等が軽い生徒の後期中等教育を充実し、企業就労による社会的自立を目的とした職業教育を行う高等部のみの特別支援学校である。

　平成26年度からキャリア教育の視点を踏まえた教育課程の改善を推進してきている。これらの教育課程改善の取組と作業学習については、「キャリア発達支援研究 Vol.2（P32-39）」を参照していただきたい。教育課程改善の中で、特に全校で意識したのは、卒業後には、「自ら考え主体的に行動し、多様なコミュニケーション力」が求められていることを背景として、主体的で対話的な学びを中心とした授業改善を行うことであった。冒頭の教員の言葉は、研究主任として、深く研究に関わる立場から出てきた。キャリア発達を促す教育は、とりもなおさず当事者である生徒のためのものである。作業学習、教科別の指導、そして自立活動へと改善は続い

ている（図1）。

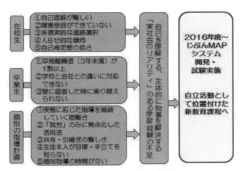

図1　研究の背景

図3　本校の学習指導案（中面）

2．4つの育てたい力を明確にした学習指導案の検討

　生徒が卒業後の生活を送っていく上で育てたい力を明確にしたのが、図2の「キャリア教育の視点から捉えた本校で育てたい力」である。

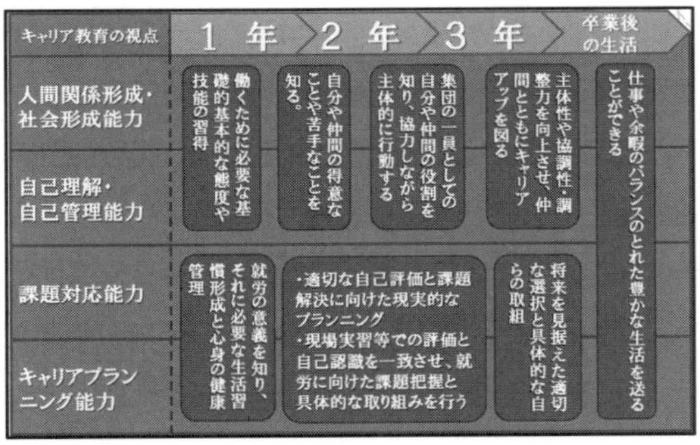

図2　本校で育てたい力

　主役である生徒が主体的に日々の学習に取組むには、「教科の楽しさ・学びの楽しさ」を感じ取り、「わかる・できる」各教科の授業であることが求められる。日々の授業実践に活かすことを目指して、各教科の指導目標と指導内容の検討、評価規準（観点別評価）の見直しを進めた。その上で、教科担当者ごとに異なっていた学習指導案の書式を統一した（図3）。

　A3用紙両面1枚（見開き4頁）の構成にした学習指導案の中面には、「授業の流れ（授業の型）」「学習活動」「支援内容」「教科の観点」「キャリア教育の視点」の項目が見渡せるようになっている。表紙には、日時や単元名、単元設定の理由、単元目標、単元指導計画とともに、各教科の評価規準を配置した。裏表紙には、教室内の配置図があり、生徒の座席や使用する道具、ICT機器等も明確になっている。

　共通した「授業の型」をつくることは、どの授業でも生徒が見通しをもって取り組むことができると考えた。授業の流れの「見える化」である。導入と振り返りをパターン化しているが、本時の活動については、各教科で工夫ができるようになっている。

3．キャリア発達を促す各教科の授業

（1）主体的な学びを生み出す工夫

　学習指導案に示した内容を生徒が見通しをもって臨める工夫として、ワークシートを活用している。ワークシートには、「この授業で何を学ぶのか」「何がわかったのか・できたのか」

等振り返りのポイントを明確化している。生徒自身が自己評価したワークシートに授業担当者がコメントを付して返却している。美術では、ワークシートを学年で回覧し、教科担当以外の教師にも成果がわかるように共有方法を工夫している。ワークシートは、教科ファイルに綴り、ポートフォリオとして蓄積され、自己の学びを振り返り、成長を感じられるようにしている。

指導と評価は一体のものであり、ワークシートは、授業担当者が生徒から受け取る学習指導の評価とも捉えることができる。教師にとっても、日々の授業実践を生徒から振り返り、次の授業への改善作業につなげていくことができるPDCAサイクルがここにある。

生徒にとって、ワークシートが授業に見通しをもつための羅針盤であることに対し、板書は授業の進行を示していくリアルタイムな情報を追加するためのツールである。ねらいや見通しを明確にしながら、板書で意見や活動の役割分担等を追加することで、授業の進行状況を確認していく（写真1）。パワーポイントも活用しているが、スライドが先に進むと消えてしまう情報も板書で補完することができる。

主体的な学びは、各教科の学習で学んだり、身に付いたりした資質・能力を自覚し、次の学習だけでなく実生活と結びつくことによって、確かな学びへとつながっていく。

（2）多様な表現方法から築く対話的な学び

対話的な学びは、互いの考えについて意見交換や議論すること、生徒同士、教師、地域の方々等の様々な相手や多様な表現を通して、新たな考えに気づいたり、自分の考えを深めたりすること、共に課題を解決することの良さや意義に気づくこと等に向けた授業実践が行われている。

ある日の作業学習では、紙工課とロジスティクス課でマル秘会議を実施していた（写真2）。

写真2

「今後、紙工課ではどんな製品をどのような計画で作っていくのか」ということがテーマであった。現状の製品リストと在庫を洗い出し、販売したい顧客に即した商品を考えていたのである。お互いに意見交換しながら話し合いが進んでいくと、紙工課としての考えと、ロジスティクス課の捉え方に相違があることもわかってきた。1つの目的に向かって一緒に考え、調整していく中で、共に課題を解決することの良さに気づいていく様子が見られた。

国語の授業では、付箋を活用した対話が行われていた（写真3）。自作の詩をみんなの前で

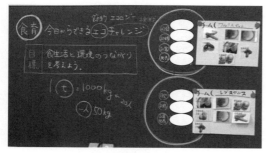

写真1

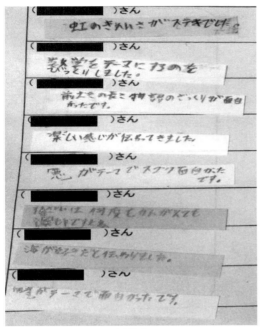

写真3

発表し、聞いた生徒は付箋にコメントを書いて渡していく。コメントをする内容別に色を決め、付箋の色に意味をもたせた。また、詩のイメージを膨らませていくために、読んだ詩から想像する色画用紙を選択していく。色に意味をもたせること、色による表現方法があることを国語の授業からも学んでいた。言語化する方法は、音声言語だけではないことを学び、多様な表現方法の獲得へとつながっていく。

4. 対話を通して得る新たな気づき

(1) 自分自身が人生の運転手になること

以上のような授業実践を積み重ねていくことで、生徒が自ら考えて行動する場面が増えている。この日々の実践が卒業後の生活に反映されているのか、卒業生の定着支援状況から分析し

た。早期離職、特に1年目に離職をする卒業生が1割近くに上る。離職理由を整理すると、「壁に直面したときに乗り越えられない」「人間関係構築に過度のストレスを感じる」等が挙げられる。これは、本校のキャリア教育目標に掲げている「長く働き続ける力」の育成には、ワークキャリアに偏ることなく、ライフキャリアの視点が重要であることを示す。また、離職につながる要因として、進路先を自己決定している実感がもてていないことも挙げられた。このことから、生徒自身が、主体的に自分と向き合い意思決定すること、自己理解を深めメタ認知能力を育成することができるツールとシステムの開発が始まった。開発に関する一連の作業は、分掌部会間で横断的な連携を図り、研究研修、進路支援、学習指導各部からプロジェクトチームを編成し、検討を重ねた。

まず、本校の学校教育目標、キャリア教育目標、育てたい力と卒業生の定着支援状況から導いたのが、目指す生徒像図である（図4）。改めて職員間で共有したイメージの生徒像は、車の運転に例えることができる。卒業後、助手席に教官がいなくても、状況を判断し、自分の運

図4　目指す生徒像

転の特長を知った上で対処し、自分で運転する力を身に付けて、人生を歩んでいってほしい。

（2）生徒同士の対話「キャリア相談会」

「じぶんMAPシステム」のPDCAサイクルは、生徒自身の自己評価から始まるCAPDサイクルを採用している。生徒が自分の状態を把握することからスタートすることで、目標の焦点化を図ることがねらいである（図5）。

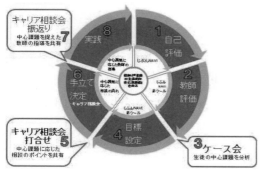

図5　じぶんMAPシステムのサイクル

「じぶんNAVI＝ルーブリック評価を用いた到達度票」で自己評価と教師（他者）評価から自己理解を深める。「じぶんNAVI」から自分で設定した目標を「じぶんMAP＝個別の指導計画」に落とし込むことにより、個別の指導計画が生徒主体で作成される。「キャリア相談会」では、生徒同士の対話を通して、目標に対する手立てを考え、選択・決定し、日常的な実践につなげていくサイクルを繰り返す。設定した目標に対して考えた手立ての実践状況は、週に一度、朝活動で振り返る時間を設けている。振り返ることにより、改めて自己確認し、次の行動へとつながっていく。

「キャリア相談会」は、生徒3～5名で話し合いをする活動である。一人の目標に対して生徒同士がアドバイスをし合い、提案されたアドバイスから自分に合った手立てを決定していく。

相談会は、相談する生徒が目標及び目標設定の理由をグループで発表することから始まる。生徒自身が「なぜ」「なんのために」この目標を設定したのかを表明することは、自分のことを理解してもらえる伝え方を考える機会になっている。

生徒は相談会で他者からアドバイスをもらうこと、他者にアドバイスをすることから新たな気づきを得ている。

「アドバイスをもらうことで自分が相手にどう思われているのがわかるからです」

「私の視点以外からアドバイスをもらうことによって新たな発見をすることができる」

「入学してすぐのころにやったときは相手のことがわからなかったからアドバイスがうまく言えなかったけどだんだんやっていくにつれてアドバイスができるようになった」

「他の人のためのアドバイスも自分につうじることがあるのでそこから成長ができてます」

キャリア相談会のアンケートで生徒が語った「ことば」である。生徒は相談活動で、自分を通して相手のことを考える力が芽生え始めている。

（3）教師同士の対話「課題関連図の作成」

生徒主体で作成していく「じぶんMAP」は、「じぶんNAVI」の状態像から目標を設定している。ここで重要なことは教師の支援である。課題関連図を作成し、中心課題を抽出していくことで、生徒自身が設定した目標を否定せずに、支援や指導のポイントを焦点化することが可能になる（図6）。

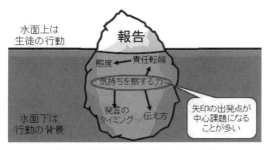

図6　課題関連図作成のイメージ

　課題関連図を作成し、中心課題を抽出していくために活用しているのは、自立活動6区分とその下に分類・整理されている26項目である。一人の生徒に対して、教師が意見交換をしながら中心課題を考え、共有していくことにより、作業学習場面だけでなく、各教科の授業等においても共通の視点で生徒に対して指導・支援ができるようになる。教師が生徒の思いを支えていく上で、非常に重要な機会として位置づけている。教師が意見交換しながら中心課題を抽出していくことで、生徒が主体的に設定した目標に対して、教師の支援ポイントが明確なったことと併せて、情報の共有ができるようになった。

　職業科の内容に取り入れてスタートした「じぶんMAPシステム」を教育課程上どのような位置づけで展開していくかを検討した。キャリア教育の視点と自立活動の目標には、共通点が多いことに着目し「自立活動」に位置づけた。自立活動は、生徒の主体的な学習活動であり、一人ひとりの実態等を的確に把握し、これを基に指導目標や内容を設定していく流れ等が合致している。これにより、今年度（平成29年度）から「自立活動指導部」を新設し、「じぶんMAPシステム」の運用に関わる業務を中心に担っている。

5．おわりに

「中学校でアドバイスがあまりもらえなく、あなたなら大丈夫だよとかで済まされることがあったので、今は目標でどのように上げていくかアドバイスをたくさんもらえるので成長していると思います」
「そのおかげで親から「変わったね」と言われました」
「自分の課題はその日そのときによってかわってしまい、元の課題ができなくなります。そこで一枚の紙に書くことで、自分の課題はこれだったとなるからです」
「学校以外でも役に立っている」
「知らない自分と会ったからこそ成長するから」
「高校に入って中学のときより自分がありのままの自分でいられるようになりました。これからもそのままいきたいです。自分のことを相談できる人も2人見つけました」

　生徒自身が自分の「ことば」を持ちはじめた。生徒が自分で考えて行動する場面が増えていることも実感している。共通の視点で生徒を捉えることができるようになったことで教師間の一体感につながり、対話も増えている。

　単学年進行で始めた「じぶんMAPシステム」が、来年度（平成30年度）は全学年で完全実施となる。サイクルを教育課程上に位置づけ、分掌も新設した。教育課程改善は組織改善へとつながっている。

　カリキュラム・マネジメントは継続的、組織的に取組むことが重要である。教育課程を見直すPDCAのサイクルを確実に回していく仕組

みを作っていくことが、今後の課題の一つである。

　生徒たちは、在学中の「リアリティ」から、卒業後の社会生活は「リアル」へと激変していく。これからも、生徒が卒業後の人生を生き生きと豊かに歩んでいけるように、学校全体で一体感のある組織的な実践を積み重ねていきたい。

【参考文献】
・文部科学省（2009）「特別支援学校学習指導要領解説 自立活動編」
・中央教育審議会（2011）「今後のキャリア教育・職業教育の在り方について（答申）」
・中央教育審議会（2016）「幼稚園、小学校、中学校、高等学校及び特別支援学校の学習指導要領等の改善及び必要な方策等について（答申）」

Comments

　教育課程の改善を進めていく中で得られた成果を生徒の成長として実感するとともに、学習指導案の書式変更や各教科の工夫、「じぶんＭＡＰシステム」の導入など取組の充実を継続しているところに勢いを感じる。生徒自らの気付きを促し、その気付きを言語化できるように支援することで、主体的な取組から成長・発展へとつなげていく実践はとても参考になる。

8 プレゼンテーションを通じた キャリア発達を促す実践
～クエストエデュケーションの活用～

千葉県立特別支援学校流山高等学園教諭　古江　陽子

　本校では、学校設定教科「キャリア・チャレンジ」での「免許・資格取得講座」で、株式会社教育と探求社が開発した「クエストエデュケーション」という教育プログラム「企業探究コース」を導入した教育活動を行っている。このプログラムは「企業からのミッションを受け、チームでその課題解決に向けた企画案をまとめ、企業に向けてプレゼンテーションする」というものである。平成28年度、本校は「クエストエデュケーション」の1年間の学びの成果をプレゼンテーションし競い合う『クエストカップ2017 全国大会・企業プレゼンテーション部門』に出場し、応募総数1,848チームの中で特別支援学校初「グランプリ」「企業賞」を受賞することができた。本稿では取組の概要、授業実践、クエストカップ当日の様子、生徒の様子、卒業後の本人たちの様子などプレゼンテーションを通じたキャリア発達を促す実践を紹介する。

◆キーワード◆　対話、協働、探究

1．クエストエデュケーションの実践

（1）クエストエデュケーションの概略

　クエストエデュケーションは、株式会社教育と探求社が開発した教育プログラムで、「実在する企業からミッション(課題)を受け、チームでその課題解決に向けた企画案をまとめ、企業に向けてプレゼンテーションする」という教育活動である。

　この活動の大きな特徴は、「実社会との近さ」である。ミッションを与え、発表を評価するのはすべて現役のビジネスマンであり、与えられるミッションも日本を代表する企業が、今、まさに現実に直面している課題そのものである。生徒はその「実社会の近さ」にリアリティを感じ夢中になり、活動にのめり込む。

　また、本プログラムは全国の中学・高校で実施され、優秀チームは年に1回の全国大会で発表する機会が与えられる。全国大会の大ホールで各企業の役員、大勢の聴衆の前で自らのアイデアをプレゼンするというのは全国でクエストエデュケーションに取り組む中高生の大きな目標になっている。

<クエストエデュケーションの特徴まとめ>
① 実在する企業が与えるミッションを、チームで考え、それを企業にプレゼンする。【自分も社員の一員】
② 実社会との近さ。【リアリティ】
③ 全国の中学・高校で実施され、優秀チームは全国大会でプレゼンできる。【憧れ】

クエストカップ（株式会社教育と探求社）HP より
http://www.quesycup.jp/2017/

ンで構成されており、生徒にとってわかりやすい内容となっている。生徒たちはオリエンテーションを受け、内的動機づけが高まった後、インターン先企業6社の動画を視聴し、その中から1社を選択して、チームを決定した。（チーム名：テレビっ子探検隊）

写真1　インターン先企業6社の動画を視聴
「どの企業もとても魅力的!!」

（2）指導実践

「企業探究コース」は、3年で行われる学校設定教科「キャリア・チャレンジ」の学習内容の一つである「免許・資格取得講座」の中の1コースで、選択希望した生徒たちが3～6人のチームを作り、1年間を通して教育活動を行っている。

4～6月
企業について知る
【学習活動】
① オリエンテーションを受ける。
② インターンの募集を見て、企業にエントリーする。
　・エントリーしたい企業を自分で考え、話し合いでチームを決定する。
③ 新人研修に取り組む。
　・タブレット端末を使い、事前学習する。

生徒たちは、配信される動画を見つつ、学習活動進めていく。動画には、全体や本時の学習活動目的、方法、見通しについて、アニメーショ

7～9月
会社の仕事を知る・ミッションを受け取る
【学習活動】
④「アンケート調査」に取り組む。
　・校外で実施する。
⑤ ミッションを受け取る。
⑥ 企画会議を開き、企画案を考える。
　・ブレインストーミングの方法を動画で見る。
⑦ 企画案を完成する。
　・企画シートを使って、3分で発表ができるように練習を行う。
⑧ 中間報告をする。
　・生徒同士、教師、企業の担当者からコメントをもらう。
⑨ 企画を見直す。
　・コメントを参考にして企画案を再検討する。

そして、「新人研修」と「初仕事」として、「柏駅周辺でインターン先企業の製品やサービスを探し、企業から依頼されたアンケート調査を一般の方に実施する」という校外活動を実施した。この活動を通して、生徒たちは企業の仕事について具体的にイメージすることができ、意欲が

写真2　柏駅での市場調査とアンケート調査
「話しかけるだけで緊張してしまう…。」

写真3　企業の方も一緒に企画会議
「自分も社員の一員の気分！」

写真4　最終的に自分たちの企画メイン案に決まったのが"当事者意識"から出たテーマであった。

飛躍的に向上した。

　次に、「企業からのミッション（課題）を受け取り、企画会議を開く」という活動を行った。

　企業からのミッションはとても抽象的で、今までにないサービスや製品を企画するというものである。この企画会議では、アイデアを付箋に次々と貼り出していく「ブレインストーミング」という手法を駆使し、アイデアを視覚化していった。ミッションには正解がないこともあり、生徒たちは様々なアイデアを積極的に出し合っていた。中には、自主的に家に持ち帰って付箋に書き出す生徒たちも少なくなかった。

　また、インターン先企業の方にお願いし、生徒と同じ立場で、企画会議に参加してもらった。この経験は生徒たちにとても大きな影響を及ぼした。「そもそも本気って何？」「メディアって何？」「新世紀ということはどういうこと？」「人の心を動くってどんな状況？」「それ素晴らしい！」との会話に自然に笑いも生まれた。企業の方と生徒が同じ立場で考える。それは、「社会の中で自分たちも主人公になれる」「社会を動かしている」ということが実感でき、自己肯定感につながっていった。それは、その後の活動において、企業にプレゼンテーションをすることが大きな目標となり、あきらめずに前向きに取り組むという態度に現れていった。

　「世の中から偏見をなくしたい！」

　「自分や仲間がもっと活躍して輝く世の中にしたい！」

　「プレゼンテーションをする」が、コースの最終的な学習活動で、「企業から受け取ったミッションを解決するための企画を形にし、聞き手に伝わるプレゼンテーションを7分以内で行う」という学習内容である。アイデアを企画にまとめあげ、表現するということは、かなり難

10～3月
プレゼンテーションをする。
【学習活動】
⑩ プレゼンの基本を動画で見て、内容を確認する。
・動画「プレゼンテーション研修」を見る。
・チームで研修内容を確認する。
⑪ プレゼン資料と原稿を作成する。プレゼン動画を撮影して、全国大会にエントリーする。（冬休み・複数回）
・分担し、パワーポイント資料と原稿を作成する。
・企画を検討し、プレゼンテーションを行う。
・動画を撮影する。
・予選用の動画を完成させ、エントリーする。
⑫ プレゼンの改良をする。
・過去の大会動画を見て、良いプレゼンテーションについて考える。
・動画を見て思ったことをチームで発表し合い、改善点を考える。
⑬【リハーサル】担当チームが7分ずつのプレゼンを行う。ほかのチームは発表をよく聞いて審査をする。
・プレゼンテーションを行う。
・発表を評価し、コメントする。
⑭ プレゼンの改善を行う。校内発表会のプレゼンに向けて運営係を決め、準備をする。
・コメントをもとに、プレゼンの改善を行う。
・運営係は、準備を進める。
⑮【校内発表会】全てのチームが7分ずつのプレゼンを行う。企業の方から講評をいただく。
・プレゼンテーションを行う。
・企業の方から評価をしてもらう。
⑯ すべての活動を振り返る。

しい学習内容であるが、生徒たちは挑戦した。自分の思いや考えを相手に伝えたり、アイデアをふくらませたりすることに苦労したが、イラストや付箋で思いつくまま書くことによってイメージが湧きやすく発想を広げていった。

【イメージや発想を共有し広げた絵コンテ】

① 「お互い認め合えれば、意見や考えを分かり合え、色々なことが出来て充実するかも。」

② 「私はパフォーマンスを見るのが楽しい。できたら自分も活躍できたら、もっとうれしいな。」

③ 「リオオリンピックではたくさんの感動があったなぁ。」「こんな感動をテレビ東京でできたらいいな。」

　教師は、指導者ではなく生徒と同じ一社員として、生徒と共に考え、共に活動する「ファシリテーター役」になるということに留意した。教師自ら突拍子もないアイデアを出したり、調査したことを伝えたり、プレゼンテーションの方法を考える。そして、教師がこの活動を楽しみ、悩む姿を見せる。教師が生徒の良きモデルとなることで、生徒たちは、抽象的なミッションに対して具体的なイメージを描き、主体的に取り組めるようになるように促した。

　絵コンテをもとにプレゼンテーションソフトを活用し、プレゼン資料を作成した。チームで相談して、原稿書き・イラスト・演技など自分の得意な役割分担し作業を進めた。授業の中では時間が足りず、休み時間や休日にも集まって、企画会議や練習を行った。

　1月初めには予選用にプレゼンテーションの動画の撮影を行った。通しでの録画では難し

写真5　予選用の動画
「撮った動画を見直すと、自分についてよくわかる。」

写真6　番組を実際に作りプレゼンに追加
「換気扇のことなら負けません！」

ため、細切れに録画を繰り返し、つなぎあわせて動画を作成した。

プレゼンテーションの改善を繰り返し、校内で発表会を行った。企業の方、学校関係者、他のチームの人の前でプレゼンを行った。企業の人に感想をもらったりしたことは、何よりも心に残り、生徒たちの自信につながった。

（3）全国大会
① ある日の朝 〜予選を通過！〜
2月の上旬、学校に1通のメールが届いた。"テレビっ子探検隊が予選を通過し、全国大会への出場権を得た"という内容であった。テレビっ子探検隊チームの3人の生徒たちと教師は、輪になって大喜びした。

② ブラッシュアップ
全国大会に向けて、精力的に再びプレゼンの見直しを行った。「わかりやすいように伝えるためにはどうしたらいいか？」「実際に番組を動画にして入れ込んだ方がわかりやすいだろう。」「では、どんなテーマにする？」「ぼくたちが得意なことは？」「ぼくは"換気扇"なら負けないよ！」「面白いね！それでいこう。」というような会話を繰り返し、ブラッシュアップを続けた。

③ 全国大会当日
企業プレゼンテーション部門の会場となった法政大学外濠校舎には、早朝より全国大会に出場する多くの中高生、企業関係者、運営スタッフが集結し、緊張感と熱気に包まれ、どのチームも渾身のプレゼンが行われた。その中、流山高等学園「テレビっ子探検隊」はグランプリを獲得して大きな喜びを得た。抱き合う生徒たち。周囲からの祝福の声と拍手が胸に響いた。たくさんの方から賞賛の言葉を得て、ステージ上では生徒たちの幸せそうな笑顔が輝いていた。

写真7　セカンドステージ。なんとグランプリ！
「今まで生きていた中で一番幸せです！！」

2．プレゼンテーションを通じたキャリア発達

（1）クエストカップ直後
事後学習で生徒3人は以下のように感想をま

とめた。

> クエストが終わって私たちは大きく変わりました。
> 自分に自信が持てるようになりました。
> 以前は「間違える」のが怖くて、ネガティブでした。
> でも、たくさんの人に認めてもらい、今は違います。仲間を信じて、一生懸命やると解決できると分かったからです。前までは昔の心の傷があったけれど、もう乗り越えられます。これからどんな挫折があったとしても、勇気をもって進めます。一歩踏み出すと、新しい道があると分かりました。
> 私たちは流山高等学園が大好きです。
> ここに入学して本当によかったです。

この感想は全校集会で発表し、全生徒と共有した。仲間たちも快挙に大きな感動を得たようだった。「自己有用感」「自己肯定感」「自信」を得た3人は、力強い言葉を残し2週間後卒業し社会へ飛び立っていった。

（2）卒業後

卒業後5か月後、3人が勤める会社に訪問し、本人及び企業担当者の方へ面談を行い追跡調査を行った。

【本人による質問への回答状況】

① 仕事内容及び役割は何ですか？

Aさん	品出し作業（スーパーマーケット）
Bさん	部品の仕分け作業（テーマパークのサポート業務）
Cさん	パン加工作業（食品工場にて）

② 職場で自分の考えを発表する場面はありますか？

Aさん	お客様からの質問に答える。
Bさん	チームで作業の仕方を相談する。その際、端的に話すことを心がけている。
Cさん	あまりない。（作業をひたすら行っている。）

③ クエストカップで自分が成長したと感じる時は？

Aさん	人見知りがなくなった。自信がついた。
Bさん	自信がついたこと。仲間との関わり方。
Cさん	わからないことがあったら自分で調べるようになったこと。

④ クエストカップが生活に影響していることは？

Aさん	他人に話しかけられたときに、すぐに対処できるようになった。
Bさん	自分の気持ち（やる気など）を効果的に相手に伝えることができるようになった。
Cさん	どんなときも最後まであきらめなくなった。

⑤ クエストカップを思い出すことがありますか？

Aさん	家族との会話で思い出す。自然に笑顔になる。
Bさん	失敗したときに、思い出すと励まされる。わが青春であり、誇り。
Cさん	グランプリの発表の瞬間をよく思い出すと、あきらめずに頑張ってよかったと思う。

グラフではどの項目も総じて高い評価ではあるが、特に「働くことの意義や役割」については、企業担当者と本人共にもっとも高い評価であった。クエストエデュケーションでの経験は「責任感」と「誇り」となって卒業後の自分を支えているようであった。

3. まとめ

人に認められ、人に伝えることの喜びや役割を果たした達成感を実感した生徒は、大きな「自己肯定感」と「自己有用感」と「自信」となり、卒業後の生活においてもそれらは生かされていることがわかった。プレゼンテーションをするという一連の活動は「自分の役割を果たす」と「自分らしい生き方を実現する」というキャリア発達の過程そのものと言ってよい。一見難し

い活動であるが、強い内的動機づけができる教材と支援があれば不可能ではない。生徒は教師が考える以上の創造性と主体性を発揮することがわかり、生徒のもつ可能性に感動した。今後も、生徒たちの無限の可能性を求めて、「無限の探求（探究）」＝「クエスト」に努めていきたい。

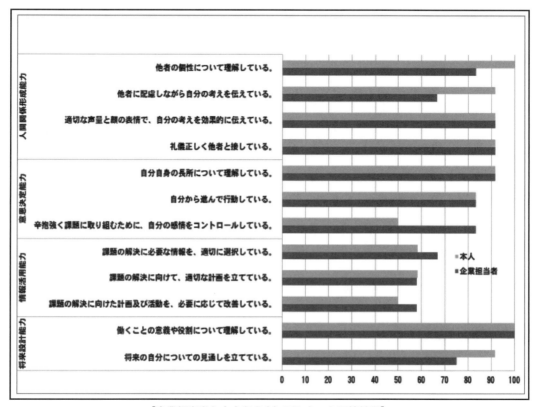

【企業担当者と本人各3人）アンケート回答結果】
【グラフ1】アンケート回答結果（％）

Comments

　本実践は、問題解決的な「探究学習」を通して主体的に学び、自分なりに試行錯誤したり友達と協働したりして、新しい時代を生きる力を育んでいこうとするものである。習得・活用・探求を通した深い学びから一人一人の持てる力を高めていくことは、知的障害教育においても重要かつ可能である。全国大会でグランプリを受賞した実績がそれを証明している。

9 病弱虚弱教育における高等部生徒の働く意欲を育む授業改善
～学校設定科目「職業・実習」における受注作業の取組を通して～

青森県立浪岡養護学校教諭　小坂　春樹

　本校は、病弱虚弱児童生徒を対象とする特別支援学校である。高等部は29名の生徒がおり、多様な生徒に対応すべく、教育課程は普通学級（基礎学習コースと課題学習コース）、重複学級、重症心身障害児棟学級及び訪問教育学級により編成されている。普通学級には精神疾患や心身症等、発達障害の二次障害による心因性の疾患を有する生徒が多く在籍している。また、中学校以前にいじめや不登校を経験している生徒も多く、学習空白があり、学習意欲が希薄で基礎的・基本的な学力が身に付いていない生徒や対人関係が苦手でコミュニケーション能力が乏しく、自分に自信をもてない生徒が多い。しかし、登校することを楽しみにしたり、何事に対しても慎重に考えて真面目に取り組んだりする生徒も多い。
　本稿では、このような生徒の状況を踏まえ、準ずる教育課程である普通学級「課題学習コース」で学習する生徒の働く意欲を育むことに焦点をあてた、学校設定科目「職業・実習」に係る6年間の授業改善の取組について報告する。

◆キーワード◆　働く意欲、受注作業、授業改善、自己有用感

1．はじめに

　本校のある浪岡は青森市中南部に位置し、りんごの産地である。また、相撲の盛んな地域で、糖尿病を患いながらも大相撲の横綱として活躍した「隆の里」の出身地でもある。
　本校は、小学部・中学部及び高等部で構成しており、児童生徒数は62名である。病類別の割合は慢性疾患が減少し、重症心身障害が54%、心身症等が22%を占め、高等部における心身症等の割合は増加傾向にある。
　高等部の教育課程において、平成2年度より普通学級の「課題学習コース」に学校設定教科として「課題学習」が設けられた。また、科目として、日常生活や職業生活に必要な知識を学習する「課題」及び、作業を通して働く場で必要な人間関係や行動・態度を学習する「職業・実習」が設けられた。
　なお、「職業・実習」を学んでいる生徒は1～3年生であり、人数は年度によって異なるが4～8人である（平成24年度～29年度）。

2．学校設定科目「職業・実習」の見直し（平成24年度～25年度）

　平成22年度～24年度の「職業・実習」では、紙すき、農作業、手芸・製菓作業を行っていたが、「生徒の意欲を引き出すことができていないのではないか」という反省が出された。そこ

で、効果的な授業の在り方を求めて、平成24年度～25年度の校内研究において「職業・実習」を取り上げた。併せて、学習意欲に関する先行研究について調べた。

桜井（1997）は意欲を支えている要素として、有能感、自己決定感、他者受容感の3つをあげており、学習意欲を高めるための作業内容選定の観点として、有能感と自己決定感を取り上げ、「作業内容選定の観点表」（表1）を作成した。

表1　学習意欲を高めるための作業内容選定の観点表

観点		内容	評価
有能感	a.	目的が明確な作業である	
	b.	必要とされ感謝される作業である	
	c.	生徒の能力を活かした苦手意識の低い作業である	
	d.	具体的な目標を設定し自己評価できる作業である	
自己決定感	e.	自己決定できる内容や数量の作業である	
	f.	本人にとって取り組んでみたい内容を選択できる作業である	

次に、観点表を用いて、これまで行っていた作業を生徒と指導者で評価した。その結果、次の3つの課題が明らかになった。
① 作業に対する目的意識がもちにくい。
② 本人にとって取り組んでみたい作業を選択する機会がない。
③ 生徒によって評価の高い作業が異なる。

平成25年度の実施に向けて、これらの課題を解決できる作業内容を考案する必要があった。そこで3つの課題をもとに、作業内容を検討した。

観点表による分析で最も評価の高かった手芸作業はそのまま残し、新たに受注作業を設定した。受注作業は、本校職員から発注を受けて行う作業であるため目的意識が明確になり、かつ、依頼を受けた作業内容の中から生徒たちが自分の適性を考えて担当する業務を選んだり、自分たちで役割分担を考えたりすることができると考えた。

しかし、当初は毎回作業内容が異なる受注作業であったため、初めての作業への不安や苦手意識にかられた。そこで、作業の種類や活動内容を限定することにした。

3．会社の設立及び作業種目の選定

平成26年度は、前年度の作業を振り返り、活動を見直すために、生徒にアンケートを行った。それを基に生徒たちが話し合いを行い、会社を設立することとした。また、作業種目についても改善を図った。

（1）生徒による会社作り

これまで、受注作業の募集ポスターやチラシ作り、作業の準備等は主に指導者が行っていたが、自分たちで会社を運営することにより、より主体的に作業に取り組めるようになるのではないかと考え、模擬会社を設立することにした。

「自分たちが笑顔で作業すると、依頼主（お客様）だけでなく、そのまわりの人もみんな笑顔になる。」「笑顔を配る人である。」という意味から、会社名を「浪養所属 笑顔配達人」（写真1）とした。

写真1　看板

また、会社の看板、募集ポスターやチラシ、申込用紙とBOX、評価シート等、会社作りに必要な物は、自分たちで作成することにした。

（2）作業種目の選定

アンケート結果を基に、これまで経験があり慣れているもの、継続して取り組みたいもの、卒業後家庭生活において役に立つもの、さらには将来、職場におけるIT化に対応できるものという観点のもと、話し合いを行った。

そして、平成25年度に取り組んだ作業の中から平成26年度に行う作業として「清掃」「工作」「裁縫」「コンピュータ入力」の4つを選定し、一定期間継続して取り組むこととした。

4．模擬会社「笑顔配達人」の改善

平成27年度〜29年度の3年間は、受注作業の流れの固定化を図るとともに、学習活動表の活用、勤務状況シート、全体目標・個人目標、日誌等の整理・改善を行った。

（1）受注作業の流れの固定化

① 「笑顔配達人」コーナーに作業募集のポスター、申込用紙、BOXを設置し、校内の教職員に作業募集のチラシを配付する。

② 教職員が依頼したい作業を申込用紙に記入して、BOXに入れる。

③ 作業リーダーを決め、依頼主の所へ行って依頼内容を確認し、全員で作業計画を立てる。

④ 作業を行う。

⑤ 作業終了後には依頼主へ報告し、後日、評価シートをいただく。

以上の流れで取り組むようにした。

（2）授業における学習活動の確認

学習活動表（表2）を活用し、授業の始めに、活動の一つ一つについて確認した。また、「なぜ」「何のために」受注作業を行うのか、今回の受注作業で製作した物がどのように活用されるのか、丁寧に説明するようにした。

表2　模擬会社「笑顔配達人」の学習活動表

（3）勤務状況シートの改善

生徒が出勤後に押印し、出勤・退勤・遅刻・早退の時刻等を毎回記録することで、自分の勤務状況を振り返ることができるようにした。

また、体調を考慮して保健室の利用についても記入できるようにした。

（4）作業リーダーの設定

チームの運営やサポートを行う作業リーダーを設定し、その役割を以下のとおりとした。

① チームのメンバーそれぞれが得意な作業を

担当できるよう、作業分担する。
② 必要な場合には、みんなに協力を促す。
③ 仕事がしやすいように気を配る。
④ 開始や終了の合図をする。

（5）受注作業の全体目標、個人目標等の設定

① 全体目標

効率的に作業を進めるとともに、製品を丁寧に仕上げるために「計画（準備）」「報告・連絡・相談」「確認」をキーワードに、3つの目標を立てた（写真2）。

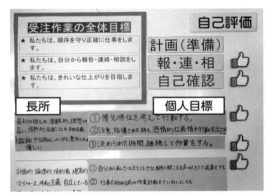

写真2　ホワイトボードに提示した受注作業の全体目標、個人目標及び個人の長所

② 個人目標

個別の教育支援計画における現在の生活・将来の生活についての希望を踏まえ、産業現場等における実習（以下、現場実習と記す）と科目「職業・実習」との関連をおさえるために現場実習評価表の17項目（表3）を基に、指導者が個別面談し、生徒の思いを大切にして目標を決定した。

③ 個人の長所

生徒同士がお互いの良いところを認め合い、良好な人間関係を築くことができるように、また自己肯定感の低い生徒がモチベーションを高めることができるように、全員が仲間一人一人の長所をカードに記入し、発表し合うようにした。

表3　現場実習評価表

（6）職業・実習日誌の改善

日誌の内容を大幅に改善した（表4）。

心因性の病気を有する生徒が多いため、授業の始めに指導者が生徒の健康状態を丁寧に確認した。体調が悪い場合にはどのように対応するのか生徒自身が考え、対処方法を記入するようにした。

授業の終わりには、受注作業の全体目標及び個人目標について〇△の2段階で評価し、△の場合は、次回意識したいことを記入するようにした。また、5段階で総合評価するようにした。

さらに「気付いたこと」「学んだこと」を書くことができるようにし、裏面には依頼主からの評価シートを添付し、高等部3年間の記録が積み重なっていくようにした。

表4　職業・実習日誌

職業・実習 日誌【氏名　　　　　】		
月　日（　）　天気（　　　　　）　室温（　　　　　）		
健康状態	・睡眠時間（　　　） ・昨夜の就寝時刻：　時　分ころ　・起床時刻：　時　分ころ ◆朝食：□ 食べた　□ 少し食べた　□ 食べていない 　　　　□ その他（　　　　　　　　　　　　　　　） ◆服薬：□ なし　□ 飲んだ　□ 飲まなかった ◆今の気分：□ よい　□ 普通　□ イライラ 　　　　　　□ その他（　　　　　　　　　　　　　） ◆体調：□ よい　□ 普通　□ 少し悪い（症状　　） 　　　　□ 悪い 　　　　（症状とその対応　※悪い場合は、自己対応の仕方を記入します。）	
作業内容		
	内　容	評価・今後の課題
受注作業の全体目標	① 依頼された仕事は、手順を守って正確に行います。 　　　　　　　　　　　　　　　「計画（準備）」 ② 任された仕事が終わったら報告、伝達事項があれば連絡、困ったら勝手に判断しないで相談します。「報・連・相」 ③ お客様が笑顔になるように、きれいな仕上がりを目指します。　　　　　　　　　　「自己確認」	※○、△を記入。 △の場合は、次回意識したいことも記入します。
個人目標	① 自分からあいさつしたり、はっきりと相手に聞こえる声の大きさで返事をしたりする。 ② 仕事を始める前の作業計画をていねいにする。 ③ 仲間のことを考えて協力したり、やさしさや思いやりのある言葉を話したりする。	
気付いたこと 学んだこと		5 4 3 2 1
先生からの応援メッセージ		
━ メ モ ━ ※報告会時に、先生からの応援メッセージの中で、次回に向けて大事だと思う事柄を記入します。		

（7）評価の改善

① 自己評価

前述のように、作業終了後、ホワイトボードに掲示した全体目標、個人目標の達成状況に応じて「いいねマーク」を貼り、努力の結果を全員で共有できるようにした。次に、日誌に具体的な評価や「気付いたこと」「学んだこと」等を記録するようにし、さらに、次回の活動につなげるように報告会で一人ずつ発表するようにした。

② 他己評価

頑張っていることをお互いに評価し合い、連帯感を高めるために、1つの受注作業が終了すると、自分以外の生徒の努力していたことを応援メッセージカードに記入し、それを発表したり、カードを交換したりするようにした。

③ 依頼主の評価

「あいさつ、報告・連絡・相談（姿勢や態度）」と「仕上がり（完成度）」の2つの項目について、「とても満足」「だいたい満足」「少し不満」「とても不満」の4段階で評価し、全体を通しての感想、今後に向けての応援メッセージなどを記入できるようにした。

これまでの受注作業及び依頼主からのコメントの一例を紹介する。

---

① **「清掃」**…校舎内清掃（職員・生徒玄関、階段、廊下、トイレ、会議室、廊下の手すり、窓ガラス）、家庭科室の物品整理、高等部棟改修工事に伴う図書室の本移動・整理、授業会場の設営・復元

② **「工作」**…クリスマス会の装飾、50周年記念式典プレゼントのキャンドル、運動会の大道具づくり・解体、浪養祭作品展示のコーナー表示、学校要覧の製本、小学部児童用の教材（数字・曜日カード）、校内美化活動の終了カード、同窓会・青年学級の看板、学部行事用の金魚ねぷた

③ **「裁縫」**…浪養キャラクター「浪にゃん」のしっぽカバー、小学部児童の車椅子用ベルト

④ **「コンピュータ入力」**…名刺づくり

---

① **運動会の大道具づくり**

1回目から2回目までは作業がほとんど進んでいなかったので、少し心配しましたが、3回目でだいぶできていたので驚きました。また、一人一人が気になった部分を報告・確認してくれたのでよかったです。3回目の作業がはかどったのは、何か秘密があったのでしょうか？ 今後に生かしてもらえればと思います。ありがとうございました。また、お願いします！！

② **名刺づくり**

完成品を手渡された時、「この分を失敗してしまいました。」と失敗したものも見せてくれました。失敗したこと（言いにくいこと）を正直に話してくれて、製作者「笑顔配達人」に対し、信頼感を強くもつことができました。ごくろう様でした。どうもありがとう！ 大切に使わせていただきます。

5．成果と課題

（1）成果

　学習意欲を高めるために、これまでの作業内容を見直した。また、主体的に取り組むことができるように受注作業を設定し、模擬会社として改善を重ねてきた。さらに、生徒達が良好な人間関係を築くとともに、自尊感情の低い生徒がモチベーションを高めながら作業に取り組むことができるように、各生徒の長所や努力を認め合う場面も設けた。

【生徒の感想】
①『お願いされた先生から評価シートをもらう時、「ありがとうございます。」「大事に使わせていただきます。」「想像していた物よりも立派な物ができてとても満足しています。」と言われて、とてもうれしかったです。』
②「一番大切なことは、一緒に働く仲間とのコミュニケーションで、それができれば仕事の効率も上がることを実感しました。」
③「働くこととは与えられた仕事に対して責任をもって最後までやることで、見える所は勿論やるけれど、見えない所もきちんとやらなければいけないことも分かりました。」
④「○○先輩のように、作業を丁寧に素早くできるようになりたいです。」
⑤「僕は掃除が好きなので、掃除関係の会社で働きたいです。」

　生徒の感想にあるように、作業することの喜びを感じることができ、働く上での人間関係の大切さや、自分の仕事に対する責任の重要性に気付くことができたと思われる。また、人からほめられ、感謝されたことから自分のこれまでの努力が認められ、自信がつき、自己有用感が高まったと思われる。

（2）課題

　学校設定教科「課題学習」の科目「課題」、「職業・実習」及び職場での就労体験の機会として「現場実習」があり、キャリア発達を促す効果的な枠組みであると言える。今後は、科目「課題」と「職業・実習」の学習内容の系統性を整理する必要がある。

　また、障害特性や性格等から、ほんのわずかなことにストレスを感じ、ストレス耐性が低い生徒が多いことから、ストレスマネジメントの学習は重要であり、「自立活動」で意図的に取り上げていく必要がある。

6．おわりに

　模擬会社「笑顔配達人」の取組を通して、生徒はいろいろな作業や役割を体験することができた。また、「繰り返し依頼主の求めに応える」経験を積み重ねていくことで自ら自己有用感を高めていくことができ、本校生徒にとって受注作業の意義は大きいと考える。

【引用・参考文献】
・全病連（2014）『病弱虚弱教育』第55号　Ⅱ実践研究「高等部生徒の働く意欲を育てる進路学習」〜学校設定教科・科目「職業・実習」のあり方〜
・桜井茂男（1997）『学習意欲の心理学　自ら学ぶこどもを育てる』誠信書房
・キャリア発達支援研究会（2016）『キャリア発達支援研究3』ジアース教育新社

Comments

　本実践は、病気等、心因性の課題のある生徒が誰かのために「できる」何かを為し、「認められ」「人の役に立つ」ことにつなげるものである。自立活動の「心理的安定」と「人間関係の形成」にも密接に関連しており、各自の取組を認め合い共有することで、相互の自尊感情の高まりやモチベーションの向上につなげている。「笑顔配達人」という名称がとてもよい。

第 IV 部

キャリア教育の広がり

　　第IV部は、本研究会や各地域の研究会の対象が一層広がっていくよう、テーマを「キャリア教育の広がり」とし、いずれも各地域に応じた特色ある取組及び提言等を掲載した。始めは高等学校の取組、次に障害者福祉の立場からの就労支援、教育と福祉の関係への提言、最後は地域における学習会の取組である。

1 高等学校における生徒の実態と教育的支援の在り方
～困りを抱えた生徒の理解と支援～

市立札幌大通高等学校教諭　栃真賀　透

　昭和60年代以降、札幌市の定時制課程は勤労青少年の入学が減少し、不登校傾向・高校中途退学者など様々な入学動機をもった生徒が数多く在籍していた。こうした課題を解決するため、当時の市立高等学校4校の定時制課程を発展的に再編し、新しいタイプの高等学校を設立したのが、現在の市立札幌大通高等学校である。

　本校には毎年300名前後の生徒が入学してくるが、中学校時代に何らかの困りを抱え、不登校を繰り返す生徒も少なくない。ここ数年の入学者の状況は、不登校・心身症・発達障害・精神疾患等の病状・症状・障害を抱えた生徒に加え深刻な二次障害を併せもつ生徒も増加傾向にある。

　このような入学生に対して、様々な視点から生徒の行動・性格・学習能力を把握し、困りを抱えた生徒への教育的支援を行っている。ここでは、現在取り組んでいる支援体制やその成果、関係機関との連携、さらには今後の課題等について紹介する。

1．はじめに

（1）本校の概要・特色と入学生の志望動機

　本校は市立の定時制・単位制・三部制高校として開校し、9年目を迎えた。現在1,097名（2016/12/1）が在籍し、北海道の定時制高校（通信制を除く）としては全道一の生徒数を誇る。

　本校の特色は、三部制（午前・午後・夜間）のため他部での学習が可能である。開講科目は約100科目と幅広い分野にわたって履修でき、受講講座により半年ごとに単位を認定している。入試選抜も年に4回実施しており、他校からの転・編入生の受け入れも行っている。また市民講座の受講ができるなど、「自分で学びをデザインする」学校である。

　入学生の志望動機は、①学び方が魅力、②自由な校風が楽しそう、③学費が安い、④集団のしばりが緩やか、⑤充実した相談体制などが挙げられる。

（2）生徒の実態と傾向

　生徒の実態を把握する上で、3つの大きな症状（精神面・身体面・行動面）・発達障害・そ

の他の症状に分類してみる。高校生の場合、こころとからだの発達が途上にあり、心理的なストレスがストレートにこころの病としてあらわれるのではなく、まずは身体症状や問題行動としてあらわれる傾向がある。

本校生徒の場合、精神的な症状として、うつ病・強迫性障害・パニック障害・不安障害などが上位に挙げられる。特にうつ病の生徒は在学中に発症するケースも見られ、本校においても抑うつ傾向のある生徒が増えてきている。また不登校と言われる生徒の中には、引きこもりや他の神経症状的状態と比較して、元気のない、緊張感のない、力の入らない生徒が増えてきている。

身体的症状としては、起立性調節障害・睡眠障害・貧血・偏頭痛・摂食障害などが挙げられる。特に起立性調節障害は午後部生徒が大部分を占め、睡眠障害は女子生徒に多くみられる。

行動的症状は不登校を含めると全体の約18％を占めている。不登校生徒のうち、入学後改善される生徒も多いが、逆に怠学傾向に陥る生徒も増えている。不登校改善の理由は新しい環境に溶け込み、同じ悩みを抱えた仲間との関わりをもつことで、自己不安が軽減され、心理的な安定が獲得できつつあると考えられる。そのほかにリストカットや寡黙といった問題を抱える生徒も在籍し、一人ひとりの心情を十分把握しながら、その子のマイナス面をフォローできるような環境整備、個々のカウンセリング相談等も必要になってきている。

この３つの症状のほかに見逃せないものとして、発達障害が挙げられる。年々増加傾向にあり、本年度においては全体の約17％を占めた。

ここ数年、自閉症スペクトラム・アスペルガー症候群・ADHD等が増えてきている。また、入学前に療育手帳を取得する者も多い。

その他の症状として、慢性肺気腫・筋ジストロフィー・急性リンパ性白血病など従来入学していなかった生徒も数名在籍している。入学後は保護者の付き添いや介助アシスタントなどを利用しながら学校生活を送っている。通院生徒の状況も、心療内科・精神科を中心に定期的に通院している生徒も増加傾向にある。

２．本校の特別支援教育の おさえと支援体制の概要

開校当初の特別支援教育体制構築の考え方としては、本校生徒の実態から「特別支援教育とは、障がいの有無ではなく、その子の抱える困りに気づき、理解し、課題を解決するための支援をすることである」とおさえ、すべての生徒を支援の対象として捉え、自立・社会参加に向けて、生徒の健康上の問題解決や、学習・生活上の困難を克服するための支援を目的として推進してきた。支援体制は一次・二次・三次的支援の三段階に分け、すべての生徒が支援対象である。また、より支援の必要な生徒には、どの

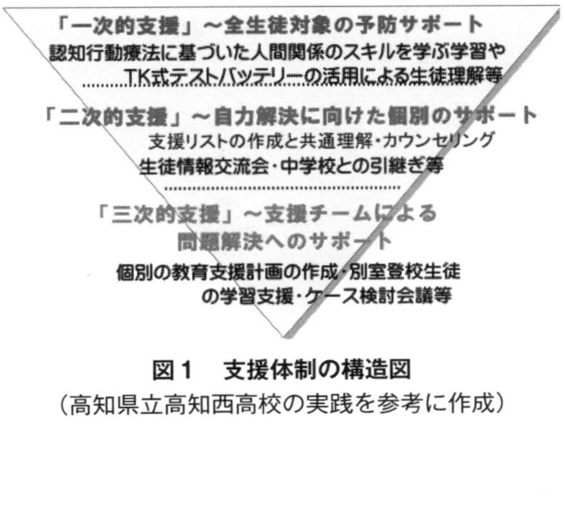

「一次的支援」～全生徒対象の予防サポート
認知行動療法に基づいた人間関係のスキルを学ぶ学習や
TK式テストバッテリーの活用による生徒理解等

「二次的支援」～自力解決に向けた個別のサポート
支援リストの作成と共通理解・カウンセリング
生徒情報交流会・中学校との引継ぎ等

「三次的支援」～支援チームによる
問題解決へのサポート
個別の教育支援計画の作成・別室登校生徒
の学習支援・ケース検討会議等

図1　支援体制の構造図
（高知県立高知西高校の実践を参考に作成）

ような手立てが必要なのかがわかるように構造化（図1）している。

(1) 一次的支援と具体策

　一次的支援とは、学級経営をはじめとした日常的なかかわりや学習活動、行事等を通し、生徒の発達・成長や学校生活への適応を促すことを目指す促進的な支援で、生徒全員が対象である。その中でも生徒理解の手立てとしての「TK式テストバッテリーM2」と自分の心身の健康や生き方を見つめる「いのちの学習」や人間対処法である「コーピングリレーション」の実践を中心に行っている。TK式テストバッテリーM2から見てとれる本校生徒の不適応感1・2は図2・図3のとおりである。

　TK式テストバッテリーM2では生徒の考え方や行動の特徴を「適応傾向」「知的能力」「性格」の三方面から総合的に把握することができる。本校生徒の検査結果から全国5パーセンタ

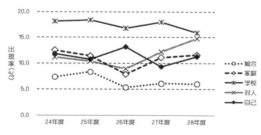

**図2　1年次の不適応尺度上位
（5パーセンタイル）出現率の年度比較**

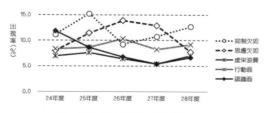

**図3　1年次の性格・基準尺度上位
（5パーセンタイル）出現率の年度比較**

イルの不適応尺度の出現率（図2）を見ると、「学校不適応」の項目が他項目よりも高く推移しており、「不登校あるいは不登校傾向」だった生徒が多いことが顕著にあらわれている。また「家庭不適応」「対人不適応」についても高い数値で推移し、家族・友人との対人関係を苦手としている生徒が多いことがわかる。「性格・基準尺度」の出現率（図3）では「思慮欠如」と「抑制欠如」における高い数値が示す通り、感情を抑えきれずに何らかの行動を起こしたり、善悪の判断がつかないなど、日常生活のルールを守れない生徒も目立つ。学校と保護者の連携の必要性を感じているところである。

(2) 二次的支援と具体策

　二次的支援とは、援助ニーズを抱えた生徒を早期に把握し、問題を抱えた生徒が自分で問題解決できる「自力解決に向けた個別のサポート」である。具体的取組として、支援リストの作成と教職員の共通理解、出身中学校・前籍校からの引き継ぎ、充実したカウンセリング体制の有効活用、生徒情報交流会などがある。

＜中学校との引き継ぎによる連携＞

　本校合格と同時に入学者に対して引き継ぎ文書を発送し、困りを抱えた生徒の事前情報を収

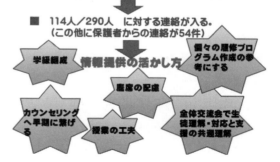

集し、学級編成・座席の配慮・授業の工夫等に役立てている。また、引き継ぎ資料は援助ニーズを抱えた生徒の早期把握や、問題を抱えた生徒が自分で解決できるようにするための手立てとしても有効活用している。

＜引き継ぎ事例＞

　特別支援学級から入学したＢさんの活用例を挙げてみる。Ｂさんの担任からは、心理検査の結果や個別の指導計画に加えて、担任から手紙をいただいた。生徒の特性や家族の思い、担任として苦労してきたこと、本人の行動で心がけてきたことがたくさん詰まった手紙は、新担任にとってのバイブルになっている。Ｂさんがある日カッとなり、人に暴力を振るってしまった。その際、生徒指導部だけではなく保健支援部で対応策を検討した。本人が幼少期から通う相談機関にもアドバイスをもらいながら対応し、解決することができた。

＜相談体制＞

　本校の相談体制は以下のとおりである。
① ３名のスクールカウンセラー・スーパーバイザーと４名のカウンセラー実習生が本校生徒のカウンセリングを担当している。昨年度の利用者数は教師へのコンサルテーションを含めると約1,000件を数えた。学校・家庭・対人関係など、日頃抱えている悩みを相談し、円滑な日常生活が過ごせるよう、継続的なカウンセリングを実施している。
② キャリア教育と相談体制の充実。札幌市青少年活動協会職員・就職アドバイザーが外部キャリアカウンセラーとして常駐し、生徒の進路相談等を随時行っている。生徒が自由に出入りできる進路相談スペースが有効活用されている。

③ 大通応援団の専門性を生かす生徒情報交流会の実施。 保健支援部がまとめ役になって、「支援リスト」を作成し、その中から年次・部ごとに、特に気になる生徒をピックアップして、今後の支援について情報交換する。年度当初に実施する生徒情報交流会では150名ほどの生徒がピックアップされ、家庭の問題（貧困・虐待・保護者の問題など）・能力的な問題（学力・障害など）・精神的な問題（病気など）に分類して、その子の困りについてまとめ、専門家へとつなげていく。「支援リスト」の作成にあたっては、生徒情報を心とからだの健康状態・家庭の問題等の情報を一元管理し、全教職員が全生徒を共通理解することに役立てている。

（３）三次的支援と具体策

　三次的支援とは「支援チームによる問題解決へのサポート」である。具体策として、発育・発達上の障害のある生徒や心身の健康状態に配慮の必要な生徒への学習支援、進路を考えるケース検討会議、個別の教育支援計画の作成（現在は全生徒分のデータベースを使用）などがあ

る。特に困りを抱えた生徒については、支援チームを組織し、随時ケース検討会議を実施し、生徒の困りを軽減する方策を考えるなど、問題解決へのサポートを行っている。また厳しい家庭環境下にある生徒も増えてきており、キャリアカウンセラー・進路指導担当者と連携を取りながら、具体的な進路の方向性・卒業後の生活の場の提案などを行っているが、進路・生活の場への定着に時間がかかるのが現状である。

（4）困りを抱える生徒に必要な仕掛けづくり

本校では、困りを抱える生徒に必要な仕掛けづくりとして、次のような場を設定している。

一つは「自尊感情・自己肯定感の醸成を図る」ことを目的とした「プレゼンテーション大会」への参加である。毎年3月末に、1年間の学習成果を自分なりにまとめて発表する。そのことによって、生徒一人ひとりの表情も豊かになっていく。学校祭などとは意味合いが違い、生徒一人ひとりがどういう成長過程を経て、1年間を過ごしているのかがわかるような発表の場となっている。

さらには「社会的欲求における充足感を味わわせる」ための異文化交流がある。また「多様な価値観に触れさせる」ためのソクラテスミーティングなど、様々な学習を通して人間関係のスキルを学んでいる。ソクラテスミーティングとは、様々な経験をしてきた社会人を招き、自分の人生について話してもらう。生徒一人ひとりがそれを聞いて、自分の人生・生き方について今後の参考にしていく学習の一つである。多様な価値観に触れさせることを目的に、他職種の社会人の話を聞いて学習効果を高める利点がある。

実際の取組としては「コーピングリレーション」がある。コーピングリレーションとは「人間対処法」とも言われている。今までの経験を通して、なんとなく身に付いてきた人間関係を円滑にするコツや、ストレスを乗り越えるコツを意図的に学ばせる時間として設けている。これを早い時期に実施することが効果的なため、1年次で年間10回程度実施している。本校ではじめるにあたり、先進校である東京都立稔が丘高等学校の実践を参考にした。対象は1年次全員で、予防的カウンセリングとして効果を上げている。

（5）たすけ舟の必要性

困りや障害などを抱えた生徒にとって、家族

は心のよりどころである。進路に関する提案も、目にみえる形で示すことが必要になる。そのほかに、学校・医師・支援者の手を借りながら、本人の進路を考えることも欠かすことはできない。学校では入学当初から本人と話し合いをもって具体的な目標を設定し、保護者と連携をとり、時には医師との話し合いをもちながら、本人の進路相談にあたることも必要である。

3．DORIサポート倶楽部の取組

（1）発足の経緯と目的

開校当初から不登校・発達障害・精神疾患等様々な困りを抱えた生徒が入学したことから、保護者からの要望もあり、「障害のある子の生活を考えていく親の会（通称 DORI サポート倶楽部）」を発足した。学校適応支援のみならず、高校卒業後の社会適応訓練も視野に入れながら、情報交流することを目的としている。また、ややもすると当事者である生徒の対応に戸惑いや一方的な不安を抱きがちな特別支援学校の経験のない教職員や、家族に当事者がいない保護者にとっても欲しい情報を得られる貴重な場である。卒業後に不安を抱いている生徒が参加できるように「振興会」（在校生・卒業生とその保護者、教職員で構成）の特別委員会として位置づけ、定期的な活動の基盤ができるようになった。

（2）活動のねらいと内容

毎年、年5回程度の集会活動を実施している。活動のねらいは、①個別に悩むより、皆の知識や経験・人脈を持ち寄って学習や交流を深める。②事情に応じて無理なく参加し、保護者・教職員がざっくばらんに話せる場とする。③「卒業後の進路・質の高い自立生活」実現への見通しを考えること、の3点である。

集会の内容は保護者が関心をもっていること

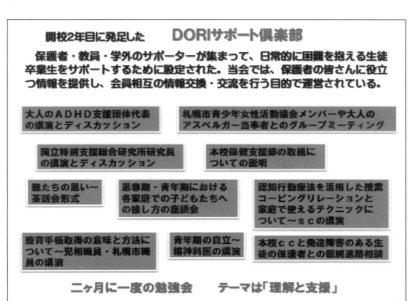

を念頭におき、外部関係者を招いての講演、フリートーキング、学校生活の生徒状況と支援体制等、毎回内容を吟味し、保護者との連携・教職員の研修の場として、重要な役割を担っている。具体的には「障害者手帳」の取得方法、就労サポート事業所の事例紹介など、学習的な要素もあるが、意見交流の場面も多く、孤立しがちな保護者の悩みを共有できる場として欠かせない存在になりつつある。

4．本校の支援が目指すもの

　本校の支援が目指すものの第一は、「居場所としての学校をつくること」である。具体的には安心できる人的環境、いろいろな人がいて当たり前の風土作りがある。例えば生徒と教師、生徒同士、保護者同士などの関係を築くこと。具体例としては、日頃から生徒と同じ立ち位置で話しを聞き、応えること。生徒が理解できない場合は具体例を示して、教える。そのようなことから、教師・生徒間の信頼関係が結ばれており、とても大切な視点だと感じている。また、本校は入学前に不登校を経験している生徒も多く、みんなの前で話すことが苦手であるが、不登校同士の生徒の場合、1対1で話ができることもある。よって生徒同士の関わりがとても重要になる。友達ができると、次にまた横のつな

がりができ、その中で視野を広げていくことができる。

　また保護者同士の関係を築くことも大切である。生徒の多くは、様々な困りを抱えながら学校生活を送っているが、その陰には保護者同士の情報交換が絶え間なく行われており、卒業後も保護者が来校するケースも多い。

　第二に「生徒理解」である。生徒一人ひとりの「気づき」を大切にしながら、情報を共有すること。些細なことでも、学校・保護者・関係機関が情報共有しながら、生徒の今後の方向性を考え、支援する。我が子と同じような関わり方で生徒の生き方を考えることがいかに重要であるか、大きなポイントになる。

　この2つをまとめると、本校の支援で必要なことは「困りは何かを生徒と一緒に考えること」「進路実現に向けてつけたい力は何かを見極め支えること」「学校でできることを考え、できないことは助けを借りること」などが挙げられる。学校でできることはあまり無理をせず、その子に合ったことを学校生活の範囲内で考える。できないことははじめから保護者・関係機関の手を借りながら、支援していくことが大切である。今、必要なキーワードは「最大の支援は最小の支援」に尽きるのではないかと思われる。

2 教育と福祉は融合か？ そして就労支援に求められる価値は？
～第三の進路としての就労支援～

社会福祉法人はるにれの里　就労移行支援事業所あるば所長　吉岡　俊史

行政や教育、福祉制度の充実により、一般企業で働く障がい者は増え続け、47万人を超えている。特別支援学校を卒業する生徒の3割近くが企業等に就職し、社会で活躍する機会は広がっている。しかし、彼らが働くための支援は、教育と福祉が連動して取り組むべきところ、現実的には、完全なる共同、連携、引継ぎ体制が整っているとは言いがたい。教育と福祉の目的や理念の違いも背景にあるのかもしれない。働く彼らを支えるしくみを、関係者が一緒に考えるときがきている。

一方、当事業所「あるば」は、福祉の側面から、障がい者の就労支援を考え実践してきた。その中で、今般時代に即したキャリア発達を促すための一つの支援方策にたどりついた。教育と福祉の関係を考えつつ、この新しい就労支援の形を、新しい福祉の形として提言したい。この新しい就労支援の形が、将来の福祉制度になり、更に障がい者就労の機会につながることを願いたい。

1．はじめに

私の勤務する就労移行支援事業所あるばは、福祉制度に設定されている、障がいを持つ方が一般企業で働くための支援を行っている。就職前の準備、就職活動、就職後の職場適応、そして働き続ける支援を主としている。創業10年を超え、70名近い方が様々な業種で働いている。

働く障がい者が一般的にどのように会社や社会で受け入れられているのか、その実態はわからない部分も多く、特に働く当事者にとっては不安も大きい。それらの不安を取り除くために周囲で本人を支える輪が作られていくのが理想だ。しかし、その「輪」も一定の一貫性や、連続性、そして目的感が必要となる。周囲のサポートは、ハード・ソフト両方で言うと、人であったり、機関や施設、雇用者（企業）、障がい者支援の制度である。それらの要素が、各役割を果たして本人と個別に関わっていくであろう。しかし一方で、それぞれの要素同士が連動すべき場面で、うまくコーディネートされているのであろうか、という疑問もある。

就職は本人が選択することで、本人の責任でもあるという気持ちから、抱え込み、外部からは、働く上で困っていることがわかりにくい場合も多い。本人に関わる人が、その問題を企業と本人との関係の中で解決していくべきことなのか、障がい特性や生活面の課題なのか等を、洗練され、組織化された機能と目をもって、支援をコーディネートしていくことが重要となる。

2．福祉サイドからみた教育と福祉の関係

（1）教育と福祉は融合するべきか

　教育と福祉の連携というテーマは多くの研究や実践が行われている。長短深浅はあれ、動機を持って一般企業で働くことを希望する人の多くは、何等かの教育過程を経てから福祉サービスの利用につながる。つまり学校に通った経験の後で、福祉からの支援を経験する人が多い。その意味では、教育と福祉が一体で、共通している点が多いほど、本人にとって馴染みやすく、使いやすいと考えられる。それでは教育と福祉は融合する方向で努力すべきなのか…。　一つの見解としては、いろいろな実践例から、教育と福祉は十分な連携はあっても、決して「融合」してはいけないように思う。教育は福祉には無い、適格な目的を持つし、福祉は教育課程で本人が習得した力の上に、異なる手法や視点の支援で、新しい力を積み上げるべきである。そのようにして、本人がバラエティーに富んだ自立の力を習得するからである。誤解を避けるために触れておきたいのは、教育と福祉の融合はすべきではない、というのは、両者が全く同じものになるべきではないという意味で、そこに異なる視点と価値観、目的があることが尊重される前提は必要となる。生きぬく力を育むために、教育と福祉、両者の役割と機能を尊重しながら、専門家としての十分な協調や、連携がなされるべきと思われるのである。

（2）対象とする人と目的

　福祉現場で本人支援を担当する者として、福祉側から教育との違いを考察してみたい。

　教育は、基本的には教育を受けたいという想いや意図から集まった「学生・生徒」の集団に対してのサービスの提供となる。一方で、福祉は、どのような意図が本人にあるのかという以前に、本人をとりまく状況にニーズがあるか（つまり本人の意思とは別に、支援の必要があるか）というとっかかりから対象者が決められる場合がある。つまり学校という枠に集まる人ではなく、福祉サービスを受ける権利を持つ全ての国民が対象となるのである。福祉に比べ、教育部門は対象者との目的も合意しやすいが、その分、（教育）機関にかかる期待や評価が厳しくなってくるのではないだろうか。また教育の目的として、人格の完成、能力の発展、心身ともに健康な人間の育成といったものがあり、個人の持つ能力を自然のままに伸ばすのではなく、普遍的な「基準」の姿にもっていくもの、という印象がある。それに対し福祉は、個人をありのまま受け入れる「包含」の前提があり、個々人の目的やゴールの設定をする以前の段階として、支援者が人として信頼いただけるような関係を構築し、障がい受容等の大変難しいテーマを超えていく必要がある。また、教育でも同様であろうが、福祉は特に個別性が重視されるために、本人を評価（アセスメント）することが不可欠となる。

（3）就労支援の視点から見る教育と福祉

　教育は「学ぶ」ということに対して、福祉は、本人の今の状態で、まずは何ができるか、というスタート地点から始まる。つまり、今本人が持っている力をどのように組み合わせれば豊かな毎日を過ごせるか、その上で何を伸ばせるかを見て支援をしていくのである。

2 教育と福祉は融合か? そして就労支援に求められる価値は?

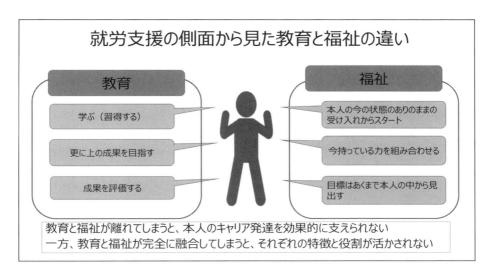

(4) 当事者（生徒、福祉制度利用者）の例

さらに、教育や福祉のサービスを受ける当事者の課題例から、働くための支援を教育と比較しながら検証してみたい。まず、仮にある人に社会で働く資質や素養に課題があったとすると、職業能力全般を教育して身に付けてもらう取組を教育が行うのに対し、福祉的支援では、個々人の理解度に合わせて社会人や非社会人がいるのが世の中であることを理解してもらう。そして、その違いをきっかけに、自分を客観的に見られるように支援していくことに取り組む。

また、自分にとって何が一番生活しやすいかを本人が自ら決めるということを尊重する。

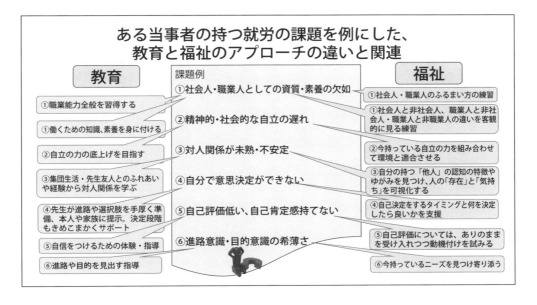

第4部　キャリア教育の広がり

つまり、社会人が持つべき全ての力を目指すことはせず、能力に沿って、何に配慮や支援を付け、何を自立（自律）するのかを本人や周囲の人と共有していくことに取り組むのである。

精神的、社会的な自立の遅れがあったとすると、どちらかというと、教育は自立の力の底上げを図るのに対し、福祉では今持っている自立の力を組み合わせて環境設定をしていくことを考えていく。自己決定・意思決定の支援については、学校の場面では担当の先生が家庭や本人と相談の上で、スケジュールが作られ、丁寧に手厚く導いていくのに対し、福祉的な就労支援では、むしろ根本的に自己決定を促すことに比重を置く。いつ決めたらよいか、何と何を決めたらよいかという点を支援する。時間軸は、その人のライフイベント等で個々に違うという前提で、人生の中で一番良いタイミングで決められるよう、本人を中心として　考えていくことになる。

3．現在の就労移行支援の課題

就労移行支援を受ける人は、一般企業やその他の場所で働きたい、という希望を持つ人であるが、福祉制度では、就労移行支援事業のサービスを受けられるのは2〜3年という期限が設けられている。前述のとおり、そもそも支援に期限をつける概念自体が、福祉には馴染みにくいものでもある。それでも、ほとんどの人がその期間に次の進路を決め、移行できるように支援を組んでいるのは、制度に利用者を合わせざるを得ないからである。その弊害として、急いで就職をすることによる、働く動機や気持ちの準備、身辺準備が整わないのに就職に踏み切った、ということも起こるのである。また本人の適性のアセスメントデータが十分に揃わず、最適な業種や職場に就けないという状況も見られる。

障がいを持ちながら一般企業に就職した人のうち、半分の人が5年後には職を離れているというデータもある。15％の人が1年ともっていないのである。離職の全ての原因が準備不足とは言えないものの、就職や離職に伴い、本人にかかる心理的負担、経済的負担を考えると、期限を決めた就職準備支援は福祉として正しい姿勢なのかは十分に議論の余地はあると思える。また、当事者だけではなく、障がい者雇用をする企業にとっても、様々な制約がある。例えば、企業によってジョブコーチが派遣できない場合などがあり、就職する当の本人には無関係の都合で、本人に負担や不自由をかけることになる。

就職の準備支援の方法についても、課題が就労移行支援事業は、基本的に、毎日施設に通って訓練を受けるのが前提となっている。特別な理由があれば在宅で就労支援を受けられる場合もあるが、まだまだ普及してはいない。また、障がいがあっても、個人の持つスキルが高いために企業に貢献できるとして、例えば在宅勤務や短時間勤務といった働き方が多様化している中であっても、就労支援の形は、柔軟性のある支援が担保できているとは言えない。例えば週1回だけ施設に通って、残りの日は通わない支援であっても、2年間という枠組みは削られていくのである。

4. 新しい形の就労支援
～あるばの取組～

（1）現在のあるばの支援

あるばの支援を一言で言うと、「プログラム化」と言える。プログラム化とは、半個別対応にも近いイメージである。つまり、本人に適合した支援を、手持ちの複数のプログラムから取捨選択して、本人用の支援プログラムを作っていくのである。全ての人にゼロから支援を組んでいくのが理想ではあるが、運用上ままならない場合が多く、また利用する人も、なるべく早く支援を受けたい、そして就職を目指したいという希望を持つ人が多いからである。まだ完全な形に整備されているとは言えないものの、現在50種類近くのプログラムを準備し適用するしくみを持っている。

（2）課題解決のための新しい就労支援

前項で述べたような、多くの重要な制約に対し、あるばでは、数年前より、課題の打開策検討を始め、平成29年6月に就労支援に大きく柔軟性を加えた新しいしくみを作った。

その内容は、就労移行支援という福祉サービスをそのままに、その制度を柔軟に補足する、別のタイプの就労支援サービスを独自に創り、総合的な就労支援を行うというものである。その「独自のサービス」は、あるばの今までの就労支援の経験やノウハウを使って、現在のプログラム化した支援を活用し、支援の受け方にも柔軟性を持たせ、ニーズのある人に広く使っていただくものである。例えば高校や大学に在学中から社会性訓練だけを使ったり、コミュニケーション力を伸ばすプログラムを集中的に受

けたり、長期間自宅で過ごしていた人が一歩地域に出るため、無理のないペースで、個別プログラムを受けたり、といったものである。

支援の中では、働く上で必要なルール、自己管理、リスク管理方法等を習得するプログラム等を、働く意欲や自信の獲得につながるよう構成し、提供していくものである。

個別の支援プログラムは、利用する人と支援者の両方で話し合い、アセスメント等を経て作っていくのが前提で、支援プログラムが合意決定した後は、計画に沿って、焦らずにステップアップしていくことを目指していく。

さらに、すでに企業で働いている当事者の方も、組織内の対人関係で困難を感じているので、仕事の合間やお休みの間に通いたい、というニーズにも、将来的に応えられるようにしていきたいと考えている。

これらの、就労移行支援を補足する新しいタイプの就労支援サービスを提供する場所を「キャリアセンター INTAS」と命名して、就労移行支援事業所あるばの施設に併設した。また、就労移行支援事業所あるばと合わせ「総合就労支援センター CAP」と命名して整理し、表内にあるように、年齢や立場、現在の所属等を超え、広く活用できるようにした。

（3）第三の進路としての就労支援の形

CAP の創設により、50程であった支援プログラムを70程に拡大中である。CAP は開設されたが、実働は今後順次始まることになる。

就労移行支援が、就職するまでのつなぎとしてのみの機能ではなく、第三の新しく強力な進路の一つとして役立つよう、改良を加えながら利用者ニーズに応えていきたい。そして、障が

いを持った人が企業で働くことの不安から解放され、自分を大切にし、自信を持って力を発揮できる支援を展開したい。そのために「CAPにて展開する支援イメージ」に示したとおり、利用する当事者の方々に必要な支援プログラム開発を今後も進めていく。

5．まとめ

冒頭にも述べたとおり、教育と福祉は融合して1つにはならないし、なるべきではない、それぞれが役割を果たして引き継がれることに価値があると思う。

就労は、障がいを持つ人のキャリア発達の一つの過程でもあり、就労支援はそのための重要なツールである。キャリア発達支援のために、本人を支える軸を、スムースにかつ効果的に教育から福祉へ移行していくことが重要である。またその移行をスムースに行うために、移行する時点での、具体的な手続きや意味づけを考える必要がある。それには、移行することを、私たち福祉の専門職が、担当機関の変更と捉えていくのではなく、両者が重なり合いながら、2つの機能が活かされるように配慮すべきである。

教育機関で得た教科学習、作業体験、集団活動、心身の健康管理、社会性、その他身に付けた多くのことを基礎として、福祉では発達や特性に合わせて、次のような支援につなげていく必要がある。一つは、働く意義と動機、ライフプランの描き方、社会ルールといった働くための支援である。そして、生活する力、自立等、生きぬく支援である。それらを、社会の現実をきちんと受け止め、社会の一員として自分らしい生き方を実現する支援にまとめていきたい。

我々福祉の専門職が挑まなければならない課題は多いが、足踏みをしている余裕は無い。教

CAPにて展開する支援イメージ

就職を目指す上で困難となる事柄（一部）	
・就職へのイメージが非常に弱い ・職業人としての振る舞いに関する課題 ・自己理解に課題 ・自信の回復が必要 ・訓練プロセスへの不安（就職への進捗） ・仕事（働く事）をする事の理解 ・一般校卒業者の進路課題（大卒者等）	・引きこもり傾向にある ・未診断／手帳無し ・触法など就職へ大きな障壁がある ・障がい受容に時間を要する ・自己コントロールに課題 ・心理面の課題 ・福祉サービス利用の拒否
INTASにて提供する新しいプログラムのポイント	
■働くための動機付けやきっかけ作り ■就職を目指すための学び機能 ■セルフコントロールに対する取り組み ■職業興味を現実的な仕事に繋げていく関わり ■メンタル耐性への着目 ■在職者交流活動 ■ピアバンク（当事者講師派遣） ■就労相談 ■生活支援	■メンタル面へのアプローチ ■キャリアカウンセリング ■アサーション ■適切な職業行動を獲得へのアプローチ ■支援を受ける事への安心感 ■当事者の居場所機能 ■当事者研究グループのサポート ■余暇支援 ■家族支援

育機関で培われた重要な項目があるからこそ、就労支援の福祉が担う部分が成り立つものだと思う。

　教育と福祉、その違いがあるからこそ重なり合うということを現実的・具体的に認識していくことが、本人を社会で支える大きな力になっていくものと思う。

富山キャリア教育学習会の取組
～現在までの歩みと今後の展望～

富山県発達障害者支援センター「ほっぷ」　木立　伸也

　富山県ではキャリア教育が重点施策の一つとなっており、「キャリア教育指導者養成研修」も実施され、全国から多数参加していただいている。具体的には、富山県教育振興基本計画、「富山スタンダード」にもキャリア教育の充実が謳われており、就労支援コーディネーターや就労サポーターの配置、富山型キャリア教育充実事業が行われている。キャリアガイダンスを含めた進路選択や就労準備支援が積極的に行われているが、今後は小・中学校の現場から、また、幼児教育段階から「生きる力」を育み、「活用できるまでに」なることが求められている。キャリア教育が教育の目的や方法、価値を問い直すことで、「より質の高い教育活動」への飛躍に大きく寄与する可能性を感じる。特別支援学校のみならず、キャリア教育の理念と実践が浸透することを祈念してやまない。以下、壮大な夢の実現に向けた「はじめの一歩」を紹介し、次の一歩へ進めるためのあり方について考えたい。

1. はじめに

　私は富山県発達障害者支援センター「ほっぷ」という相談機関に相談員として勤務している。日々、保護者や支援者、発達障害のある当事者からの相談を受けている。

　支援センターは15年目を迎え、開設当初から関わっている方は成人期を迎え就労している。成人期の姿から改めて必要な支援を考えたとき、キャリア教育は「自分で考え、活用できる力」、「生きる力」を身に付ける上で、とてつもなく重要であると感じている。

　支援センターは直接的な相談支援だけでなく、現在は「支援者支援」、「人材育成」、「地域での相談支援体制整備」が業務の主柱とされている。人材育成や地域づくりはハードルが高いが、個人が地域の中で安心して生活していくためには、医療、教育、保健、福祉と多分野にまたがった横断的かつ連続的な支援が求められる。ライフステージからキャリア発達を考えた場合、教育の果たすべき役割や求められることは極めて重要である。学齢期の子どもの生活は家庭と学校がほぼ全てとなるが、刺激の多さや日課の変更、集団生活の困難さを原因とし、問題の多くは学校で発生する。しかし、教育現場では教師に多くのことが求められる反面、年々ゆとりがなくなってきているように感じる。

　日々の業務では教師による児童生徒への不適切な支援や、結果として生み出された行動障害、不登校支援の相談もある。さらに、保護者の心情に寄り添っていない対応により、相互に不信感を抱いている場面に遭遇する。また、児童生

徒の行動に困り果て、誰にも相談できないまま授業作りに苦戦している教師と度々出会う。教育の現場で不全感等を抱えこみ、孤独を感じ、密かに病んでいる教員は少なくない。

　我々福祉の現場も家族の日々の生活と直結しており、虐待やＤＶなどの困難な状況に多々遭遇する。家庭と教育現場の両面で子どもと大人のキャリア発達支援が必要であると感じている。

　私はいくつかの貴重な出会いにより、縁あって富山キャリア教育学習会の事務局をさせていただいている。富山キャリア教育学習会は設立から4年目を迎え、これまでに33回学習会を行ってきたが、私がキャリア教育に出会い、その無限の可能性に心震えた経験が今も大きな原動力となっている。

　「毎日毎日、人知れず孤独感や無力感と闘いながら孤軍奮闘する教師」が学習会に参加し、キャリア教育や仲間と出会い、他者との対話の中から改めて自分を見つめ、共感、共有し、仲間と信じあえることや、自然な形でカウンセリングと同等の効果を得ながら、自己回復しキャリア発達を自らが実感できること、少しでも気持ちが上向くことで、結果として、より質の高い教育活動を生き生きと元気に行うことができるようになることを願っている。

　生涯、キャリア発達し成長し続ける人間の営みが、幼児期から青年、成人期に至るまで途切れることなく、どの段階においてもキャリア教育の視点で教育活動が見直され、真の意味での教育や学び合いが行われること、結果として、共生社会が実現することを切望している。

　以下、学習会の黎明期から現在に至るまで、また、当時の私の思いを回想しながら、富山キャリア教育学習会の成り立ちと現在までの活動の変遷、課題等を明らかにし、今後の可能性について考えていきたい。

2．富山キャリア教育学習会の成り立ち

　富山キャリア教育学習会の代表は富山大学人間発達科学部附属特別支援学校の柳川公三子教諭である。柳川教諭との出会いはあるケースを通じてであり、会の立ち上げ前からいくつかの活動で協力関係にあった。また、富山大学の阿部美穂子先生（現、北海道教育大学釧路校教授）とも親しくさせていただいており、キャリア教育の重要性と会の立ち上げ、活動場所の提供について相談したところ、快く大学をお借りすることができた。また、共通する気の置けない仲間（コアメンバー）がいたこともあり、事前にシステム化することなく、勢いのままに活動を行うことができた。（写真1）

写真1　コアメンバーによる設立会議
左下：阿部美穂子教授（現：北海道教育大学釧路校）
右中央：代表の柳川公三子教諭（富山大学人間発達科学部附属特別支援学校）　左中央：筆者

　富山県では学習会の代表である柳川教諭がキャリア教育に明るい。柳川教諭は全員参加の学習会を目指し、参加者どうしが対話を通じて

相互に気付き合い、学び合えるよう、常に謙虚に振る舞っている。誰もが気軽に参加でき、何らかの思いを持ち帰っていただけるよう心掛けている。学習会の目的は「一人ひとりの違いを認め合い、対話し、気付き、共感、協働し、学び合いながら子どもや我々自身のキャリア発達が促進されること」である。また、子どもの卒業後の人生を含め、あらゆる可能性を見出し考え合いたい。そのため、会の参加対象者は子どもに直接的、間接的に関わる（過去や未来を含め）地域を含めた全ての人である。

3. 富山キャリア教育学習会の特徴

活動は平成26年8月21日に北海道特別支援教育センターの木村宣孝センター長（現、北海道札幌高等養護学校長）を招きスタートした。以後、富山大学をお借りし、年間10回ほどのペースで活動を行ってきた（表1）。今年度からは会場を富山大学人間発達科学部附属特別支援学校のゆうゆう館を使用させていただいている。

当初は見切り発車で、学習会は19時から開始し21時に解散することを考えていた。しかし、時間内に終わったことは1度もなく、毎回22時を過ぎ、ときには23時を過ぎることもあった。多様な視点からの対話に終わりはなく、毎回学習会は白熱した。設立当時に集まった参加者はキャリア教育に興味はあるが、言語化して自信を持って説明できる者はほとんどいなかったため（勝手にそう感じていた）、私がビギナーであることをいいことに、素朴に感じた疑問や質問を代表にぶつけるというスタイルが常態化していた。その貧弱なやりとりの中から、参加者が「私も発言してもいいんだ」という雰囲気が生まれ、現在のスタイルになっていったように感じている。安心して誰もが参加できる雰囲気づくりを何より重要視している。

学習会は2部構成になっており、第1部はテーマに基づいた事例提供や問題提起を行い、第2部に全員参加の対話を通した学び合いを行うというスタイルで進めている（写真2）。

写真2　ワークショップの様子

会の性質上、ビギナーから常連参加者まで毎回入り乱れるが、ビギナーが戸惑い引いてしまわないよう、安心でき、ほっとできる場所だと感じていただくことや、自然な形で自分の言葉でやりとりできるよう対話を重視し、そこからの発見や気付きから考えを深め、感性が磨かれ

表1　富山キャリア教育学習会のあゆみ

	回数	（第1部）講義・実践報告	（第2部）ワークショップ	県外講師招聘回数
平成26年度	6回	講義6本、実践報告2本	6回	2回
平成27年度	12回	講義4本、実践報告8本	12回	2回
平成28年度	9回	講義5本、実践報告4本	9回	2回
平成29年度	9回	講義3本、実践報告6本	5回（全9回を予定）	未定

ていくことが実感できることを大切にしている。

学習会を立ち上げた初年度は口コミで参加者が漸増していった感がある。助成金や補助金は取らず、毎回資料代として100円を徴収させていただいている。会則や規約は今のところ設けていないが、助成金の取得や会の発展のため今後必要になるのではないかと感じている。

また、アフターでの飲ミュニケーションも非常に重要であり、大きな役割を果たしている。率直な意見交換や共感、悩みの共有などから、新たな関係性、仲間づくりにつながっている。

４．学習会での学びの深まり

本会にカリスマはいない。しかし、だからこそ対話からの学びが深まってきた感がある。回を追うごとに多様な立場の参加者が増えてきた（表２）。相手との視点の違いから、新たな気付きにつながることも多い。例えば、教師は自立と社会参加を意識するあまり、「できることを増やす」ことに力点を置き、子どもの思いよりも教師の思いが先行することがある。授業づく

りにおいても、よかれと思って「させる」支援に陥ることもある。教師は理屈では十分すぎるくらい理解しているが、焦りがちに見えることも多い。皮肉なことに、子どもたちのために頑張るからこそ、見えなくなることもある。福祉の視点から考えたときに、学齢期に何が何でも身に付けておくべきこと、完成させなくてはいけないこと、ということはさほど多くはない。その代表格が仕事であるが、在学中よりもむしろ、社会に出てから学んでいくことの方が多い。

在学中に失敗から学ぶことは大いに意味のあることだが、厳しすぎるのではないかと感じることもある。教師が一方的なパターナリズムに陥らないために、児童生徒が「生活に活かすことのできる力」の獲得になっているか、児童生徒が何のためにという目的意識をもち意欲的に取り組んでいるか、などといった「キャリア教育の視点」で授業や教育活動を見直していくことが大切である。参加者自らが子どもとの関わりを見つめ直し、対話の中から感じ取り、より質の高い活動を行うきっかけをつかむことが増えてきたように感じている。

表２　開催回と新たな参加者の内訳

	新たな参加者の内訳	備考
1回目	大学准教授、特別支援学校教員、特別支援教育コーディネーター	県外講師
2回目	小学校特別支援学級教員、通常の学級教員、養護教諭、栄養教諭	
4回目	中学校スクールカウンセラー、児童発達支援事業所職員	
5回目	中学校特別支援学級教員、学校心理士、作業療法士、相談支援事業所職員	県外講師
6回目	医療機関、児童発達支援センター臨床心理士、専門学校教員	
7回目	教育事務所指導員、児童発達支援センター相談員	
9回目	児童発達支援事業所管理責任者、教職大学院院生、放課後等デイサービス職員	
24回目	市町村ことばの教室職員、言語聴覚士、就労移行支援事業所管理責任者	
26回目	高等学校養護教諭	
28回目	高等学校教員	
29回目	保育所保育士、看護師、認定子ども園職員、学童保育職員	
30回目	他県の特別支援学校教員、市町村保健師、適応指導教室職員、学生（大学）	
31回目	老人福祉施設職員、就労継続支援Ａ型事業所職員	

代表の柳川教諭の真骨頂は「授業づくり」、「授業改善」にあると感じている。誰の何のための授業改善なのか、子どもの人生の先を考え、現在とのつながりをもった多様な視点から「より質の高い」授業づくりや、自らの活動を意識した対話や試行錯誤からの学びと深まりを目指していくことが本会の特徴である。

５．富山キャリア教育学習会の発展

学習会は続けることに意義があると感じ、あえて構造化は行ってこなかった。いい加減と言えばいい加減だが、「良い加減」でもあったように感じる。会としての門戸が広がり、誰もが気軽に参加できることにつながった。

ワークショップの際には、どのグループにも教育関係者以外が入るということが増えてきた（本当は教育関係者にもっと参加してほしい）。

人と人とのつながりから新たな視点や支援を学び、価値や意義を見出しながら、我々の感性を磨き、未来へ向かって可能性を追求し、実現していくことは、この上ない大きな喜びである。

また、ワールドカフェやラベルコミュニケーションなどの手法を使った取組も行ったが、現在はグループでの対話とラベルワークを通じた

写真３　ラベルワークの様子

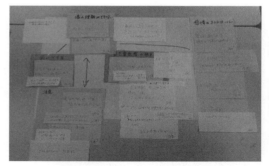

写真４　カテゴライズされたラベル

発表、意見交換が主である（写真３）。

ラベルワークの良さは誰もが平等に参加でき、理解度や習得度に関係なく気兼ねなく参加できるという点にあると感じている（写真４）。

多様な参加者どうしの新鮮な対話が新たな視点の発見や気付き、考えや学びの深まりにつながり、感性を磨き合うことで会を発展させている。

６．成果と今後の課題

第１部の話題提供も直接的な教育のテーマだけではなく、福祉の現場から余暇支援に関するものがあったり、カウンセリングに関するものがあったりと広がりを見せている。しかし、活動やテーマなど、まだまだ画一的な面があり、突き抜けていない感がある。特にファシリテーションの技術や、些細なことではあるが柔軟なアイスブレイクなど、今後まだまだ活動の楽しさにつなげられる工夫ができると感じている。

今後は本会の強みである多分野、多職種の集まりを有効活用し、地域や社会との接続を意識した社会的、職業的な自立に向けた取組や我々自身のキャリア発達につながるような斬新かつ感動的なメニューを開発していきたい。

また、県内の人材に大いなる刺激を与えてくれるような講師を全国から招聘できるだけの組織基盤を確立したい。教育行政や既存の関連団体、地域と協働し、活性化されていくことが次のステップかと感じている。

7．まとめに代えて

　教育も福祉も子どもが抱える生活での辛さや不安について、子どもや支援者と一緒に考え、試行錯誤しながら、「改善への手がかりを探る」ことが基本となる。個々に抱える課題や背景は異なるが、集団での教育活動が成立するためには子どもの心や思いに焦点を当てながら、集団場面での詳細な観察が必要とされる。

　子どもが安全、安心を実感してこそ、全ての教育活動が成立すると考える。逆に安心が損なわれると、途端に情緒面に支障をきたし、集団参加は崩壊してしまう。現に特別支援学校でも不登校の子どもは存在する。特に「させられ感」には非常に敏感で、子どもの学びには常に「オーダーメイドの支援」が必要である。

　教育現場では「先を見据えた今」という視点で発達についてアプローチされることが多いように感じるが、福祉では一番に「子どもの現在の力」を評価（アセスメント）し、現存する力を最大限使い、伸ばしていく（エンパワーメント）手法を取る。当たり前であるが、立場や職種が異なればそれだけで考え方や捉えも異なる。しかし、ここに大きな可能性があり、私の存在価値があるように思う（思いたい）。

　キャリア教育に限らず、立場の異なる者どうしの見解の相違を言語化し、対話を通じた発見や気付きからの学びこそが重要であり、大きな

喜びや探求的な学び、成長につながるものと信じている。近年は教育も福祉も「インクルージョン」が叫ばれているが、そもそも社会は多様性、ダイバーシティの上に成り立っており、新たな支援やきっかけが対話から生み出されていくことは自明である。「自分で考え、活用できる力」「生きる力」を身に付けていく上でキャリア教育には大きな意味と無限の可能性があり、キャリア教育に出会うことで救われる教師や子どもがたくさんいるであろうことを確信している。

　また、キャリア教育は我々自身の存在そのものにも光を照らす。自己と他者の関係を見つめ、問い直し、もがきながら（時に後退しながら）進んでいく。自分らしさの追求とも重なってくるように感じる。誰もが安心できる環境の中で「枠や常識にとらわれない自由な発想や意識のぶつかり合い」が、学びの楽しさの神髄ではないかと思う。

　会での活動から、人は物事を認知する際、各人の経験や価値観に基づくフィルターを通して捉えていることを学んだ。各人の認知の重なりから対話を通して見えてくることが、課題解決へ向かうことも多い。子どもの実態に関する気付きや実践に関する気付き、学び合うことへの気付きこそが自らの学びの深まりにつながる。多様な参加者どうしが自分にはない相手の良さや強みを尊重し合い、活かし、実践し、試行錯誤しながら高め合っていけることに幸せを感じる。ふと「邂逅」という言葉が頭に浮かんだ。改めて素敵な仲間と出会いに感謝したい。

　今後も仲間と一緒に「自由に、謙虚に、楽しく」学び合いながら、歩み続けていきたい！

第 V 部

資 料

「キャリア発達支援研究会
第4回北海道大会」記録

キャリア発達支援研究会　第4回北海道大会

1．大会テーマ
「関係」によって気付くキャリア発達、「対話」によって築くキャリア教育

2．大会概要
主　催　　キャリア発達支援研究会
共　催　　北海道キャリア発達支援研究会（北海道CEF）
後　援　　北海道特別支援学校長会
協　力　　ジアース教育新社

(1) 目　的
① 各校及び関係諸機関における実践や組織的な取組について情報交換し、今後のキャリア教育の充実と改善に向けての情報を得ること。
② 全国各地のキャリア教育の取組事例を基に研究協議を行い、今後の特別支援教育の充実に資する具体的方策について検討すること。

(2) 期　日
平成28年12月10日（土）10:00～16:45
平成28年12月11日（日）9：15～12:15

(3) 場　所
北海道大学学術交流会館
〒060-0808　北海道札幌市北区北8条西5丁目

(4) 日　程

1日目	
9:30～10:00	受付
10:00～10:30	開会セレモニー ①主催者挨拶 ②来賓祝辞 ③大会実行委員長より大会プログラムの趣旨説明 ④日程説明
10:30～12:30	ワークショップⅠ 　ワークショップ方式による体験・研修型ワーク（3部会）
12:30～13:15	昼食・休憩
13:15～14:45	ランチタイム・ポスターセッション
14:45～15:00	移動・準備
15:00～16:45	記念講演
18:30～	懇親会「ホテルライフォート札幌」

2日目	
9:15 ～ 10:50	ワークショップⅡ エントリーされたポスターに基づくワークセッション（8 グループ）
10:50 ～ 11:00	休憩・移動
11:00 ～ 12:00	行政説明
12:00 ～ 12:15	閉会セレモニー ①主催者挨拶 ②事務連絡

（5）参加者数　　107 名

3．主な内容
（1）記念講演
　　　○演題　「生きる」を見守り、「命」をつなぐ
　　　○講師　板東　元　氏（旭山動物園園長、ボルネオ保全トラストジャパン理事）
　　　　～講師紹介～
　　　全国区の人気施設「旭山動物園」の運営を主導している。これまでにマリンウェイ（円柱水槽）や大水槽で自由に泳ぐアザラシの姿が観察できる「あざらし館」をはじめ、「ぺんぎん館」「ほっきょくぐま館」「かば館」など、動物のありのままの姿が観られるユニークな展示方法を考案し、動物たちのすばらしい魅力を伝えている。
（2）行政説明
　　　○演題　「次期学習指導要領等の改訂の方向性とキャリア教育について」
　　　○講師　丹野　哲也　氏
　　　　　　　（文部科学省初等中等教育局特別支援教育課特別支援教育調査官）
（3）ワークショップⅠ
　　　＊第Ⅲ部実践 第 1 章を参照
（4）ワークショップⅡ
　　　＊第Ⅲ部実践 第 1 章を参照
　　　＊ポスター発表一覧は次ページ
（5）ランチタイム・ポスターセッション
　　　＊ポスター発表一覧は次ページ

ポスター発表一覧 （★ワークショップⅡ）

ワークショップⅡ ①グループ	★自分を見つめ，自己実現に向けた進路学習 　鈴木　雅義（静岡県立清水特別支援学校） 【Keywords：アクティブラーニング，対話的思考，自己肯定感】
ワークショップⅡ ①グループ	★食堂清掃から育む「自尊感情」 　沖　龍一（広島県立福山北特別支援学校） 【Keywords：学びの変革，上昇ベクトル】
ワークショップⅡ ②グループ	★キャリア発達を促す英語の授業を目指して 　中野　嘉樹（横浜わかば学園） 【Keywords：教科学習，授業改善】
ワークショップⅡ ②グループ	★読書感想会 　菊地　亜紀（横浜市立日野中央高等特別支援学校） 【Keywords：自己肯定と他己受容】
ワークショップⅡ ③グループ	★初任者として感じた学びと実際のつながりについて 　岩﨑　優（横浜わかば学園） 【Keywords：生活中心教育，職業教育，三木安正，キャリア教育，校内実習】
ワークショップⅡ ③グループ	★アクティブラーニングの視点と生活単元学習～修学旅行の学習を通して～ 　今野　由紀子（宮城県立石巻支援学校） 【Keywords：アクティブラーニングの視点，生活単元学習，自立活動】
ワークショップⅡ ④グループ	★本校生徒の実態と教育的支援の在り方 　栃真賀　透（市立札幌大通高等学校） 【Keywords：高等学校（定時制・単位制），支援体制，組織的取り組み】
ワークショップⅡ ④グループ	★教育と福祉の融合，そして求められる価値～第三の進路としての存在～ 　吉岡　俊史，大淺　典之，吉田　志信（就労移行支援事業所あるば） 【Keywords：就労，福祉，教育，進路，あるば，就労支援，就労移行支援事業所】

ポスター発表一覧 （ランチタイム・ポスターセッション）

ランチタイム ポスターセッション A－01	生徒の新しい学びの環境をデザインする 　大槻　一彦（京都市立白河総合支援学校） 【Keywords：地域協働活動，異年齢，気付き，自己有用感】
ランチタイム ポスターセッション A－02	病弱虚弱教育におけるキャリア発達を促す取組 　鈴木　奈都（北海道八雲養護学校） 【Keywords：自己肯定感・自己有用感，学習活動の工夫】
ランチタイム ポスターセッション A－03	視覚・視機能の適切なアセスメントの活用と個のニーズに応じた視覚・視機能の視点を意識した作業学習の方向性について 　刀禰　豊（岡山県立岡山東支援学校） 【Keywords：視覚障害教育，特別支援教育，視機能】
ランチタイム ポスターセッション A－04	卒業生が働き続けるために必要なもの 　川口　信雄（横浜わかば学園） 【Keywords：定着支援，相談力，合理的配慮】
ランチタイム ポスターセッション A－05	2部門併置校における「校内ふれあい交流活動」～キャリア発達の視点から"交流及び共同学習"を考える～ 　荒木　潤一（横浜わかば学園） 【Keywords：肢体不自由＆知的障害，交流及び共同学習，豊かな心とよりよく生きる力，WIN-WINの関係】

ポスター発表一覧 （ランチタイム・ポスターセッション）

ランチタイム ポスターセッション A－06	自己のキャリア形成を見通した主体的な意思決定を促す支援ツールの開発 　古川　晶大（横浜市立日野中央高等特別支援学校） 【Keywords：個別の指導計画，アセスメントツール，主体的・対話的な学び】
ランチタイム ポスターセッション A－07	学びあう校内研究を目指して～選択実技研修とポスターセッションの取り組み～ 　佐藤　純平（北海道網走養護学校） 【Keywords：校内研究，ＯＪＴ，知識と経験の共有化，教員の学び】
ランチタイム ポスターセッション A－08	学校全体で相談力を育てる～キャリアデザイン相談会の実践（2）～ 　岡本　洋（横浜わかば学園） 【Keywords：相談力，ふり返り，自己理解，個別の指導計画】
ランチタイム ポスターセッション A－09	意欲を育てる授業づくり 　今村　真也（三重大学教育学部附属特別支援学校） 【Keywords：意欲】
ランチタイム ポスターセッション A－10	キャリア教育を踏まえた授業づくり 　遠藤　千恵（横浜市立日野中央高等特別支援学校） 【Keywords：主体性，コミュニケーション力】
ランチタイム ポスターセッション B－01	メンテナンス課のキャリアの視点を踏まえた取り組みの変化 　仲谷　遊也（横浜市立日野中央高等特別支援学校） 【Keywords：主体性，コミュニケーション力】
ランチタイム ポスターセッション B－02	「続『学校のカタチ』を創ります」 　松岡　志保（北海道新得高等支援学校） 【Keywords：新設校、教育課程、PDCA サイクル】
ランチタイム ポスターセッション B－03	Motion History を用いた重症心身障害児の意思決定能力評価の試み～バイタルサイン以外の指標を探る～ 　竹田　智之（横浜わかば学園） 【Keywords：キャリア発達の測定・評価，客観的指標，重症心身障害】
ランチタイム ポスターセッション B－04	国語の中で育ちあう自己表現 　梁田　桃子（横浜わかば学園） 【Keywords：国語，自己表現，相談力】
ランチタイム ポスターセッション B－05	可能性の追求～教科専科から考える学びの連鎖 　逹　直美（東京都立光明特別支援学校） 【Keywords：肢体不自由，重度重複，教科専科，学ぶ意欲】
ランチタイム ポスターセッション B－06	会話で築く（気付く）人とのつながりから地域清掃演習を通して～ 　森園　章登（京都市立白河総合支援学校） 【Keywords：地域協働活動，会話，人とのつながり】
ランチタイム ポスターセッション B－07	タブレットの導入 　齊藤　美紗稀（横浜市立日野中央高等特別支援学校） 【Keywords：漢字，字の大きさ，語句の意味】
ランチタイム ポスターセッション B－08	企業の力となる白樺高等養護学校「学校見学会」 　業天　誉久（北海道白樺高等養護学校） 【Keywords：企業への学校公開，企業開拓，企業ニーズに応える】
ランチタイム ポスターセッション B－09	本校の交流教育のあゆみ 　圓谷　直久（横浜わかば学園） 【Keywords：知肢併置，交流】

キャリア発達支援研究会　初代会長
故尾崎 祐三先生の主な経歴等

【主な経歴】

昭和 50 年 3 月　東京都立大学人文学部　卒業

昭和 50 年 4 月　東京都立矢口養護学校　教諭

昭和 61 年 4 月　文部科学省内地留学生（千葉大学教育学部）

昭和 62 年 4 月　東京都立町田養護学校　教諭

平成 5 年 4 月　東京都教育庁指導部心身障害教育指導課　指導主事

平成 12 年 4 月　東京都立青鳥養護学校　教頭

平成 15 年 4 月　東京都教職員研修センター　現職研修課長

平成 17 年 4 月　東京都教育庁学務部　主任指導主事

平成 19 年 4 月　東京都立南大沢学園特別支援学校　校長

平成 24 年 3 月　東京都立南大沢学園　校長　退職

平成 24 年 4 月　独立行政法人国立特別支援教育総合研究所　上席総括研究員

平成 27 年 4 月　植草学園大学発達教育学部　教授

平成 29 年 2 月　叙位「正六位」瑞宝小綬章

【主な役職】

全国特別支援学校知的障害教育校長会　会長（平成 20 年度～平成 21 年度）

全国特別支援学校長会　会長（平成 22 年度～平成 23 年度）

中央教育審議会初等中等教育分科会「特別支援教育のあり方に関する特別委員会」専門委員（平成 22 年～平成 24 年）特に「合理的配慮等環境整備検討ワーキンググループ」では主査を務める。

平成 25 年発足「キャリア発達支援研究会」初代会長

【主な著書】

1　知的障害特別支援学校のキャリア教育の手引き　実践編　全国特別支援学校知的障害教育校長会編　ジアース教育新社（編著）平成 25 年

2　キャリア教育の充実と障害者雇用のこれから　ジアース教育新社（編著）平成 25 年

3　キャリア発達支援研究 1　ジアース教育新社（編著）平成 26 年

尾崎祐三先生を偲び、語る会

【主　催】　キャリア発達支援研究会、「尾崎祐三先生を偲び、語る会」発起人一同

【協　力】　ジアース教育新社

【日　時】　平成 29 年 4 月 22 日（土）
　　　　　　14:00 〜 16:30

【会　場】　東京都立高島特別支援学校

【参加者】　39 名

【次　第】
1　「尾崎祐三先生を偲び，語る会」趣旨説明
　　　　　　　　　　　　　　　　北海道札幌高等養護学校　校長　木村　宣孝　氏

2　語り合い〜尾崎先生の足跡をたどって〜
　①　東京都立青鳥養護学校都市園芸科教頭時代から東京都知的障害特別支援学校就業促進研究協議会設立まで
　　　　　　　　あきる野市障がい者就労・生活支援センターあすく　センター長　原　智彦　氏
　②　東京都立南大沢学園特別支援学校校長時代から東京都立南大沢学園就業技術科開設まで
　　　　　　　　　　　　　　　　　東京都立南大沢学園　主幹教諭　山田　智博　氏
　③　全国特別支援学校長会会長時代から「共生社会の形成に向けたインクルーシブ教育システム構築のための特別支援教育の推進（報告）」まで
　　　　　　　　　　京都市教育委員会指導部総合育成支援課　参与　森脇　勤　氏
　④　独立行政法人国立特別支援教育総合研究所教育支援部長(兼)上席総括研究員時代から特別支援教育におけるキャリア教育の推進へ
　　　　　　　　　　　　　植草学園大学発達教育学部　准教授　菊地　一文　氏
　⑤　キャリア発達支援研究会設立から植草学園大学発達教育学部教授まで
　　　　　　　　　千葉県教育庁教育振興部特別支援教育課　指導主事　松見　和樹　氏

3　エピソード披露〜尾崎先生を偲んで〜
　　尾崎先生と自らのキャリアについて（参加者より）

キャリア発達支援研究会機関誌

「キャリア発達支援研究４」

編集委員

森脇　　勤（京都市教育委員会指導部総合育成支援課参与）

木村　宣孝（北海道札幌高等養護学校長）

菊地　一文（植草学園大学発達教育学部准教授）

松見　和樹（千葉県教育庁教育振興部特別支援教育課指導主事）

武富　博文（国立特別支援教育総合研究所情報・支援部総括研究員）

清水　　潤（国立特別支援教育総合研究所研修事業部主任研究員）

執筆者一覧

巻頭言

森脇　勤　キャリア発達支援研究会会長

発刊に寄せて

丹野　哲也　文部科学省初等中等教育局視学官
　　　　　　特別支援教育課特別支援教育調査官

第Ⅰ部

丹野　哲也　文部科学省初等中等教育局視学官
　　　　　　特別支援教育課特別支援教育調査官

名古屋恒彦　岩手大学教育学部特別支援教育科教授

森脇　勤　キャリア発達支援研究会会長
　　　　　京都市教育委員会指導部総合育成支援課参与

木村　宣孝　キャリア発達支援研究会副会長
　　　　　　北海道札幌高等養護学校長

武富　博文　キャリア発達支援研究会事務局次長
　　　　　　国立特別支援教育総合研究所情報・支援部総括研究員

清水　潤　キャリア発達支援研究会事務局長
　　　　　国立特別支援教育総合研究所研修事業部主任研究員

第Ⅱ部

1　立石　慎治　国立教育政策研究所生徒指導・進路指導研究センター研究員
2　菊地　一文　植草学園大学発達教育学部准教授
3　武富　博文　国立特別支援教育総合研究所情報・支援部総括研究員

第Ⅲ部

第1章

1　木村　宣孝　第4回北海道大会実行委員長　キャリア発達支援研究会副会長
　　　　　　　（北海道札幌高等養護学校長）

2−1　森影　恭代　北海道札幌あいの里高等支援学校教諭

　　　渡部　眞一　北海道網走養護学校教頭

2−2　平口山木綿　北海道余市養護学校教頭

　　　上村　喜明　北海道拓北養護学校教頭

2－3　松浦　孝寿　北海道小樽高等支援学校長

　　　高木　美穂　北海道稚内養護学校教頭

　　　業天　誉久　北海道今金高等養護学校教頭

3　＜第1グループ＞

　　三瓶　　聡　北海道教育庁特別支援教育課指導主事

　　鈴木　雅義　静岡大学教育学部附属特別支援学校教諭

　　沖　　龍一　広島県立福山北特別支援学校教諭

　　＜第2グループ＞

　　松岡　志穂　北海道函館五稜郭支援学校教頭

　　中野　嘉樹　横浜わかば学園教諭

　　菊地　亜紀　横浜市立日野中央高等特別支援学校教諭

　　＜第3グループ＞

　　高木　美穂　北海道稚内養護学校教頭

　　岩﨑　　優　横浜わかば学園教諭

　　今野由紀子　宮城県立石巻支援学校教諭

4　鈴木　雄也　北海道札幌養護学校教諭

　　松浦　孝寿　北海道小樽高等支援学校長

　　川口　　毅　北海道室蘭養護学校教頭

　　鈴木　淳也　北海道平取養護学校教諭

第2章

1　加嶋みずほ　東京都立高島特別支援学校教諭

2　國井　光男　千葉県立船橋特別支援学校長

3　逵　　直美　東京都立光明学園主任教諭

4　三宅　和憲　金沢大学人間社会学域学校教育学類附属特別支援学校教諭

5　岡本　　功　茨城県立水戸飯富特別支援学校教諭

6　梁田　桃子　横浜わかば学園教諭

7　坂本　征之　横浜市立日野中央高等特別支援学校教務主任

8　古江　陽子　千葉県立特別支援学校流山高等学園教諭

9　小坂　春樹　青森県立浪岡養護学校教諭

第Ⅳ部

1　栃真賀　透　市立札幌大通高等学校教諭

2　吉岡　俊史　社会福祉法人はるにれの里　就労移行支援事業所あるば所長

3　木立　伸也　富山県発達障害者支援センター「ほっぷ」

キャリア発達支援研究会機関誌 「キャリア発達支援研究」

■編集規定

1. 本誌は「キャリア発達支援研究会」の機関誌であり、原則として1年1号発行する。

2. 投稿の資格は、本研究会の正会員，ウェブ会員とする。

3. 本誌にはキャリア発達支援に関連する未公刊の和文で書かれた原著論文、実践事例、調査報告、資料などオリジナルな学術論文を掲載する。

   (1) 原著論文は、理論的または実験的な研究論文とする。

   (2) 実践事例は、教育、福祉、医療、労働等における実践を通して、諸課題の解決や問題の究明を目的とする研究論文とする。

   (3) 調査報告は、キャリア発達支援の研究的・実践的基盤を明らかにする目的やキャリア発達支援の推進に資することを目的で行った調査の報告を主とした研究論文とする。

   (4) 資料は、原著論文に準じた内容で、資料性の高い研究論文とする。

   (5) 上記論文のほか、特集論文を掲載する。

   　　特集論文：常任編集委員会（常任理事会が兼ねる）の依頼による論文とする。

   　　上記の論文を編集する際は、適宜「論説」「実践編」等の見出しをつけることがある。

4. 投稿論文の採択および掲載順は、常任編集委員会において決定する。掲載に際し、論旨・論拠の不明瞭な場合等において、論文の記載内容に添削を施すことがある。この場合、投稿者と相談する。

5. 掲載論文の印刷に要する費用は、原則として本研究会が負担する。

6. 原著論文、実践事例、調査報告、資料の掲載論文については、掲載誌1部を無料進呈する。

7. 本誌に掲載された原著論文等の著作権は本研究会に帰属し、無断で複製あるいは転載することを禁ずる。

8. 投稿論文の内容について、研究課題そのものや記載内容、表現方法において、倫理上の配慮が行われている必要がある。

■投稿規程

1. 投稿する際は、和文による投稿を原則とする。

2. 原則としてワープロ等により作成し、A4 判用紙に 40 字 × 40 行（1600 字）で印字された原稿の電子データ（媒体に記憶させたもの）を提出すること（E メール可）。本文、文献、図表をすべて含めた論文の刷り上がり頁数は、すべての論文種について 10 ページを超えないものとする。提出した電子データは、原則として返却しない。

3. 図表は、白黒印刷されることを念頭に、図と地の明瞭な区分のできるもの、図表の示す意味が明瞭に認識できるもの、写真を用いる場合は鮮明なものを提出すること。
図表や写真の番号は図1、表1、写真1のように記入し、図表や写真のタイトル、説明とともに一括して別紙に記載すること。また、本文中にその挿入箇所を明示すること。写真や図、挿絵の掲載、挿入に当たっては、著作権の侵害にあたるコンテンツが含まれないよう十分注意すること。

4. 必要がある場合は、本文中に1）、2）・・・のように上付きの通し番号で註を付し、すべての註を本文と文献欄の間に番号順に記載すること。

5. 印刷の体裁は常任編集委員会に一任する。

6. 研究は倫理上の検討がなされ、投稿に際して所属機関のインフォームド・コンセントを得られたものであること。

■投稿先

ジアース教育新社
〒 101-0054
東京都千代田区神田錦町 1-23 宗保第 2 ビル
TEL 03-5282-7183　FAX 03-5282-7892
E-mail：career-development@kyoikushinsha.co.jp
（E メールによる投稿の場合は件名に【キャリア発達支援研究投稿】と記すこと。）

キャリア発達支援研究 4

「関係」によって気付くキャリア発達、
「対話」によって築くキャリア教育

平成 29 年 12 月 13 日　初版第 1 刷発行

編　　著　キャリア発達支援研究会
　　　　　会長　森脇　勤
発 行 人　加藤　勝博
発 行 所　株式会社　ジアース教育新社
　　　　　〒 101-0054　東京都千代田区神田錦町 1-23　宗保第 2 ビル
　　　　　TEL：03-5282-7183　FAX：03-5282-7892
　　　　　（http//www.kyoikushinsha.co.jp/）

■表紙・本文デザイン・DTP　株式会社彩流工房
■印刷・製本　シナノ印刷株式会社

Printed in Japan

ISBN978-4-86371-445-8
○定価はカバーにに表示してあります。
○乱丁・落丁はお取り替えいたします。（禁無断転載）